财务管理与会计内部控制

王丽霞　温胜强　刘春宝　著

哈尔滨出版社
HARBIN PUBLISHING HOUSE

图书在版编目（CIP）数据

财务管理与会计内部控制 / 王丽霞，温胜强，刘春宝著 . -- 哈尔滨 : 哈尔滨出版社，2025. 1. -- ISBN 978-7-5484-8043-3

Ⅰ. F275；F231.6

中国国家版本馆 CIP 数据核字第 2024B2R087 号

书　　名：财务管理与会计内部控制
CAIWU GUANLI YU KUAIJI NEIBU KONGZHI

作　　者：王丽霞　温胜强　刘春宝　著
责任编辑：张艳鑫
封面设计：研杰星空

出版发行：哈尔滨出版社（Harbin Publishing House）
社　　址：哈尔滨市香坊区泰山路82-9号　　邮编：150090
经　　销：全国新华书店
印　　刷：捷鹰印刷（天津）有限公司
网　　址：www.hrbcbs.com
E-mail：hrbcbs@yeah.net
编辑版权热线：（0451）87900271　87900272
销售热线：（0451）87900202　87900203

开　　本：787mm × 1092mm　1/16　印张：16.5　字数：260千字
版　　次：2025年1月第1版
印　　次：2025年1月第1次印刷
书　　号：ISBN 978-7-5484-8043-3
定　　价：78.00元

前 言

随着全球经济的快速发展和市场竞争的日益激烈，财务管理与内部控制在现代企业经营管理中的地位越来越重要。财务管理与内部控制不仅直接关系到企业的经济效益，而且对于企业的长期稳定发展和风险控制起着至关重要的作用。因此，对于企业管理者、财务人员以及相关研究人员来说，深入了解和掌握财务管理与内部控制的知识和方法显得尤为重要。

本书旨在对财务管理与内部控制进行全面、系统的介绍，帮助读者理解这一领域的核心思想和实践操作。在撰写过程中，我们力求将理论与实践相结合，不仅详细介绍了财务管理与内部控制的基本概念、原理和框架，还结合了大量的实际案例，帮助读者更好地理解和应用所学知识。

全书共分为十三章，内容涵盖了财务管理与内部控制的各个方面。

本书在内容上具有以下特点：一是注重理论与实践相结合。我们结合了大量的实际案例，使读者能够更好地理解和应用所学知识。这些案例既包括国内外知名企业的成功经验，也包括一些失败的教训，从而帮助读者全面了解财务管理与内部控制的实际操作和效果。二是结构清晰，内容丰富。本书从基本概念入手，逐步深入到各个方面的具体操作，为读者提供了全面的参考。无论是对财务管理与内部控制的初学者，还是对有经验的从业者，本书都具有很高的参考价值。三是深入浅出，语言简练。我们力求用简洁明了的语言阐述财务管理与内部控制的核心思想和方法，帮助读者快速掌握相关知识。同时，在阐述过程中，我们避免使用过于专业的术语和复杂的公式，使读者更容易理解和接受。

我们希望通过本书的出版，能够为企业管理人员、财务人员以及相关研究人员提供参考和借鉴。在当今复杂多变的市场环境下，财务管理与内部控制已经成为企业不可或缺的重要组成部分。通过阅读本书，读者能够更好地理解财务管理与内部控制的基本原理和方法，从而在实际工作中有效运用这些知识，提高企业的经济效益和管理水平。同时，本书的出版也将为财务管理与内部控制的理论研究和实践探索做出一定的贡献。

在撰写过程中，我们得到了许多专家学者和业界人士的支持和帮助。在此特别感谢他们的贡献和支持。同时，也感谢广大读者对本书的关注和支持。我们相信，在大家的共同努力下，财务管理与内部控制的理论研究和实践探索将不断取得新的进展和突破。

《财务管理与会计内部控制》由中晋环境科技有限公司的王丽霞、磁县广播电视台的温胜强、济南市历下区市场监督管理局的刘春宝主编共同撰写完成。具体分工如下：主编王丽霞负责第一、第四、第五、第七、第八章内容的撰写，共计 10 万字；主编温胜强负责第十、第十一、第十二章内容的撰写，共计 8 万字；主编刘春宝负责第二章、第三、第六、第九、第十三章内容的撰写，共计 6 万字。其余内容由三位作者共同完成。

最后，由于财务管理与内部控制是一个不断发展和演变的领域，本书所涉及的内容难免存在不足之处。因此，我们诚挚地欢迎读者提出宝贵的意见和建议，以便我们在今后的研究中不断完善和改进。

目　录

第一章　财务管理与内部控制概述

第一节　财务管理的定义与目标

一、财务管理的定义

财务管理是在一定的整体目标下，关于资产的购置（投资），资本的融通（筹资）和经营中现金流量（营运资金），以及利润分配的管理。财务管理是企业管理的一个组成部分，它是根据财经法规制度，按照财务管理的原则，组织企业财务活动，处理财务关系的一项经济管理工作。

（一）财务管理的特点

1. 涉及面广

首先，财务管理活动涉及企业的生产、供应、销售等各个环节。每个部门也都在合理使用资金、节约资金支出、提高资金利用效率上，接受财务的指导，受到财务管理部门的监督和约束。同时，财务管理部门本身为企业生产管理、营销管理、质量管理、人力物资管理等活动提供及时、准确、完整、连续的基础资料。

其次，现代企业的财务管理也涉及企业外部的各种关系。在市场经济条件下，企业在市场上进行融资、投资以及收益分配的过程中与股东、债权人、客户、供应商等利益主体发生着千丝万缕的联系。

2. 综合性强

现代企业制度不仅要求对企业整个生产经营活动实施全面、综合的管理，而且要求对企业的生产要素、资本结构进行合理的安排设计，而这一切都与财务管理息息相关。资本主义企业的重心是财务管理，国有企业的管理也应逐渐过渡到以财务管理为中心上来。

3. 利益平衡

对企业来说，其根本目的就是赚钱。因此，涉及各相关主体的利益关系的协调和处理时不可避免地会产生矛盾。例如：所有者与经营者在利益目标上的差异；债权人要求企业按期支付利息并到期偿还债务；经营者则往往会更偏向风险较大的投资项目，以获取更高的利益回报，等等。这些都直接影响到企业总体目标的实现。因此，财务管理需要发挥其综合管理的功能，妥善处理和协调各方的利益关系，正确地进行利益分配，满足各利益相关者的需要，实现共赢目标。这也是财务管理和其他管理的最大区别。

4. 灵敏度高

企业经营管理中每一项财务指标都直接或间接地影响到企业的生存与发展能力，如在经营管理过程中未对收入、成本、费用等财务指标进行及时严格的核算、控制和监督，就会导致企业资金浪费、效益低下甚至亏损；反之，则会提高企业的盈利能力和市场竞争力。因此可以说，企业财务管理活动的灵敏度高低直接影响到企业的兴衰存亡。

（二）财务管理的作用

财务管理的正确性在企业运营中起着至关重要的作用，它不仅关乎企业的日常运作，更影响到企业的长期发展。以下是对上述观点的详细分析：

首先，财务管理的正确性对于发挥财务杠杆作用至关重要。在企业的投融资活动中，财务杠杆的作用主要体现为利用较少的自有资金控制较多的外部资金。当企业面临较好的投资机会时，适当的财务杠杆可以帮助企业快速筹集到所需的资金，抓住有利的商业机会。而这一切都建立在财务管理正确性的基础之上，一旦财务管理出现偏差，财务杠杆的作用便可能适得其反，给企业带来巨大的财务风险。

其次，在临界条件下，财务管理的正确性还体现在止损措施的制定和执行上。企业运营中难免会遇到各种风险和不确定性，当这些风险累积到一定程度时，可能对企业的经营产生重大影响。此时，财务管理的正确性就显得尤为重要，它可以帮助企业及时识别并控制风险，通过制定和执行止损措施将企业的损失控制在可承受范围内。

再次，财务管理的正确性对于规范企业投入产出比率具有重要意义。投入产出比率是衡量企业经济效益的重要指标，它反映了企业为获得一定的产出所需要投入的资源量。通过科学的财务管理，企业可以更加准确地计算出每项投入的预期产出，从而优化资源配置，提高整体经济效益。

此外，财务管理的正确性还有助于规范企业资金运作行为。资金是企业运营的血液，资金的流入流出都需要经过严格的财务管理。只有确保财务管理的正确性，才能确保企业资金的安全和有效运作，避免出现资金链断裂等风险。

在综合管理方面，财务管理的正确性对于弥补企业管理的薄弱环节也具有积极作用。例如，通过财务管理提供的数据分析，企业可以更加清楚地了解自身的经营状况和存在的问题，从而有针对性地加强相关管理措施，提高整体管理水平。

经济效益和抗风险能力是衡量企业实力的重要标准。财务管理的正确性可以帮助企业进行更加合理的经济决策，提高经营效率，降低不必要的成本开支。同时，通过有效的风险管理机制，企业可以在面对各种不确定性时更加从容，增强自身的抗风险能力。

受托责任是现代企业治理结构中的重要概念。当股东将资本交给管理层经营时，便产生了受托责任关系。在这个关系中，财务管理的正确性是确保信息真实、完整、公允的关键。只有准确的财务信息才能帮助股东了解管理层受托责任的履行情况，从而做出相应的决策。

最后，在收益分配中，财务管理的正确性也有助于解决公平与效率的矛盾。企业在分配收益时，需要在公平和效率之间找到平衡点。财务管理可以通过提供相关的财务数据和分析，帮助企业制定更加合理、公平的收益分配方案，既保障股东的利益，又促进企业的长期发展。

综上所述，财务管理的正确性对于企业的各个方面都具有重要意义。为了确保财务管理的正确性，企业需要建立完善的财务管理制度和风险控制机制，加强对财务管理人员的培训和教育，提高他们的专业素养和职业道德水平。只有这样，才能充分发挥财务管理的作用，为企业的可持续发展保驾护航。

（三）财务管理在企业管理中的作用

财务管理作为企业管理的重要组成部分，在各项经营活动中居于核心地位，具体作用如下：

1. 通过财务管理协调处理好企业管理中的各种关系

（1）协调股东与经营者之间的利益关系：针对经营者背离股东目标的问题，主要采取激励机制和约束机制两种措施。前者主要是通过股票期权等方式使经营者分享企业增加的财富；后者主要是通过内部审计或外聘审计等方式对经营者业绩进行监督，并按照法定程序变更经营者。

（2）协调股东与债权人的利益关系：针对有可能出现的股东损害债权人利益的问题，通常是通过建立和完善保护债权人的财务机制来进行防范和及时加以调整的。如在借款合同中加入限制性条款或通过权益置换的方式来保护债权人的权益免受股东对资本过分稀释或资产侵害的影响。

（3）协调企业内部各职能部门的经济利益关系：针对企业职能部门间可能出现的经济利益相违背或相互扯皮的现象，制定出科学合理的内部价格转移体系等措施来处理和约束各职能部门间的经济利益关系。

2. 通过财务管理帮助企业制定适应市场经济的财务管理体制

（1）科学合理地设置会计岗位和配备称职合格的会计人员；

（2）建立和完善企业内部财务管理制度；

（3）加强会计基础工作，实现规范化管理；

（4）加强对财产物资的管理，提高经济效益；

（5）依法合理筹措资金，提高资金使用效益；

（6）优化资金结构，合理分配资金；

（7）加强成本管理，提高经济效益；

（8）加强风险管理，减少经济损失；

（9）如实反映财务状况，提供真实可靠的会计信息。

二、财务管理的目标

（一）利润最大化

企业是以营利为目的的经济组织，利润是确保企业持续发展的基础，企业的经营决策和管理水平最终也体现在利润及经济效益上。因此，企业财务管理目标也就直接表现为“利润最大化”。对企业来说，如果获得利润是最终目的，那么企业的各项财务管理的职能也就显而易见，企业财务管理处于极其重要的地位。

但我们也应该认识到，企业利润最大化并不是财务管理的最优目标。其主要原因在于：

1. 该目标没有考虑时间价值。由于资金具有时间价值，在不同时点上，所获利润额应当具有可比性，必须对利润进行折现处理。另外，也未能充分反映资金的时间价值因素。

2. 该目标没有考虑所获利润和投入资本的关系。利用相同的资本投资，由于各企业的风险大小不同，投资报酬率不同，各企业的利润差异也就很大。另外，不同的投资额必然会因不同的投资风险带来不同的投资报酬。只有考虑了资本投资额和投资风险的利润才是有意义的利润，若不明确投入和产出的比例关系，就不能作为有效的管理决策。

3. 该目标没有考虑权益资本的机会成本。在市场经济条件下，任何权益资本都要为其所有者带来机会收益或至少弥补其机会成本。权益资本的使用者不能为其所占用权益资本带来高于或等于其机会成本的报酬率，那么权益资本的所有者将不愿意继续为其提供资金，企业也就不能继续生存下去。

（二）股东财富最大化

股东财富最大化的观点认为，企业主要是由股东出资形成的，股东创办企业的目的在于扩大财富，他们是企业的所有者，企业财务管理的最终目标应追求股东财富的最大化。

在当前的国情背景下，“股东财富最大化”这一目标更容易被企业的经营者接受，并自觉地付诸实践。但股东财富最大化的观点也存在局限性：

1. 适用范围窄

它只适用于上市公司和股份制企业，而我国目前仍以非股份公司为主要企业形式。因此，股东财富最大化并不是我国财务管理的最优目标。

2. 只强调了股东的利益

只强调股东的利益而忽略其他利益相关者的利益是不现实的。随着企业所有权和经营权的分离，企业各个利益相关者的利益关系日趋复杂、利益冲突更加严重；此外，随着知识经济的发展、人力资本观念的完善，以物质资本占主导地位的利益相关者的地位将逐渐削弱，而以人力资本为主要索取权的人力资本所有者的地位将逐渐增强。因此，现代企业应打破股东至上的传统规则，建立一个各利益相关者彼此间利益共享、风险共担的共同治理机制，股东财富最大化已经不能满足现代企业财务管理的需要。

3. 未考虑货币时间价值因素

股东财富最大化以权责发生制为计量原则，只考虑了未来现金流量的风险因素而没有考虑货币时间价值因素。以未来现金流量现值确定的股票价格才能真正反映股东财富的大小。因此股东财富最大化是一个动态指标，它是以一定期间的现金流量为基础的。

（三）企业价值最大化

所谓“企业价值”是指企业全部资产的市场价值，这里所说的市场价值是指企业作为一个整体在市场上的公允价值。企业价值也可以理解为企业全部财产的市场价值和企业营业活动所形成的未来净现金流量的期望值之和。而未来净现金流量的期望值又同企业的期望收益期、期望投融资方式、风险等级相联系。企业价值最大化的财务管理目标以充分肯定企业的负债和权益市场在确定企业的资产市场价值中所起的作用。它的优点在于：

1. 考虑了不确定性和时间价值因素

财务管理的目标之一就是要克服未来经济活动中的不确定性和风险性，以增加股东财富。为此，一方面必须对贴现率和贴现期做出科学的预测和正确决策；另一方面就是要对各项财务指标进行动态管理，即使是静态的会计数据或财务指标也要在时间上具有可比性。只有这样计算出来的现值才能够真正反映出企业的未来现金流量和股东财富。

2. 该指标能够更好地反映企业财务管理目标的综合性和协调性

企业的财务管理环境是十分复杂的，影响企业价值的不仅有内部管理因素，还有外部市场条件；不仅有物质资本的作用，还有知识资本的影响；不仅有战略发展问题，还有日常管理问题等。这就要求企业财务管理目标不仅要考虑各相关主体的利益大小及其相互间的利益关系协调问题，还要使财务管理目标和财务评价指标相一致；不仅要考虑货币性指标，还要考虑非货币性指标；不仅要考虑绝对指标，还要考虑相对指标；不仅要考虑各相关指标的静态平衡，还要考虑它们的动态平衡等。可以说，企业价值最大化这一财务管理目标能够很好地满足这些要求。

3. 该指标能够较好地克服企业在追求利润上的短期行为

企业的投资者一般包括国家、法人、个人和外商等不同的投资者。企业价值最大化这一财务管理目标能够促使企业更多地关注长远的利益，克服企业的短期行为，从而使企业更加注重财务管理的事前和事中的控制和管理，保证企业各项财务指标的合理性和可持续性。

然而，企业价值最大化也存在一些问题。首先，企业价值的计算难度较大，需要大量的数据和复杂的计算过程，这增加了实际操作的难度。其次，企业价值的最大化并不一定意味着所有利益相关者的利益都得到了最大化，它仍然存在忽略其他利益相关者利益的问题。最后，企业价值的最大化也未能充分考虑货币时间价值因素，只考虑了未来现金流量的现值，忽略了不同时点上的现金流量的比较。

（四）相关者利益最大化

相关者利益最大化的观点认为，企业的各个利益相关者都是企业的契约参与者，他们既是企业资源的提供者也是企业风险的承担者，因此企业的财务管理目标应该追求所有利益相关者的利益最大化。这一观点的提出，给企业财务管理的目标指出了新的思考方向。

首先，相关者利益最大化的目标更加符合现代企业的实际情况。随着经济的发展和企业规模的扩大，企业的利益相关者越来越多样化，股东、债权人、员工、供应商、顾客等都是企业的利益相关者。在这种情况下，企业的财务管理目标应该考虑到所有利益相关者的利益，而不仅仅是股东的利益。

其次，相关者利益最大化的目标更加注重企业的可持续发展。企业的发展离不开各利益相关者的支持，只有满足各利益相关者的利益需求，才能实现企业的可持续发展。同时，这一目标也有利于协调各利益相关者之间的矛盾和冲突，促进企业的和谐发展。

然而，相关者利益最大化的目标也存在一些问题。首先，如何界定利益相关者的范围是一个难题。企业的利益相关者众多，如何区分哪些是重要的利益相关者，哪些是可以忽略的利益相关者，是一个难题。其次，如何平衡各利益相关者的利益也是一个难题。不同的利益相关者之间存在不同的利益诉求和冲突，如何平衡这些诉求和冲突是一个难题。最后，相关者利益最大化的目标可能会忽略企业的长期价值和可持续发展。在追求各利益相关者的短期利益时，可能会忽略企业的长期价值和可持续发展。

财务管理目标应该根据企业的实际情况和发展阶段进行选择和调整。无论是利润最大化、股东财富最大化、企业价值最大化还是相关者利益最大化，都有其优点和局限性。在实际操作中，应该根据企业的具体情况和市场环境进行综合考虑，选择最适合企业发展的财务管理目标。同时，也应该注重各利益相关者的利益平衡和可持续发展，促进企业的长期价值和持续发展。

第二节 内部控制的基本概念

一、内部控制的定义

内部控制是一种企业内部管理制度，旨在确保企业各项业务活动的合法合规、资产的安全完整、财务信息的真实可靠，以及提高企业经营效率和效果。它是企业内部管理和监督的重要组成部分，旨在保障企业的稳健运营和发展。

内部控制的起源可以追溯到远古时期，当时人们为了防止财产流失和盗窃而采取了一些简单的措施。随着社会的发展和企业的规模化，内部控制逐渐演变为一种科学的管理制度。美国会计师协会在 1949 年首次对内部控制进行了定义，此后随着企业经营环境的变化和管理理论的发展，内部控制的定义也在不断演变和完善。

根据 COSO（Committee of Sponsoring Organizations of the Treadway Commission）的定义，内部控制是一个由企业董事会、管理层和其他员工实施的程序和政策，旨在提供合理的保证：企业的运营效果和效率、财务报告的可靠性、遵守适用的法律和法规。这个定义强调了内部控制的全面性和全员性，即内部控制不仅仅是管理层或财务部门的事情，而是涉及企业的各个业务领域和全体员工。

从内部控制的定义可以看出，其基本要素包括控制环境、风险评估、控制活动、信息和沟通以及监督。这些要素相互关联、相互影响，共同构成了企业内部控制体系。

控制环境是内部控制的基础，包括企业的治理结构、组织结构、权责分配、员工素质、企业文化等。良好的控制环境能够为企业内部控制的有效实施提供保障和支持。

风险评估是内部控制的重要环节，包含对企业面临的各种风险的识别、分析和应对。企业应当根据自身的实际情况制定风险管理策略，以确保内部控制的有效性。

控制活动是内部控制的具体实施环节，包括业务审批、授权、复核、核对等环节。这些控制活动能够确保企业的各项业务活动按照规定的程序和政策进行。

信息和沟通是内部控制的重要支撑，包含企业内部信息的收集、处理和传递以及外部信息的获取和应用。良好的信息沟通机制能够提高企业内部管理的效率和效果。

监督是对内部控制实施情况的检查和评价，包括内部审计、外部审计和企业管理层的监督和评估。通过监督和评价，可以发现内部控制存在的问题和不足，并及时进行改进和完善。

内部控制在企业中具有重要的作用和意义。首先，内部控制能够提高企业的经营效率和效果，通过规范业务流程和管理程序，降低企业的成本和提高产品质量和服务水平。其次，内部控制能够保障企业资产的安全完整，通过建立健全的资产管理制度和控制程序，防止资产流失和浪费。再次，内部控制能够保证企业财务报告的可靠性和合规性，通过规范财务管理和会计核算程序，提高企业财务报告的质量和可信度。最后，内部控制能够促进企业战略目标的实现，通过全面管理和控制企业各个业务领域和流程，确保企业战略目标的实现和可持续发展。

然而，内部控制也存在一些问题和挑战。首先，内部控制需要全员参与和持续改进，需要企业管理层的高度重视和推动以及员工的积极配合和参与。其次，内部控制需要适应企业业务发展和外部环境的变化，需要及时调整和完善控制程序和政策以适应新的业务需求和市场变化。最后，内部控制需要平衡控制成本和控制效果的关系，需要在保证控制效果的前提下尽可能降低控制成本和提高管理效率。

为了解决内部控制面临的问题和挑战，需要采取一系列措施和方法。首先，企业应当建立健全的内部控制制度和流程，包括制定完善的内部控制政策和程序、建立风险评估机制、强化控制活动和监督等。其次，企业应当加强内部培训和教育，提高员工的内部控制意识和素质，加强员工的职业道德建设。再次，企业应当借助信息化手段推进内部控制的信息化建设和管理水平的提升。最后，企业应当加强内部审计和外部审计的合作与交流，共同推进企业内部控制的建设和完善。

二、内部控制的要素

内部控制的要素是构建和实施内部控制体系的关键组成部分。根据 COSO 框架，内部控制包括五个要素，这些要素相互作用，共同保证内部控制的有效性。

控制环境：这是内部控制的基础要素，为其他要素提供了运行的环境。控制环境包括企业的文化、价值观、组织结构、责任分配、管理层的管理理念和经营风格等。它影响着员工的控制意识和行为，是内部控制其他要素的基础。

风险评估：这一要素要求企业识别和分析实现目标过程中可能遇到的风险。风险评估的前提是设定目标，只有明确了目标，才能识别和分析影响目标实现的风险。企业应制定风险管理策略，以应对这些风险。

控制活动：这是内部控制体系中的具体操作环节，包括批准、授权、验证、复核和核对等。控制活动确保企业的各项政策和程序得到有效执行，从而影响企业经营的效果和效率。

信息和沟通：这一要素涉及企业信息的收集、处理和传递。它不仅包括内部信息的交流，也包括与外部利益相关者的信息沟通。一个良好的信息沟通机制能够确保内部控制的有效运行，并提高企业的决策效率和效果。

监督：这是对内部控制体系运行情况的监测和评估。通过内部审计、外部审计和管理层的日常监督等手段，企业可以了解内部控制的缺陷并及时改进。监督是保证内部控制持续有效的关键环节。

为了更好地理解和应用内部控制的要素，我们可以进一步分析一个例子——

某企业的采购流程。

在控制环境方面，该企业应建立明确的组织结构和责任分配，确保采购部门与财务、质量等部门之间的协调和沟通。管理层应强调诚信和合规性，创造一个良好的控制环境。

在风险评估方面，企业应对供应商选择、采购价格、产品质量等环节进行风险分析，并制定相应的风险管理策略。例如，对于重要原材料的采购，应考虑市场价格波动、供应商的可靠性等因素。

在控制活动方面，企业应制定明确的采购政策和程序，包括供应商选择标准、价格审批机制、验收标准等。采购部门应根据政策和程序进行操作，如对供应商进行资质审查、比较市场价格、进行质量检验等。

在信息和沟通方面，企业应确保各部门之间的信息传递及时准确。例如，财务部门应及时提供采购预算和付款计划，采购部门应及时反馈市场信息和供应商情况。同时，企业应与供应商保持良好的沟通，以确保采购过程的顺利进行。

在监督方面，企业应定期对采购流程进行内部审计，检查是否存在违规操作或管理漏洞。同时，管理层应定期评估采购部门的业绩和内部控制的有效性，及时发现问题并进行整改。

通过以上分析，我们可以看到内部控制的五个要素在该企业的采购流程中得到了充分体现。企业只有全面考虑和实施这五个要素，才能确保内部控制体系的有效性，从而保障企业的稳健运营和发展。

另外，值得注意的是，企业内外部环境的变化，内部控制的要素也需要不断更新和改进。例如，随着信息技术的发展，信息和沟通要素的重要性日益凸显，企业需要建立更加高效的信息系统以支持内部控制的运作。同时，随着企业规模的扩大和业务范围的拓展，风险评估和控制活动的难度也会相应增加，企业需要更加精细的风险管理策略和控制手段。

为了应对这些变化，企业需要不断地对内部控制体系进行监督和评估，及时发现和解决存在的问题。同时，企业还应积极学习和借鉴国内外先进的内部控制理论和实践经验，不断完善自身的内部控制体系，以适应不断变化的市场环境和企业发展需求。

三、内部控制的目标

内部控制的目标是确保企业经营的效率、财务报告的准确性以及对法律法规的遵守。这些目标对于企业的稳健运营和可持续发展至关重要。

首先，内部控制的首要目标是确保企业经营的效率。一个有效的内部控制体系可以帮助企业优化资源配置、提高生产效率、减少浪费并增强市场竞争力。通过控制活动的实施，企业可以确保各项业务流程得到规范和优化，从而提高整体运营效率。

其次，内部控制的另一重要目标是保障财务报告的准确性。准确的财务数据是企业制定决策、评估业绩和进行外部沟通的基础。一个健全的内部控制体系可以防止财务报表中的错误和舞弊行为，确保财务数据的真实性和完整性。这有助于维护投资者和其他利益相关者的权益，增强企业的信誉和公信力。

此外，遵守法律法规也是内部控制的核心目标之一。企业在经营过程中必须遵守国家和地区的法律法规，不得违反相关规定。通过控制环境和监督要素的实施，企业可以确保自身行为符合法律法规的要求，避免因违规行为而遭受罚款、法律诉讼或声誉损失等风险。

为了实现这些目标，企业需要从控制环境、风险评估、控制活动、信息和沟通以及监督五个要素入手，建立和完善内部控制体系。同时，企业应明确各个部门的职责和权限，确保内部控制体系的落地执行。通过内部审计、外部审计和管理层日常监督等多种方式，企业可以监测内部控制的运行状况，及时发现和解决存在的问题，确保内部控制目标的实现。

值得注意的是，随着企业内外部环境的变化，内部控制的目标也需要不断调整和完善。例如，随着企业规模的扩大和业务范围的拓展，企业需要更加精细的风险管理策略和控制手段来保障财务报告的准确性以及遵守法律法规的要求。同时，随着信息技术的不断更新和应用，企业需要加强信息系统安全控制和数据治理等方面的工作，确保信息报告的真实、完整和安全。

为了实现这些目标，企业需要积极学习和借鉴国内外先进的内部控制理论和实践经验，不断完善自身的内部控制体系。同时，企业还应加强内部培训和教育，提高员工对内部控制的认识和参与度，营造良好的内部控制环境。

另外，管理层在实现内部控制目标方面扮演着关键角色。他们应树立正确的经营理念和风险管理意识，带头执行内部控制制度，并督促员工遵守相关规定。管理层还应定期评估内部控制体系的运行状况，及时调整和完善相关政策和程序，以确保内部控制目标的实现。

此外，有效的内部控制体系还需要与企业的战略目标和发展规划相协调。企业应将内部控制目标与战略目标相结合，确保内部控制体系为实现战略目标提供保障和支持。通过不断完善和优化内部控制体系，企业可以提高自身竞争力、降低风险并实现可持续发展。

内部控制的目标是确保企业经营的效率、财务报告的准确性和法律法规的遵循。为了实现这些目标，企业需要从控制环境、风险评估、控制活动、信息和沟通以及监督五个要素入手，建立和完善内部控制体系。同时，企业还应积极学习和借鉴先进经验，加强内部培训和教育，提高员工对内部控制的认识和参与度。管理层应树立正确的经营理念和风险管理意识，带头执行内部控制制度，并督促员工遵守相关规定。通过这些努力，企业可以建立一个健全、有效的内部控制体系，为企业的稳健运营和可持续发展提供有力保障。

第三节　财务管理与内部控制的关系

一、财务管理与内部控制的联系

财务管理与内部控制是企业运营管理中的两个重要方面，它们之间存在着密切的联系。财务管理主要关注企业的资金流动、财务状况和业绩管理等方面，而内部控制则是为了确保企业各项业务活动的合规性、有效性、资产安全和财务报告的准确性而设立的一系列政策和程序。

首先，财务管理和内部控制的目标是相互关联的。财务管理的目标是确保企业的财务稳健、降低财务风险和提高财务绩效。而内部控制的目标则是保障企业的合规经营、资产安全和财务报告的准确性。可以看出，两者的目标都是维护企业的稳健运营和可持续发展。

其次，财务管理和内部控制在实施过程中也存在相互影响和相互作用。例如，财务管理中的预算管理和风险管理，需要与内部控制体系相互配合，以确保企业资源的合理配置和有效利用。同时，内部控制体系的有效运行也需要财务管理的支持和配合，例如财务报告的准确性、会计记录的完整性和资金流动的合规性等方面，都需要内部控制的保障。

此外，随着企业规模的扩大和业务范围的拓展，财务管理和内部控制之间的联系也更加紧密。大型企业和集团公司通常需要建立更加完善的内部控制体系，以确保各个子公司和分支机构的合规经营和财务报告的准确性。在这个过程中，财务管理的作用也日益突出，需要为内部控制提供更加全面和准确的数据支持和分析。

为了加强财务管理与内部控制之间的联系，企业需要采取一系列措施。首先，企业应建立健全的财务管理制度，确保财务数据的准确性和完整性，为内部控制提供可靠的基础。其次，企业应加强内部控制体系的建设，完善相关政策和程序，确保业务活动的合规性和资产的安全性。同时，企业还应加强内部审计和风险管理等方面的建设，确保内部控制体系的有效运行。

此外，企业还应加强财务管理和内部控制人员的培训和教育，提高他们的专业素质和职业道德水平。通过培训和教育，员工可以更加深入地了解财务管理和内部控制的重要性，掌握相关的专业知识和技能，从而更好地履行各自的职责。

财务管理与内部控制之间存在着密切的联系。为了实现企业的稳健运营和可持续发展，企业需要建立健全的财务管理和内部控制体系，加强两者之间的协调和配合。加强财务管理和内部控制的相互支持与协作，可以提高企业的运营效率、降低风险并实现更好的经济效益。

同时，随着企业内外部环境的变化和技术的不断更新，财务管理和内部控制也需要不断调整和完善。企业应积极学习和借鉴国内外先进的财务管理和内部控制理论和实践经验，加强自身的创新能力和适应性，以应对日益复杂的市场环境和竞争压力。

在未来的发展中，财务管理与内部控制的融合将成为一种趋势。企业需要进一步加强两者之间的联系和协作，建立健全的财务管理和内部控制体系，以实现更加高效、合规和稳健的运营管理。通过财务管理与内部控制的有效融合，企业能够更好地应对市场挑战、降低风险并实现可持续发展。

二、财务管理与内部控制的区别

财务管理与内部控制是企业管理中的两个重要方面，它们有着明显的区别，但也有密切的联系。

首先，财务管理主要关注企业的资金流动、财务状况和业绩管理等方面，旨在确保企业的财务稳健和经济效益。财务管理涉及的范围广泛，包括预算管理、成本管理、风险管理、投资管理等多个方面。财务管理的目标是通过对企业的财务活动进行规范、监督和分析，提高企业的经济效率和财务绩效，为企业创造价值。

而内部控制则是一种管理机制，旨在预防和纠正企业运营中的错误和舞弊行为，确保企业的合规经营、资产安全和财务报告的准确性。内部控制通过制定和执行一系列政策和程序，对企业各个部门的业务活动进行规范和监督，防止风险和损失的发生。内部控制的目标是保护企业的利益，确保企业运营的合规性和透明度。

其次，财务管理和内部控制在实施过程中也存在明显的区别。财务管理主要涉及企业的财务活动，包括资金筹措、使用、分配等，侧重于对财务数据的处理和分析。而内部控制不仅涉及财务活动，还涉及企业各个部门的业务活动，包括采购、生产、销售等，旨在确保企业整体运营的合规性和稳定性。

此外，财务管理和内部控制在实施过程中也有着不同的侧重点。财务管理的重点是通过对财务活动的规范和控制，提高企业的经济效益。而内部控制的侧重点则是预防和纠正错误和舞弊行为，确保企业的合规经营和资产安全。

尽管财务管理和内部控制存在明显的区别，但它们之间的联系也是不可忽视的。财务管理中的一些政策和程序可以作为内部控制的一部分，例如财务审批、内部审计等。同时，内部控制的一些政策和程序也可以对财务管理产生影响，例如企业风险管理、会计控制等。

财务管理和内部控制也需要相互配合和协作。例如，财务管理部门可以向内部控制部门提供有关企业财务状况和经营绩效的信息，帮助内部控制部门更好地了解企业运营中的风险点。同时，内部控制部门也可以向财务管理部门提供有关政策和程序方面的建议和指导，帮助财务管理部门更好地规范和控制财务活动。

财务管理与内部控制虽然存在明显的区别，但也有密切的联系。企业需要充分发挥财务管理和内部控制的作用，加强两者之间的配合和协作，共同实现企业的稳健运营和发展目标。

为了更好地理解财务管理与内部控制的区别和联系，企业需要加强对两者概念和理论的学习和研究。通过深入了解财务管理和内部控制的目标、实施过程和侧重点等方面的知识，企业可以更好地掌握两者之间的区别和联系，并根据实际情况采取有效的措施加强两者之间的配合和协作。

此外，企业还需要建立健全的财务管理和内部控制体系。通过制定和完善相关政策和程序，企业可以规范和控制财务活动和业务活动，提高企业的经济效率和财务绩效，降低风险。同时，企业还需要加强对财务管理和内部控制人员的培训和教育，提高他们的专业素质和职业道德水平，确保企业财务管理和内部控制工作的有效实施。

总之，财务管理与内部控制虽然存在明显的区别，但也有密切的联系。在实际操作中，企业需要加强对两者概念和理论的学习和研究，建立健全的财务管理和内部控制体系，加强两者之间的配合和协作。

三、财务管理与内部控制的相互影响

财务管理与内部控制在企业管理中发挥着重要的作用，它们之间存在相互影响的关系。下面将详细探讨财务管理与内部控制的相互影响。

（一）财务管理对内部控制的影响

1. 提供准确的财务信息

财务管理部门负责企业的财务数据处理和分析，能够提供及时、准确、完整的财务信息。这些信息对于内部控制部门来说非常重要，有助于其了解企业的运营状况、识别风险点和评估风险程度，从而采取有效的控制措施。

2. 参与风险评估和控制活动

财务管理部门在风险评估和控制活动中发挥着重要作用。通过对财务数据的分析，财务管理部门能够及时发现潜在的风险点，并向内部控制部门提供风险预警。同时，财务管理部门还可以协助内部控制部门制定和执行风险应对措施，确保企业运营的稳定性和合规性。

3. 保障资产安全

财务管理部门通过制定和执行财务政策和程序，确保企业资产的安全和完整。例如，财务管理部门可以对企业的货币资金、应收账款、存货等进行有效的管理和控制，防止资产流失和浪费。

（二）内部控制对财务管理的影响

1. 确保财务信息的真实性和准确性

内部控制通过建立健全的制度和程序，确保企业财务信息的真实性和准确性。通过内部审计、审批控制等手段，内部控制可以防止财务舞弊行为和错误的发生，提高财务报告的质量。

2. 提高财务管理的效率和质量

内部控制通过规范和监督企业的业务活动，确保各项制度和程序的有效执行。这有助于提高企业财务管理的效率和质量，确保企业的经济效率和财务绩效。

3. 降低财务风险

内部控制对企业各个部门的业务活动进行规范和监督，有助于及时发现和纠正错误和舞弊行为。同时，内部控制还可以通过风险评估和应对措施，降低企业的财务风险，确保企业运营的稳定性和合规性。

财务管理与内部控制之间存在相互影响的关系。财务管理为内部控制提供准确的财务信息，参与风险评估和控制活动，有助于内部控制更好地发挥其作用。同时，内部控制也保障了财务信息的真实性和准确性，提高了财务管理的效率和质量，降低了财务风险。在实际操作中，企业需要充分发挥财务管理和内部控制的作用，加强两者之间的配合和协作，共同实现企业的发展目标。

（三）企业需要采取的措施

1. 建立健全的制度和程序

企业需要建立健全的财务管理和内部控制的制度和程序，确保各项工作的规范化和标准化。这有助于提高工作效率和质量，降低风险，减少损失。

2. 加强信息沟通和协作

企业需要加强财务管理和内部控制部门之间的信息沟通和协作。通过建立有效的信息传递机制和合作机制，促进信息的共享和交流，加强两者之间的配合和协作。

3. 提高人员素质和意识

企业需要加强对财务管理和内部控制人员的培训和教育，提高他们的专业素质和职业道德水平。同时，企业还需要加强宣传和对全员的教育，提高员工对财务管理和内部控制的意识，形成全员参与的良好氛围。

4. 持续改进和创新发展

随着企业内外部环境的变化，财务管理和内部控制也需要持续改进和创新发展。企业需要不断总结实践经验，分析问题和不足之处，并采取有效的改进措施。同时，企业还需要积极探索新的管理模式和方法，以适应不断变化的市场环境和企业发展需求。

总之，财务管理与内部控制之间存在相互影响的关系。在实际操作中，企业需要充分发挥两者的作用，加强配合和协作，使企业稳健运营，共同实现企业的发展目标。

第二章　财务风险管理

第一节　财务风险的定义与类型

一、财务风险的定义

财务风险是指企业在经营活动中，各种内外部环境因素的不确定性，导致财务状况的不确定性，从而可能给企业带来损失或影响企业的盈利能力。财务风险是企业在财务管理中必须面对的一个重要问题，也是企业风险管理的重要组成部分。

财务风险可以从不同的角度进行定义和分类。按照财务风险的来源，可以分为内部风险和外部风险。内部风险主要包括经营风险、财务风险、人事风险等，而外部风险则包括市场风险、政策风险、自然风险等。按照财务风险的性质，可以分为静态风险和动态风险。静态风险是指由于自然灾害、意外事故等非人为因素引起的风险，而动态风险则是指由于市场环境、政策变化等人为因素引起的风险。

在财务管理中，对于财务风险的识别、评估和控制是非常重要的。首先，企业需要对财务风险进行充分的认识和了解，掌握各种可能出现的风险因素。其次，企业需要通过定性和定量的分析方法，对各种可能出现的风险进行评估，确定其对企业的潜在影响程度。最后，企业需要采取有效的措施，对各种可能出现的风险进行控制和管理，降低其对企业财务状况的影响程度。

对于财务风险的防范和控制，可以从以下几个方面入手：

1. 建立健全的内部控制体系

内部控制体系是企业防范和控制财务风险的重要手段。通过建立健全的内部控制体系，企业可以有效地减少舞弊和错误行为的发生，确保财务信息的真实性和准确性。

2. 制定科学的风险管理策略

企业需要根据自身的实际情况和市场环境，制定科学的风险管理策略。通过对风险的识别、评估和控制，企业可以有效地降低风险对企业财务状况的影响程度。

3. 建立财务风险预警系统

财务风险预警系统可以帮助企业及时发现潜在的财务风险，并采取有效的应对措施。预警系统可以通过对企业的财务报表、经营数据等信息进行分析和评估，及时发现异常情况并发出预警信号。

4. 提高财务人员的素质和意识

财务人员是防范和控制财务风险的重要力量。企业需要加强对财务人员的培训和教育，提高他们的专业素质和职业道德水平，增强他们对财务风险的敏感性和意识。

5. 保持合理的资本结构

企业的资本结构直接影响到企业的偿债能力和盈利能力。企业需要保持合理的资本结构，避免过度负债或权益不足的情况出现，从而降低财务风险的发生概率。

二、财务风险的类型

财务风险是企业在进行财务管理过程中所面临的各种风险，这些风险主要源自企业的内部和外部环境的不确定性。理解财务风险的类型对于企业来说至关重要，因为它能帮助企业更好地识别、评估和控制风险，从而做出更有效的财务决策。以下是对财务风险的主要类型的详细描述：

1. 信用风险

这是指由于客户或交易伙伴不履行承诺或协议，而给企业带来财务损失的风险。例如，应收账款无法按时回收，或者客户违约导致销售收入无法实现。

2. 流动性风险

这是指企业无法及时获得足够的现金或其他形式的支付手段，以支付其短期债务或满足其日常运营需求的风险。例如，资金链断裂可能就是流动性风险的体现。

3. 市场风险

这是指因市场价格（如利率、汇率、股票价格等）的变动而导致的风险。市场风险包括利率风险、汇率风险、股票价格风险等。这类风险通常与金融市场的波动性有关。

4. 操作风险

这是指企业内部操作流程、人为错误或系统故障等原因而导致的风险。例如，由于内部控制缺陷导致的财务舞弊，或者由于系统故障导致的财务数据丢失。

5. 法律风险

这是指企业因违反法律法规或合同约定而面临的经济损失或其他惩罚的风险。例如，违反税收法规、不公平竞争、知识产权侵权等都可能带来法律风险。

6. 战略风险

这是指企业在战略制定和实施过程中所面临的风险。战略风险通常与企业的发展方向、市场定位、产品策略等有关。例如，企业可能因为过于追求规模扩张而忽视了盈利能力的保持，从而带来战略风险。

7. 政治风险

这是指因政治环境的变化而给企业带来的风险。政治风险通常与国家层面的因素有关，但也可能影响到跨国企业的运营。

8. 自然风险

这是指因自然灾害（如地震、洪水、火灾等）而给企业带来的风险。自然风险通常是企业无法预见和控制的，但可以通过购买保险等方式进行一定的防范。

了解这些财务风险类型后，企业可以更全面地评估自己所面临的风险状况，并制定相应的风险管理策略。在实际操作中，企业可以根据自身的行业特点、规模大小、发展阶段等，选择适合的风险管理工具和方法，以降低财务风险对企业经营的影响。

另外，值得一提的是，随着企业国际化程度的提高和金融市场的日益复杂化，一些新型的财务风险也逐渐浮现出来，如金融衍生品风险、碳足迹风险等。这些新型财务风险不仅要求企业具备深厚的财务专业知识，还需要企业在经营理念、组织架构、内部控制等方面进行相应的调整和改进。

第二节　财务风险的识别与评估

一、财务风险的识别

财务风险的识别是企业管理者进行风险管理的重要步骤。只有准确、全面地识别企业所面临的财务风险，才能有针对性地制定风险应对措施，从而有效地降低风险对企业的影响。

（一）如何进行财务风险识别

1. 财务报表分析

财务报表是企业财务状况、经营成果和现金流量的综合反映。深入分析财务报表（资产负债表、利润表和现金流量表），可以发现企业的资产质量、负债结构、盈利能力等方面的潜在问题，从而识别出财务风险。例如，如果发现企业的应收账款增加或存货积压，就意味着信用风险和流动性风险的增加。

2. 财务比率分析

对财务比率进行分析，可以了解企业的偿债能力、营运能力、盈利能力等方面的状况。例如，计算流动比率、速动比率等指标，可以评估企业的短期偿债能力；计算资产负债率、权益乘数等指标，可以评估企业的长期偿债能力。对这些财务比率深入分析，可以识别出企业面临的财务风险。

3. 现金流量分析

现金流量是企业经营、投资和筹资活动的现金流入和流出。对现金流量的分析，可以了解企业的现金流入流出情况，评估企业的流动性状况。如果发现企业的现金流量出现异常波动，可能意味着企业面临财务风险。

4. 行业和市场分析

企业所处的行业和市场环境也会对其财务风险产生影响。了解行业发展趋势、市场竞争状况、政策法规变化等因素，可以评估企业所面临的外部风险，从而识别出潜在的财务风险。

5. 内部控制和风险管理

企业的内部控制和风险管理机制也是影响财务风险的重要因素。评估企业的内部控制制度是否健全、风险管理流程是否完善、风险控制措施是否得当等，可以识别出企业内部管理方面存在的风险点。

6. 审计报告和财务报告

审计报告和财务报告是了解企业财务状况的重要途径。阅读审计报告可以了解企业是否存在重大错误、舞弊行为等问题；查看财务报告，可以了解企业的会计处理方法和财务报告编制的合规性。这些信息可以帮助识别出企业存在的财务风险。

7. 专家意见和咨询

在进行财务风险识别时，可以请教财务、审计、风险管理等领域的专家，利用他们的专业知识和经验进行风险识别。此外，也可以考虑聘请专业的风险咨询机构进行风险评估和识别。

通过以上方法进行财务风险识别后，企业可以建立财务风险清单，明确各类风险的性质、发生概率和影响程度。在这个过程中，应注重定性和定量的方法相结合，以确保识别的准确性和全面性。

值得注意的是，随着企业内外部环境的变化，财务风险也会发生变化。因此，财务风险的识别是一个持续的过程，需要定期或不定期地进行复查和更新。同时，企业应建立健全的风险管理制度和预警机制，以便在发现潜在财务风险时能够及时采取应对措施。

财务风险的识别需要多方面的信息和专业知识支持，只有全面、准确地识别出企业所面临的财务风险，才能为风险管理提供有力的依据，保障企业的财务安全和稳定发展。

（二）财务风险识别的注意事项

1. 重视历史数据的分析

对历史数据的分析可以发现企业在财务管理方面存在的问题和趋势，从而预测未来可能出现的风险点。因此，企业应建立健全的财务管理信息系统，以便收集、整理和分析相关数据。

2. 关注管理层诚信和道德价值观

管理层是企业的决策者和执行者，其诚信和道德价值观直接影响企业的财务管理状况。因此，在财务风险的识别中，应关注管理层是否存在违规行为等问题。

3. 加强与供应商、客户的沟通与合作

企业的财务风险不仅来自内部管理方面，还与供应商、客户的经营状况有关。因此，企业应加强与供应商、客户的沟通与合作，了解他们的经营状况和信用状况，以降低潜在的财务风险。

4. 重视内部审计的作用

内部审计是企业内部控制的重要组成部分，也是评估和监督财务风险的重要手段。企业应建立健全的内部审计制度，定期开展内部审计工作，以确保财务信息的真实性和准确性。

5. 关注政策和法规的变化

政策和法规的变化对企业财务管理的影响较大。企业应关注国家和地方的政策和法规变化，及时调整财务管理策略，以降低潜在的政策风险。

6. 注重培养和增强员工的财务风险意识

员工是企业最重要的财富之一，也是执行财务管理工作的主体。企业应注重培养和增强员工的财务风险意识，加强培训和教育，确保员工能够自觉遵守财务管理制度和风险控制措施。

7. 采用先进的财务风险评估方法和技术

随着科技的发展和风险管理理论的不断完善，新的财务风险评估方法和技术不断涌现。企业应保持开放的态度，及时引进和采用先进的评估方法和技术，以提高财务风险识别的准确性和效率。

二、财务风险的评估

在企业的经营活动中，财务风险是一个不可忽视的因素。为了有效地管理风险，首先需要对财务风险进行准确的评估。财务风险评估是识别、衡量和评价财务风险的过程，目的是为企业决策提供依据，预防和控制财务风险的发生，降低风险对企业的影响。

（一）财务风险评估的方法

1. 定性评估方法

基于专家经验和主观判断，对财务风险进行分类和评估。常见的定性评估方法包括风险矩阵、风险清单等。定性评估方法简单易行，但主观性较强，不同专家可能得出不同的评估结果。

2. 定量评估方法

运用数学模型、统计方法和数据分析等技术，对财务风险进行量化评估。常见的定量评估方法包括概率分析、敏感性分析、蒙特卡洛模拟等。定量评估方法客观准确，但需要大量的数据支持，且建模过程较为复杂。

（二）财务风险评估的步骤

1. 确定评估目标

明确财务风险评估的目的和范围，是评估工作的首要步骤。企业应根据自身实际情况和风险管理需求，制定合理的评估目标。

2. 收集数据和信息

收集与财务风险相关的数据和信息，包括财务报表、市场数据、行业资料等。数据和信息的来源应可靠、全面，以保证评估结果的准确性。

3. 分析识别风险

对收集的数据和信息进行分析，识别出企业面临的财务风险。这些风险可能包括市场风险、信用风险、流动性风险等。在分析过程中，应运用适当的方法和技术，确保风险识别的准确性和完整性。

4. 衡量评估风险

对识别出的财务风险进行量化和评估，确定其发生的可能性和影响程度。在衡量过程中，应采用适当的数学模型和统计方法，确保评估结果的客观性和科学性。

5. 制定风险管理策略

根据风险评估结果，制定相应的风险管理策略。这些策略应包括风险控制、风险转移、风险规避等措施，以降低风险对企业的影响。在制定风险管理策略时，应充分考虑企业的实际情况和资源限制。

6. 实施风险管理

将风险管理策略付诸实践，实施有效的风险管理措施。在实施过程中，应定期对风险管理效果进行评估和调整，以确保风险管理策略的有效性和适用性。同时，应保持与利益相关者的沟通与协作，共同推进风险管理工作的开展。

7. 监测与报告

持续监测财务风险的状况及其变化趋势，定期向企业高层管理者报告风险管理工作的进展和成效。通过监测与报告，企业可以及时发现和应对新的财务风险，不断完善和优化风险管理策略。

（三）财务风险评估的注意事项

1. 综合考虑内外部因素

在评估财务风险时，应综合考虑企业内部因素和外部环境因素。内部因素包括企业自身的经营状况、财务状况和管理水平等；外部因素包括市场环境、政策法规、行业趋势等。只有全面考虑内外因素，才能准确评估财务风险的性质和程度。

2. 关注重大不确定性事件

重大不确定性事件可能对企业的财务风险产生重大影响。在评估过程中，应关注可能发生的重大不确定性事件，如重大自然灾害、政策法规变化等，并对其可能产生的影响进行分析和评估。

3. 注意历史数据的局限性

在利用历史数据进行分析时，应注意数据的局限性。历史数据可能无法完全反映未来的变化和不确定性，因此在进行风险评估时，应结合实际情况进行合理的预测和推断。

4. 加强沟通和协作

财务风险评估需要多部门的合作和信息共享。企业应加强内部沟通与协作，建立有效的信息传递机制，确保数据的准确性和及时性。同时，应积极与利益相关者沟通，共同应对财务风险。

5. 持续改进和完善

财务风险评估是一个持续的过程，需要不断改进和完善。企业应定期进行财务风险的识别、衡量和评价工作，及时调整风险管理策略和方法，以适应内外部环境的变化和发展。

第三节　财务风险的防范与控制

一、财务风险的防范措施

在企业的经营活动中，财务风险是不可避免的一部分。然而，通过采取有效的防范措施，企业可以降低财务风险的发生概率和影响程度。下面将重点探讨财务风险的防范措施，以期为企业提供一些参考。

（一）建立完善的风险管理体系

1. 风险识别

通过收集和分析企业内外环境信息，识别出可能面临的财务风险。这些风险可能包括市场风险、信用风险、流动性风险等。

2. 风险评估

对识别出的财务风险进行量化和评估，确定其发生的可能性和影响程度。在评估过程中，应采用适当的数学模型和统计方法，确保评估结果的客观性和科学性。

3. 风险应对

根据风险评估结果，制定相应的风险管理策略。这些策略应包括风险控制、风险转移、风险规避等措施，以降低风险对企业的影响。在制定风险管理策略时，应充分考虑企业的实际情况和资源限制。

4. 风险监控

持续监测财务风险的状况及其变化趋势，定期向企业高层管理者报告风险管理工作的进展和成效。通过监测与报告，企业可以及时发现和应对新的财务风险，不断完善和优化风险管理策略。

（二）加强内部控制和风险管理文化建设

1. 建立健全内部控制体系

制定和执行各项内部控制制度，规范企业的财务管理流程，降低财务操作风险。同时，加强内部审计工作，对内部控制制度的执行情况进行监督和评价，及时发现和纠正存在的问题。

2. 培养风险管理意识

通过培训、宣传等方式，增强企业员工的风险管理意识和能力，员工得以充分认识到财务风险的危害性，树立风险防范意识，自觉遵守风险管理规定，形成全员参与的风险管理文化氛围。

3. 建立风险管理激励机制

将风险管理绩效与员工的薪酬、晋升等个人利益挂钩，激励员工积极参与风险管理，提高风险管理效果。同时，对于在风险防范方面做出突出贡献的员工给予奖励和表彰，增强员工的风险防范积极性。

（三）提高财务管理水平

1. 加强财务核算管理

规范财务核算流程，确保财务报表数据的真实性和准确性。加强财务核算管理可以降低核算错误导致的财务风险。

2. 强化资金管理

制订合理的资金使用计划，确保企业资金流的稳定。加强应收账款管理，控制坏账风险。同时，合理利用外部融资渠道，优化资本结构，降低融资成本和财务风险。

3. 完善投资决策机制

建立科学的投资决策程序，加强投资项目的可行性研究和风险评估。避免盲目投资和跟风投资带来的财务风险。同时，合理运用金融工具和衍生品进行风险管理，降低投资风险。

4. 关注国际经济形势和政策变化

对于跨国经营的企业，应密切关注国际经济形势和政策变化，及时调整经营策略和风险管理措施，以适应国际市场的波动性和不确定性。

（四）建立财务风险预警系统

1. 确定财务风险预警指标

根据企业实际情况和历史数据，选取具有代表性的财务指标作为预警指标，如偿债能力指标、盈利能力指标、成长能力指标等。

2. 监测预警指标变化

定期对预警指标进行监测和分析，及时发现异常变化和潜在风险。同时，结合市场环境、行业趋势等因素对企业财务风险的影响进行综合评估。

3. 制定预警应对措施

根据预警分析结果，制定相应的应对措施。对于可能引发的严重财务风险，及时采取有效措施规避、转移或降低风险对企业的影响。

4. 建立财务风险数据库

将预警系统的监测结果和应对措施进行记录和分析，形成财务风险数据库，为企业未来进行财务风险评估和预警分析提供数据支持。

（五）加强企业合作与信息共享

1. 与供应商建立良好合作关系

与供应商建立长期稳定的合作关系，确保企业采购渠道的稳定性和可靠性。同时，与供应商保持良好的信息沟通，及时了解市场变化和供应情况，降低采购成本和供应风险。

2. 与客户保持良好沟通

加强与客户之间的信息交流与沟通，了解客户需求和市场变化趋势。与客户合作并信息共享，提高企业的市场应变能力和竞争力，降低市场风险对企业的影响。

3. 参与行业交流与合作

积极参加行业协会、商会等组织的活动，加强与其他企业的交流与合作。通过行业交流与合作，了解行业发展趋势和市场动态，共享行业信息和资源，共同应对行业风险和挑战。

二、财务风险的控制策略

在企业的经营活动中，财务风险的控制是至关重要的环节。企业应采取有效的控制策略，以确保财务活动的稳健运行，降低财务风险的发生概率和影响程度。下面将重点探讨财务风险的控制策略，以期为企业提供一些参考。

（一）明确财务风险控制目标

企业应首先明确财务风险控制的目标，为后续的风险控制工作指明方向。财务风险控制的目标主要包括以下几个方面：

1. 保持财务活动的稳健性

企业应通过合理的财务安排和资金运作，确保财务活动的稳健运行，避免资金链断裂等情况引发的财务风险。

2. 降低财务风险的发生概率

企业应采取有效的措施，对财务风险进行识别、评估和控制，降低财务风险的发生概率，保障企业的正常运营和发展。

3. 减少财务损失

对于已经发生的财务风险，企业应采取及时有效的应对措施，尽可能减少财务损失，降低对企业经营的影响。

4. 提高决策的科学性

企业应加强财务决策的合理性和科学性，避免因决策失误引发的财务风险。

（二）完善财务风险控制体系

企业应建立健全的财务风险控制体系，从制度、流程、组织等方面保障财务活动的稳健运行。财务风险控制体系应包括以下几个方面：

1. 建立健全内部控制制度

企业应制定完善的内部控制制度，规范财务管理流程，确保财务活动的合规性和准确性。同时，加强内部审计工作，对内部控制制度的执行情况进行监督和评价。

2. 建立风险评估机制

企业应建立风险评估机制，对财务风险进行量化和评估。通过风险评估，企业可以全面了解财务风险的状况，为制定有效的风险控制措施提供依据。

3. 制定风险应对策略

企业应根据风险评估结果，制定相应的风险应对策略。这些策略应包括风险控制、风险转移、风险规避等措施，以降低风险对企业的影响。同时，企业应定期对风险应对策略进行审查和更新，以适应市场环境的变化。

4. 建立风险管理组织架构

企业应建立完善的风险管理组织架构，明确各部门和岗位的职责和权限。通过建立健全的组织架构，确保财务风险控制工作的有效实施和监督。

（三）强化财务风险控制措施

企业应采取具体的措施，强化对财务风险的监控和控制。以下是一些有效的财务风险控制措施：

1. 建立财务预警系统

监测和分析各项财务指标的变化，及时发现潜在的财务风险，为企业采取应对措施提供预警。财务预警系统可以帮助企业提前发现和解决潜在的财务风险问题。

2. 实施定期财务审计

定期进行财务审计，检查财务管理流程的合规性和内部控制的有效性。及时发现和纠正财务管理中的问题，降低财务风险的发生概率。

3. 严格资金管理

制订合理的资金使用计划，确保企业的资金流动性和稳定性。加强应收账款的管理，控制坏账风险。同时，合理利用外部融资渠道，优化资本结构，降低融资成本和财务风险。

4. 强化风险管理意识

通过培训、宣传等方式，增强员工的风险管理意识和能力，员工能充分认识到财务风险的危害性，树立风险防范意识，自觉遵守风险管理规定。

5. 建立风险应对机制

对于已经发生的财务风险，企业应建立快速响应的风险应对机制。及时采取有效的措施进行处置和补救，以降低财务损失和对企业的负面影响。同时，从风险事件中吸取教训，完善风险管理体系和控制措施。

（四）持续改进和优化风险管理流程

企业应持续关注市场环境的变化和自身的经营状况，对风险管理流程进行不断改进和优化。以下是一些建议措施：

1. 定期评估风险管理策略的有效性

企业应定期对风险管理策略进行评估和审查，确保其与企业的战略目标和业务发展相一致。对于不适应当前市场环境和经营状况的风险管理策略，应及时进行调整和完善。

2. 强化信息沟通与共享

企业应加强内部各部门之间的信息沟通和共享，确保财务风险控制措施的有效实施。同时，与外部利益相关方保持良好的沟通，及时获取市场信息和政策动态，为企业制定合理的财务策略提供依据。

3. 引入先进的风险管理工具和技术

随着科技的发展，企业可以引入先进的风险管理工具和技术，提高风险管理的效率和准确性。例如，利用大数据分析、人工智能等技术手段，对财务风险进行全面、深入的分析和预测。

4. 建立风险管理文化

企业应将风险管理融入企业文化中，使员工在日常工作中自觉遵守风险管理规定，形成全员参与风险管理的良好氛围。通过培养员工的风险意识提高企业的整体风险防范能力。

5. 建立风险管理绩效评价体系

企业应建立风险管理绩效评价体系，将财务风险控制成果与员工的绩效挂钩。通过合理的奖惩机激励员工积极参与财务风险控制工作，提高风险管理的效果。

通过对以上措施的实施，企业可以进一步完善财务风险控制体系，提高财务风险的防范和控制能力。在竞争激烈的市场环境中，有效的财务风险控制策略对于企业的可持续发展具有重要意义。企业应不断加强财务风险管理工作，为企业的稳健运营和发展提供有力保障。

第三章　会计内部控制制度

第一节　会计内部控制的定义与目标

一、会计内部控制的定义

在探讨会计内部控制的定义之前，我们首先需要明确内部控制的基本概念。内部控制，是指一个组织为了实现其既定目标，所采取的一系列自我规划、评价和调控的措施。这些措施主要针对组织内部的运营活动，旨在确保资产的安全、数据的准确性和可靠性，并最终保障组织的稳健发展。

（一）会计内部控制的特点

会计内部控制，作为内部控制的一个重要分支，主要涉及与会计活动相关的控制措施。这些措施的核心目标在于确保会计信息的真实、完整和合规。具体来说，会计内部控制有以下几个特点：

1. 记录和报告的准确性

确保会计记录和报告准确反映企业的经济活动，避免错误或欺诈行为。

2. 资产的安全与完整

通过内部控制措施保护企业的资产不受损失，防止未经授权的转移或使用。

3. 遵守法规与政策

确保企业的会计活动严格遵守相关法律法规、行业准则和企业内部规章制度。

4. 预防舞弊行为与错误

通过建立有效的内部控制机制降低舞弊行为和错误发生的可能性。

5. 评估风险并采取应对措施

对会计相关的风险进行持续评估，并采取适当的控制措施来应对这些风险。

（二）会计内部控制的要素

会计内部控制通常包括以下关键要素：

1. 制度建设

建立健全的会计制度和流程，明确各岗位的职责和权限。

2. 职责分离

通过合理的职责分工降低舞弊行为和错误发生的风险。

3. 授权审批

对会计活动进行严格的授权审批，确保所有交易经过适当审批。

4. 数据安全与保密

保障会计信息的保密性和完整性，防止泄露或篡改。

5. 内部审计与监督

定期进行内部审计和监督检查，确保内部控制的有效性。

因此，会计内部控制可以被定义为：企业为了保障会计信息的质量、确保资产的安全、遵守相关法规和企业政策，以及预防舞弊行为和错误发生而采取的一系列控制措施和程序。这些措施旨在为企业提供一个健康的会计环境，帮助管理层做出明智的决策，并为企业的长期发展奠定坚实基础。

随着全球经济的不断发展和企业规模的扩大，会计内部控制的重要性越发凸显。一个健全的会计内部控制体系不仅能有效降低企业的财务风险，还能提升企业的运营效率、增强投资者信心并保障企业声誉。因此，对于现代企业而言，建立和完善会计内部控制不仅是合规性的要求，更是实现可持续发展和提升竞争力的关键要素。

二、会计内部控制的目标

会计内部控制作为企业内部控制的重要组成部分，其目标与企业整体内部控制的目标基本一致，主要包括以下几个方面：

（一）确保财务报表的可靠性

会计内部控制的首要目标是确保企业财务报表的可靠性。通过有效的内部控制措施，企业可以防止和发现财务报表中的错误、舞弊行为和漏洞，从而提供准确的财务信息，满足投资者、监管机构和利益相关者的需求。一个健全的会计内部控制体系能够确保会计记录的完整性和准确性，并为企业提供可靠的财务数据，为决策者提供准确的依据。

（二）保护资产的安全与完整

会计内部控制的另一个重要目标是保护企业资产的安全与完整。通过合理的内部控制措施，企业可以有效地防止和发现资产被盗窃、滥用或损失的情况，确保资产得到合理和有效的利用。这些措施不仅包括对资产的日常监控和盘点，还包括对授权审批的控制和防止舞弊行为发生的机制，以确保资产的安全与完整。

（三）促进合规经营

会计内部控制的一个重要目标是确保企业遵循适用的法律法规、行业准则和内部规章制度。通过建立有效的内部控制体系，企业可以确保其经营活动符合相关法律法规的要求，避免违规行为带来的风险和损失。这不仅有助于企业避免法律风险，也有助于维护企业的声誉和公信力。

（四）提高运营效率

除了上述目标外，会计内部控制还有助于提高企业的运营效率。通过优化内部流程、减少浪费和提高工作效率，企业可以实现资源的合理配置和高效利用。此外，有效的会计内部控制还可以促进部门之间的沟通和协作，增强企业的整体运营效率，提升市场竞争力。

（五）实现发展战略

会计内部控制作为企业战略管理的重要组成部分，其最终目标是帮助企业实现发展战略。通过提供准确的财务信息和可靠的决策依据，以及保障资产安全和合规经营，会计内部控制为企业战略目标的实现提供了有力支持。同时，有效的会计内部控制还可以促进企业内部的团队合作和文化建设，为实现长期可持续发展奠定坚实基础。

第二节　会计内部控制制度的设计

一、会计内部控制制度设计的原则

在设计和实施会计内部控制制度时，企业应遵循以下原则，以确保内部控制的有效性和可靠性。

（一）合法性原则

合法性原则是企业会计内部控制制度设计的首要原则。企业在进行会计内部控制制度设计时，必须确保其符合国家法律法规、行业标准和监管要求，不得违反相关法律法规的规定。只有在合法的基础上，企业的会计内部控制制度才能得到法律的认可和保护，进而有效地实施和运行。

（二）全面性原则

全面性原则要求企业会计内部控制制度必须全面覆盖企业的各项经济业务和相关岗位，确保对所有业务活动的控制和监督。在制度设计时，企业应考虑到各种可能发生的业务场景和操作流程，确保内部控制制度能够渗透到企业的各个角落，不留死角。只有全面、系统的会计内部控制制度才能有效地防范和化解风险，确保企业的稳定发展。

（三）重要性原则

重要性原则要求企业在设计会计内部控制制度时，应关注重要业务和高风险领域，对关键控制点进行重点控制和监督。对于企业的重大风险业务和重要流程，应加强内部控制，采取更为严格的控制措施，以确保企业的资产安全和财务信息真实可靠。同时，在制定内部控制制度时，应根据业务的重要性和风险程度进行合理分类和分层管理，保证内部控制的针对性和有效性。

（四）制衡性原则

制衡性原则要求企业在设计会计内部控制制度时，应注重权力的相互制约和平衡，防止权力过于集中或滥用。在内部岗位设置、职责分工和业务流程等方面，应合理设置控制节点，确保各岗位之间的相互监督和制约。权力的制衡可以有效防止舞弊行为的发生，提高内部控制的质量和效果。同时，企业应定期对内部控制制度进行评估和审查，及时发现和纠正可能存在的缺陷和风险。

（五）适应性原则

适应性原则要求企业会计内部控制制度必须与企业的实际情况相适应，能够反映企业的经营特点、管理要求和发展战略。不同企业之间的经营环境、业务范围和管理体系都存在差异，因此，在制定内部控制制度时，企业应根据自身的实际情况进行个性化设计和调整。同时，随着企业内外部环境的变化，内部控制制度也应随之调整和完善，以保持其适应性和有效性。

（六）成本效益原则

成本效益原则要求企业在设计会计内部控制制度时，应充分考虑成本与效益的关系，以合理的成本实现最佳的控制效果。企业应避免过度追求内部控制的完善而导致成本过高的情况发生。在制定内部控制措施时，应对其成本和效益进行综合评估，选择最为经济合理的控制方案。同时，企业应定期对内部控制制度的运行效果进行评估和优化，不断降低成本和提高效益。

（七）可操作性原则

可操作性原则要求企业会计内部控制制度必须具有实际可操作性，能够真正落地执行。在制定内部控制制度时，企业应充分考虑其实施的环境、条件和资源等因素，确保制度具有可操作性和可行性。此外，企业应制定详细的操作规程和控制流程图等，以便员工能够准确理解和执行内部控制制度。同时，企业应加强培训和指导工作，增强员工的操作技能和规范意识，确保内部控制制度的顺利实施。

二、会计内部控制制度设计的内容

会计内部控制制度是企业内部控制的核心组成部分，涉及企业经济活动的各个方面。下面将对会计内部控制制度设计的主要内容进行详细阐述。

（一）岗位设置与职责划分

会计内部控制制度设计的首要任务是进行岗位设置和职责划分。企业应根据业务需要和风险评估结果，合理设置会计及相关工作岗位，明确各岗位的职责、权限和责任主体，确保不相容岗位相互分离、相互制约和相互监督。例如，会计与出纳、稽核与审计、记录与保管等岗位应严格分离，以防范舞弊行为和错误的发生。

（二）会计核算流程规范

会计核算流程的规范是会计内部控制制度设计的核心内容之一。企业应建立规范的会计核算流程，包括原始凭证的审核、记账凭证的编制、账簿的登记、报表的编制等环节。制定详细的操作规程和核算标准，确保会计核算的准确性和合规性。同时，应定期对会计核算流程进行评估和优化，以提高工作效率和降低风险。

（三）资金活动控制

资金是企业经济活动的血液，资金活动的控制对企业至关重要。会计内部控制制度应重点关注资金流入、流出的控制，以及资金安全性的保障。企业应建立严格的资金授权、审批和支付制度，规范资金收支的核算和管理。同时，应加强对银行账户管理、票据管理、印章管理等环节的控制，防止资金被非法挪用或侵占。

（四）资产管理控制

企业资产的安全与完整对于企业的长期发展至关重要。会计内部控制制度应加强对资产的管理和控制。具体而言，企业应对货币资金、存货、固定资产等资产进行分类管理，建立相应的管理制度和操作规程。通过定期盘点、账实核对等措施，确保资产的安全与完整。同时，应关注资产减值迹象的识别和减值准备的计提，以公允反映企业资产价值。

（五）财务报告编制与披露控制

财务报告是企业对外披露财务信息的主要载体，其编制与披露的控制对于投资者、债权人及其他利益相关方的决策具有重要意义。会计内部控制制度应加强对财务报告编制与披露的控制，确保财务报告的真实性、准确性和完整性。企业应建立完善的财务报告编制、审核和披露流程，明确各环节的责任主体和审批权限。同时，应加强内部审计对财务报告编制与披露的监督和评价，及时发现和纠正可能存在的问题。

（六）风险评估与应对

风险评估与应对是会计内部控制制度设计的关键环节之一。企业应建立健全风险评估机制，定期对会计及相关领域进行风险识别、分析和评估。根据风险评估结果，制定相应的风险应对策略和控制措施，以降低或消除风险对企业的影响。同时，应关注风险动态变化，及时调整风险应对策略和控制措施，确保内部控制的有效性。

（七）内部监督与评价

内部监督与评价是会计内部控制制度持续改进的重要保障。企业应建立健全内部监督与评价机制，通过内部审计、内部检查等方式，对会计内部控制制度的执行情况进行监督和评价。及时发现和纠正内部控制缺陷和问题，提出改进意见和建议，促进内部控制制度的不断完善和提高。同时，应加强内部控制培训和教育，提高全体员工的内部控制意识和素质，形成良好的内部控制文化。

第三节　会计内部控制制度的实施

一、会计内部控制制度的执行

会计内部控制制度的执行是确保企业经济活动合规、资产安全和财务信息真实完整的重要环节。下面将对会计内部控制制度的执行进行深入探讨，分析其关键要素和实施要点。

（一）人员素质与培训

会计内部控制制度的执行依赖于人员的素质和专业技能。企业应重视对会计及相关人员的培训和教育，提高其专业水平和职业道德素养。应定期组织培训、专业研讨会，使相关人员及时掌握最新的会计准则、法律法规和内部控制理念，确保其具备执行内部控制制度所需的知识和技能。同时，应加强对人员的选拔和考核，确保关键岗位的人员具备与岗位职责相匹配的资质和能力。

（二）制度宣传与文化培育

良好的内部控制文化是企业内部控制制度有效执行的重要基础。企业应通过内部宣传、培训、案例分享等方式，加强对内部控制制度的宣传和教育，提高全体员工的内部控制意识。应举办内部控制知识竞赛、内部控制文化周等活动，增强员工对内部控制制度的认同感，提高执行力。同时，应注重管理层在内部控制文化建设中的引领作用，以身作则，带头执行内部控制制度，营造良好的内部控制环境。

（三）流程规范与操作指南

会计内部控制制度的执行需要依托规范化的流程和操作指南。企业应根据会计内部控制制度的要求，制定详细的业务流程规范和操作指南，明确各环节的责任主体、审批权限和工作标准。制定标准化的工作流程，降低人为因素对内部控制制度执行的影响，提高工作效率和准确性。同时，应定期对业务流程规范和操作指南进行评估和优化，以适应企业发展和外部环境的变化。

（四）内部监督与审计机制

内部监督与审计机制是会计内部控制制度有效执行的重要保障。企业应建立健全内部监督与审计机制，定期对会计及相关业务活动进行内部审计和检查。通过内部审计发现内部控制制度执行中存在的问题和缺陷，提出改进意见和建议，督促相关部门和人员及时整改。同时，应注重内部审计结果的运用，将内部审计结果与绩效考核、奖惩机制等挂钩，提高员工执行内部控制制度的积极性和自觉性。

（五）信息沟通与反馈机制

信息沟通与反馈机制是会计内部控制制度执行中不可或缺的一环。企业应建立完善的信息沟通与反馈机制，确保相关部门和人员能够及时获取所需的会计信息和内部控制指导。通过定期召开内部会议、建立信息共享平台等方式，加强部门间的信息交流与合作。同时，应鼓励员工对内部控制制度执行中的问题提出意见和建议，充分发挥集体智慧，不断完善和优化内部控制制度。

（六）风险预警与应对措施

风险预警与应对措施是会计内部控制制度执行中对突发事件的应急处置方案。企业应建立健全风险预警与应对机制，及时发现和应对可能影响企业经济活动、资产安全和财务信息真实完整的突发事件。通过风险评估和预警指标的设定，对可能出现的风险进行实时监测和分析，提前制定应对措施。同时，应注重对风险应对经验的积累和总结，不断完善风险预警与应对机制，提高企业对突发事件的应对能力。

（七）持续改进与发展规划

持续改进与发展规划是会计内部控制制度执行的永恒主题。企业应将持续改进和发展纳入会计内部控制制度的执行计划中，根据内外部环境的变化和企业发展的需要，不断完善和优化会计内部控制制度。定期评估和审查，发现存在的问题和不足之处，及时进行调整和改进。同时，应关注行业发展趋势和国家政策变化，制定相应的发展规划和战略目标，推动企业的可持续发展。

二、会计内部控制制度的监督与评价

会计内部控制制度的监督与评价是确保内部控制制度有效执行的重要环节。对内部控制制度进行监督与评价，可以及时发现和纠正制度执行中的问题，提高内部控制制度的执行效果，保障企业的经济活动合规、资产安全和财务信息真实完整。下面将对会计内部控制制度的监督与评价进行探讨。

（一）监督机制的建立与实施

1. 日常监督：企业应建立日常监督机制，通过定期的内部审计、检查和评估，对会计内部控制制度的执行情况进行跟踪监控。日常监督应覆盖会计工作的各个方面，包括凭证审核、账目处理、报表编制等，确保各项制度和流程得到有效执行。

2. 专项监督：对于特定的会计活动或项目，应进行专项监督。专项监督应重点关注高风险领域和关键控制点，如资金管理、投资决策等。对特定业务进行深入审查，确保相关内部控制措施的有效性。

3. 内部监督与外部监督相结合：企业应建立内部监督与外部监督相结合的机制。内部监督主要依靠内部审计部门，对会计内部控制制度的执行情况进行实时监控和定期评估。外部监督则可以借助第三方审计机构，对企业内部控制制度的有效性进行客观评价。

（二）评价体系的构建与完善

1. 评价指标设计

建立科学的评价指标体系是进行评价的基础。评价指标应全面反映会计内部控制制度的各个方面，包括制度建设、执行情况、风险管理等。同时，评价指标应根据企业实际情况进行调整和完善，确保其客观性和可操作性。

2. 评价方法选择

评价方法的选择对于得出准确结论至关重要。可以采用定性和定量相结合的方法进行评价，如风险矩阵法、层次分析法等。根据评价指标的特点和评价目的，选择合适的评价方法，确保评价结果的客观性和准确性。

3. 评价结果运用

评价结果的运用是发挥评价作用的关键环节。企业应将评价结果作为改进会计内部控制制度的重要依据，针对发现的问题及时采取整改措施。同时，将评价结果与绩效考核、奖惩机制等挂钩，激励员工积极参与内部控制工作，提高内部控制制度的执行力。

（三）持续改进与发展

1. 及时反馈

企业应鼓励员工对会计内部控制制度的执行情况进行反馈，建立有效的信息收集和传递机制。通过定期收集员工意见和建议，及时了解制度执行中的问题，为改进提供依据。

2. 动态调整

企业应根据内外部环境的变化和业务发展的需要，对会计内部控制制度进行动态调整。通过定期评估和审查，发现制度中不适应当前环境的条款，及时进行调整和完善。

3. 创新发展

随着企业规模和业务范围的扩大，会计内部控制制度也应不断创新发展。企业应关注行业发展趋势和国家政策变化，积极探索新的内部控制手段和方法，提高内部控制制度的现代化水平。

（四）强化培训与教育

1. 提升员工素质

加强对员工的培训和教育，提高其专业水平和内部控制意识。定期组织培训课程、分享会等活动，使员工深入了解会计内部控制制度的要求和操作规范，提高执行力。

2. 培养专业人才

企业应注重培养具备专业知识和技能的内部控制人才。通过选拔优秀员工参与内部控制培训、认证考试等方式，培养一批精通内部控制业务的骨干力量。

3. 增强团队凝聚力

加强团队建设，提高团队凝聚力。通过组织团队活动、加强沟通交流等方式，增强员工之间的合作精神，共同推动会计内部控制制度的顺利实施。

会计内部控制制度的监督与评价是一个长期、持续的过程。企业应建立健全监督与评价体系，不断完善和优化会计内部控制制度，确保其适应企业发展的需要。同时，加强团队建设和人才培养，提高员工的综合素质和执行力，共同推动企业的可持续发展。

第四章　资金管理内部控制

第一节　资金管理概述

一、资金管理的概念

资金管理是企业财务管理的重要组成部分，涵盖了企业资金流入和流出的全过程。资金管理不仅包括对现金、银行存款等流动资金的管理，还包括对长期投资、固定资产等长期资金的管理。通过有效的资金管理，企业能够合理规划和控制资金的流向和流量，确保资金的安全、效率和效益。

（一）资金管理的概念

资金管理是指企业对其在生产经营活动中所产生的资金流入和流出进行计划、组织、协调和控制的过程。它涉及企业的各个方面，包括筹资、投资、运营和分配等。资金管理的主要目标是实现企业资金的安全、效率和效益，以支持企业的战略发展。

（二）资金管理的必要性

1. 资金是企业运营的基础

企业的日常经营和业务拓展都离不开资金的支持。有效的资金管理能够确保企业有足够的资金来维持日常运营和应对突发情况，避免因资金短缺而陷入困境。

2. 降低财务风险

通过合理的资金管理，企业可以降低资金链断裂、债务违约等财务风险的发生概率，保障企业的稳健发展。

3. 提高资金使用效率

通过对资金的合理规划和调配，企业能够实现资金的优化配置，提高资金的使用效率，从而实现更大的经济效益。

4. 支撑企业战略发展

资金是企业实现战略目标的重要资源。通过有效的资金管理，企业可为战略目标的实现提供有力的支撑。

（三）资金管理的主要内容

在企业的财务管理中，筹资管理是至关重要的环节。筹资是企业获取运营和发展所需资金的重要手段，而选择何种融资方式、如何降低融资成本以及如何控制财务风险，都是筹资管理的核心问题。

权益融资和债务融资是企业筹资的两种主要方式。权益融资是通过发行股票或增资扩股等方式筹集资金，其优点在于没有固定的利息负担，风险较小，但缺点是股权稀释，可能会影响公司的控制权。而债务融资则是通过发行债券或向银行贷款等方式筹集资金，其优点在于利息成本较低，可以利用财务杠杆效应，但缺点是债务到期需要还本付息，如果企业无法按时偿还，可能引发财务危机。

在选择融资方式时，企业需要根据自身的经营状况、财务状况和市场环境等因素进行综合考虑。同时，企业还需要关注融资成本，包括利息成本和股权稀释成本等，以制定出最优的融资方案。

除了筹资管理，投资管理也是企业财务管理中的重要环节。投资是企业将资金投入到有价值的项目或资产中，以期获得未来的收益。投资管理的重点是评估投资项目的风险和回报，以确保投资决策的科学性和合理性。

在评估投资项目时，企业需要对项目进行全面的风险分析和收益预测，以确定项目的风险和回报是否符合企业的战略目标和财务状况。同时，企业还需要建立完善的风险管理体系，通过风险识别、评估和控制等手段，降低投资风险，提高投资回报。

除了筹资和投资管理外，营运资金管理也是企业财务管理中的重要环节。营运资金管理主要涉及企业的日常经营活动中资金的流入和流出，包括应收账款管理、存货管理等。营运资金管理的目标是提高营运资金的流动性，降低经营风险。

在应收账款管理中，企业需要制定合理的信用政策，加强客户信用管理，以提高应收账款的回收率。在存货管理中，企业需要建立科学的库存管理制度，合理安排采购和生产计划，以降低库存成本和经营风险。

利润分配管理也是企业财务管理中的重要环节。利润分配是对企业税后利润的分配，涉及股东利益和企业发展需求。利润分配管理的重点是平衡股东利益和企业发展之间的关系，维护企业的长期稳定发展。

在利润分配中，企业需要综合考虑股东的利益和发展需求。一方面，企业需要给予股东合理的回报，以满足股东的投资回报需求；另一方面，企业需要留存一部分利润用于企业发展，如扩大生产规模、研发新产品等。

企业的财务管理涉及多个方面，包括筹资管理、投资管理、营运资金管理和利润分配管理等。这些环节相互关联、相互影响，共同构成了企业财务管理的整体框架。为了实现财务管理的目标，企业需要建立完善的财务管理体系，加强财务管理人员的培训，注重管理水平的提升，以确保企业财务管理的科学性和有效性。

（四）资金管理的原则

1. 安全性原则

确保企业资金的安全是资金管理的首要原则。在资金管理过程中，应采取有效的措施防范财务风险，避免资金损失。

2. 效益性原则

提高企业资金的效益是资金管理的核心目标。在资金管理过程中，应注重优化资源配置，提高资金的使用效率，实现更大的经济效益。

3. 合法性原则

企业的资金管理应遵守相关法律法规和政策规定，确保企业的经营活动合法合规。

4. 规范性原则

企业应建立健全的资金管理制度和规范流程，确保资金管理的有序性和规范性。同时，要加强对财务人员的培训和管理，提高其专业素质和工作责任心。

5. 适应性原则

企业的资金管理应与企业的发展战略和经营环境相适应。随着市场环境和经营策略的变化，企业应及时调整和完善资金管理体系，以适应新的发展需求。

资金管理在现代企业管理中具有举足轻重的地位，它不仅关乎企业的日常运营和财务管理，更直接影响企业的战略发展和市场竞争力。因此，加强和完善资金管理体系建设对于企业来说至关重要。未来，随着信息技术的发展和企业经营管理理念的更新，企业的资金管理将更加趋向于数字化、智能化和精细化。企业应紧跟时代步伐，不断探索和创新资金管理模式和方法，以适应复杂多变的市场环境和企业发展需求。同时，企业应加强与其他部门的协作与沟通，实现信息的共享与协同工作，提高整体运营效率和管理水平。只有这样，才能确保企业在激烈的市场竞争中立于不败之地，实现可持续发展。

二、资金管理的重要性

资金管理在现代企业中扮演着至关重要的角色，它不仅关乎企业的生存和发展，更直接影响到企业的竞争力和市场地位。随着市场竞争的加剧和企业经营的日益复杂，资金管理的重要性越发凸显。下面将重点探讨资金管理对企业的重要性，分析资金管理在企业运营中的核心作用，以期为企业加强资金管理提供参考。

（一）资金是企业运营的基础

企业的运营离不开资金的支持。无论是采购原材料、生产加工、市场营销还是售后服务，每一个环节都需要足够的资金来保障。资金管理直接关系到企业的日常运营和业务拓展，缺乏有效的资金管理，企业将难以维持正常的经营秩序，甚至面临破产的风险。

（二）资金管理有助于降低财务风险

企业在经营过程中面临着各种财务风险，如流动性风险、信用风险等。资金管理通过合理的规划和调配，有助于降低这些财务风险的发生概率。通过建立科学的资金管理体系，企业可以实时监控现金流状况，及时发现和解决潜在的财务风险，确保企业经营的稳健发展。

（三）资金管理有助于提高企业盈利能力

资金是企业创造价值的源泉。有效的资金管理可以帮助企业实现资金的优化配置，提高资金的使用效率。通过对资金的合理调度和控制，企业可以降低不必要的成本和开支，提高盈利能力。同时，资金管理也有助于企业发现新的投资机会，抓住市场机遇，实现更大的经济效益。

（四）资金管理有助于提升企业竞争力

在激烈的市场竞争中，企业需要不断加强自身实力以提高竞争力。有效的资金管理可以帮助企业实现资源的优化配置，提高企业的整体运营效率。同时，科学的资金管理体系有助于企业及时掌握市场信息，做出快速而准确的决策，抓住市场机遇。这样的企业更能够在竞争中脱颖而出，赢得市场份额。

（五）资金管理有助于企业战略目标的实现

企业的战略目标是其长期发展的指导方针。有效的资金管理能够帮助企业实现其战略目标。例如，对于一个正在寻求扩张的企业来说，良好的资金管理能够确保其在需要的时候有足够的资金来支持扩张计划。对于一个正在寻求创新的企业来说，有效的资金管理可以帮助其合理地分配研发经费，确保创新计划的顺利实施。

（六）资金管理有助于企业建立良好的信誉

一个企业的资金状况是其信誉的重要组成部分。有效的资金管理能够帮助企业建立和维护良好的信誉。例如，一个企业的现金流状况良好，那么它就能够及时地偿还债务，这有助于提高其在投资者和债权人眼中的信誉。

（七）资金管理有助于企业实现可持续发展

企业的可持续发展离不开有效的资金管理。一方面，有效的资金管理可以帮助企业应对各种挑战和危机；另一方面，良好的资金状况可以帮助企业抓住各种发展机遇，实现可持续发展。

总的来说，资金管理在现代企业中发挥着举足轻重的作用。从保障企业的日常运营到降低财务风险，从提高盈利能力到提升竞争力，从实现战略目标到建立良好信誉，再到实现可持续发展，资金管理都发挥着极大的作用。因此，企业必须高度重视资金管理，不断完善和优化资金管理体系，以适应复杂多变的市场环境和企业发展需求。只有这样，企业才能在激烈的市场竞争中立于不败之地，实现健康、稳定和可持续发展。

第二节　资金预算与使用控制

一、资金预算的编制与执行

资金预算是企业财务管理中的重要环节，它有助于企业合理规划和控制资金流向，提高资金使用效率，降低财务风险。下面将重点探讨资金预算的编制与执行，以期为企业加强资金预算管理提供参考。

（一）资金预算的编制

1. 明确预算目标

首先，企业应根据自身的战略规划和经营计划，制定明确的预算目标，包括预算期内的收入、支出、现金流等指标。预算目标的设定应充分考虑企业的实际情况和市场环境，具有可行性和可操作性。

2. 数据收集与分析

在制定预算目标的基础上，企业应广泛收集相关数据，分析历史财务数据和市场趋势，为编制预算提供充分依据。同时，企业还应根据实际情况调整和完善财务数据，确保数据的准确性和完整性。

3. 制定预算方案

根据预算目标和数据收集结果，企业应制定具体的预算方案。预算方案应包括各项财务指标的具体数值、预算执行的计划和时间安排等。在制定预算方案时，企业应充分考虑各种可能出现的风险和不确定性因素，制定相应的应对措施。

4. 审批与调整

企业应将制定的预算方案报请相关部门审批，并根据审批意见进行调整和完善。在审批过程中，相关部门应对预算方案的合理性和可行性进行评估，提出建设性意见和建议。

（二）资金预算的执行

1. 严格执行预算方案

企业应严格按照审批通过的预算方案执行资金预算。各部门应密切配合，按照预算计划安排资金的流入和流出，确保各项支出符合预算要求。同时，企业还应加强内部控制，防止超预算和无预算开支的发生。

2. 监控与分析

在预算执行过程中，企业应加强对预算执行的监控和分析，及时发现和解决预算执行中出现的问题。通过对实际执行情况与预算目标的对比分析，企业可以了解预算执行的进度和效果，及时调整和优化预算方案。

3. 风险预警与应对

企业应建立风险预警机制，对预算执行过程中出现的异常情况和风险及时预警。针对不同级别的预警，企业应采取相应的应对措施，确保预算执行的稳定性和安全性。同时，企业还应建立健全应急预案，以便在突发事件或不可抗力情况下迅速启动。

4. 考核与激励

为提高员工对资金预算管理工作的重视程度和参与度，企业应建立完善的考核与激励机制。通过将预算执行情况与员工绩效挂钩，激励员工积极参与到资金预算管理工作中来，形成全员参与的良好氛围。同时，企业还应根据实际情况不断优化和完善考核与激励机制，确保其科学性和有效性。

5. 持续改进与优化

企业在执行资金预算过程中应不断总结经验教训，根据实际情况持续改进和优化资金预算管理体系以提高预算执行效果。具体而言企业可以采取以下措施：

（1）加强内部沟通与协作：各部门之间应加强沟通与协作形成信息共享机制，以便及时了解各部门预算执行情况，便于监控和管理。

（2）提高财务管理水平：企业应注重提高财务管理人员的专业水平和职业素养，加强财务管理团队建设，以确保资金预算管理工作的质量和效率。

（3）引入先进管理工具：企业可以引入先进的财务管理软件或信息系统，提高预算管理工作的信息化水平，实现预算数据的实时采集、分析和监控，为决策提供有力支持。

（4）强化内部审计监督：企业应加强内部审计监督，对资金预算管理全过程进行检查和监督，及时发现和纠正预算执行中的问题，保障资金安全。

资金预算管理是企业财务管理的重要组成部分，对企业的发展具有重要意义。科学合理地编制资金预算并严格执行和监控，确保预算目标的实现，有助于企业在激烈的市场竞争中保持竞争优势，实现可持续发展。因此企业应高度重视资金预算管理，不断完善和优化管理体系，提高资金使用效率，降低财务风险，为企业的稳健发展提供有力保障。

二、资金使用控制的原则与措施

资金使用控制是企业财务管理中的一项重要工作，它涉及企业资金使用的合理性和有效性。为了确保资金使用的规范、安全和高效，企业应遵循一定的原则，并采取相应的措施。下面将对资金使用控制的原则和措施进行详细探讨。

（一）资金使用控制的原则

1. 计划性原则

企业应制订详细的资金使用计划，以确保资金使用的合理性和有序性。各部门应根据实际需求，提前向财务部门提交资金使用计划，以便财务部门进行统筹安排。

2. 规范性原则

企业应建立完善的资金使用管理制度，明确各项资金使用的审批流程和责任主体，确保资金使用的规范性和合规性。

3. 效益性原则

企业应注重资金使用的效益性，确保投入与产出的合理比例。在选择投资项目时，企业应进行充分的市场调研和风险评估，以实现资金的合理配置和高效利用。

4. 安全性原则

企业应确保资金使用的安全，防止资金流失、被盗或被非法挪用。企业应加强内部控制，对资金使用进行严格监控，并采取必要的安全措施。

（二）资金使用控制的措施

1. 预算控制

企业应建立全面预算管理制度，通过预算对资金使用进行控制。预算应细化到各部门、各项目，并严格执行。对于超预算或预算外的资金使用，应进行严格的审批程序。

2. 授权审批

企业应建立授权审批制度，明确各级管理人员在资金使用中的审批权限。审批程序应规范、透明，防止权力滥用或越权行为。

3. 会计核算控制

企业应建立健全会计核算制度，对各项经济业务进行准确的记录和核算。会计核算可以及时反映资金的使用情况，便于发现问题和进行整改。

4. 内部审计与监督

企业应加强内部审计工作，对资金使用进行定期或不定期的检查和监督。内部审计部门应独立于其他部门，以确保审计的客观性和公正性。内部审计与监督可以及时发现和纠正资金使用中的问题，提高资金使用的规范性和效益性。

5. 风险管理控制

企业应建立风险管理机制，对可能影响资金使用的各种风险进行识别、评估和控制。对风险的预警、监控和应对措施的制定可以降低资金使用的风险，确保资金的安全和稳定增值。

6. 绩效评价与激励

企业应建立绩效评价体系，对各部门或个人的资金使用情况进行考核和评价。将绩效评价结果与奖惩机制挂钩可以激励员工更加注重节约成本、提高效益，从而提高整个企业的资金使用效率。

7. 合规性控制

企业应确保资金使用符合国家法律法规、行业标准和内部规章制度的要求。在资金使用过程中，企业应关注合规性问题，避免违法违规行为的发生。同时，企业还应积极配合监管部门的检查和指导，不断完善合规性控制体系。

8. 信息技术支持

在信息化时代背景下，企业应充分利用信息技术手段对资金使用进行控制和管理。引入先进的财务管理软件或信息系统可以提高资金使用的透明度和管理效率，降低人为操作失误和舞弊风险。

9. 培训与教育

企业应加强员工对资金使用控制的培训和教育，提升员工的财务管理意识和能力。培训与教育可以增强员工的责任感和执行力，确保各项资金使用控制措施的有效实施。

10. 建立信息反馈机制

企业应建立信息反馈机制，及时收集和分析各部门在资金使用过程中的反馈信息。建立信息反馈机制可以不断完善和优化资金使用控制措施，提高企业的财务管理水平。

第五章　资产管理内部控制

第一节　资产管理概述

一、资产管理的概念与范围

（一）资产管理的概念

资产管理，是指企业或个人对其拥有的有形及无形资产进行合理规划、运作和保护，以实现资产的长期保值增值。这一概念涉及的范围很广，不仅包括物质资产，如房地产、设备、库存等，而且包括金融资产，如股票、债券、基金等。

1. 资产管理的目的

目的主要在于通过合理的投资和运营手段，资产产生稳定的现金流，并尽可能地提高市场价值。对于个人而言，资产管理有助于实现财富积累和退休规划；对于企业而言，良好的资产管理是其稳定运营和持续发展的关键。

2. 资产管理的原则

原则主要包括合规性、风险控制、长期价值投资和多元化策略。合规性是指资产管理活动必须符合相关法律法规的要求；风险控制则是要确保投资的风险在可承受范围内；长期价值投资强调对资产的长远规划，避免短期投机；多元化策略则是通过分散投资来降低单一资产的风险。

3. 资产管理的工具与手段

随着金融市场的发展，各种金融工具如股票、债券、基金、期货、期权等都可以作为资产管理的工具。同时，随着科技的发展，大数据、人工智能等也被广泛应用于资产管理中，以提高决策效率和准确性。

（二）资产管理的范围

资产管理是一个广泛的领域，其范围可以根据不同的标准进行划分。以下是一些常见的分类方式：

1. 按资产类型划分

实物资产是企业的有形资产，是企业正常运营和生产的基础。这类资产的管理涉及多个环节，如选址、购置、维护、更新和处置等。

首先，选址是实物资产管理的重要环节。对于房地产和工厂等重要资产，选址的决策直接影响到企业的运营成本和市场竞争力。企业需要综合考虑地理位置、基础设施、人才聚集等因素，选择适合自身发展的地点。合理的选址可以降低企业的运营成本，提高生产效率和市场竞争力。

其次，购置是实物资产管理的另一个关键环节。企业需要购买所需的设备和库存等资产，以满足生产和销售的需求。在购置过程中，企业需要考虑资产的质量、价格和供应商的信誉等因素，以确保所购资产的质量和性价比。同时，企业还需要制订合理的采购计划，以避免库存积压和浪费。

再次，维护和更新也是实物资产管理的重要环节。企业需要定期对设备和库存进行检查和维护，以确保其正常运转和使用寿命。对于需要更新的设备，企业需要制订合理的更新计划，以确保设备的性能和效率。同时，企业还需要关注技术更新和市场变化，及时调整和维护资产管理策略。

最后，处置是实物资产管理的最后一个环节。对于不再需要的设备和库存等资产，企业需要进行合理的处置。处置的方式包括出售、报废和回收等。在处置过程中，企业需要考虑资产的价值和环保问题，以实现资产的合理利用和环境保护。

金融资产是企业的另一类重要资产，包括股票、债券、基金、期货、期权等。这类资产的管理主要涉及投资策略、风险控制和资产配置等方面。有效的金融资产管理可以帮助企业实现资金增值，提高财务状况和市场竞争力。

投资策略的制定是金融资产管理的核心。企业需要根据自身的财务状况和市场走势制定合理的投资策略。投资策略需要考虑多种因素，如市场趋势、行业动态、政策变化等。通过合理的投资策略，企业可以实现资产的合理配置和增值。

风险控制是金融资产管理的另一个关键因素。金融市场存在一定的风险，如市场风险、信用风险和流动性风险等。企业需要建立完善的风险管理体系和控制机制，以降低金融市场的风险。通过合理的风险分散和应对措施，企业可以降低财务风险和市场风险，确保金融资产的安全和稳定增值。

此外，资产配置也是金融资产管理的重要方面。企业需要根据自身的财务目标和风险承受能力进行合理的资产配置。资产配置需要考虑各类金融资产的特性、市场走势和相关性等因素，以实现资产的优化配置。合理的资产配置可以提高企业的盈利能力，降低投资风险，实现企业的财务目标。

实物资产和金融资产管理是企业管理的重要组成部分，涉及多个环节和方面。企业需要建立完善的管理体系和流程，确保资产的合理配置和使用。有效的资产管理可以帮助企业实现财务安全和提高市场竞争力，为企业的可持续发展奠定坚实基础。

2. 按管理主体划分

个人资产管理是个人的财富管理活动，主要涉及个人的储蓄、投资和保险规划等方面。个人资产管理的主要目的是确保个人财务安全，实现财富积累和退休保障。

首先，储蓄是个人资产管理的基础。个人需要制订合理的储蓄计划，以确保有足够的资金应对日常生活和紧急情况。储蓄的来源可以是工资、兼职收入、投资回报等。合理的储蓄可以降低个人对信用卡和贷款的依赖，提高财务稳定性和抗风险能力。

其次，投资是个人资产管理的关键环节。个人需要制订合理的投资计划，以确保财富的增值。投资的方式包括股票、债券、基金、房地产等。在投资过程中，个人需要考虑风险和收益的平衡，选择适合自己的投资品种和策略。同时，个人还需要关注市场动态和政策变化，及时调整投资组合和策略。

最后，保险规划是个人资产管理的重要组成部分。保险可以为个人提供风险保障，降低意外事件对个人财务的影响。在保险规划中，个人需要考虑各类保险的保障范围和性价比，选择适合自己的保险品种和投保方式。例如，寿险、医疗保险、车辆保险等都是常见的保险品种。

企业资产管理涉及企业的有形和无形资产，包括设备的维护与更新、库存管理、知识产权管理等。企业资产管理的目的是确保企业的正常运营和持续发展。

首先，设备的维护与更新是企业资产管理的重要环节。企业需要定期对设备进行检查和维护，以确保其正常运转和使用寿命。对于需要更新的设备，企业需要制订合理的更新计划，以确保设备的性能和效率。同时，企业还需要关注技术更新和市场变化，及时调整和维护资产管理策略。

其次，库存管理也是企业资产管理的重要方面。企业需要制订合理的库存计划，以确保生产和销售的需求得到满足。库存过多或过少都会影响企业的正常运营和盈利能力。合理的库存管理可以降低库存成本和提高资金周转率，从而提高企业的经营效率和竞争力。

最后，知识产权管理也是企业资产管理的重要组成部分。企业的知识产权包括专利、商标、著作权等，是企业的重要资产和核心竞争力。企业需要制定完善的知识产权管理制度和保护措施，以确保知识产权的安全和稳定增值。同时，企业还需要加强知识产权的宣传和培训工作，提高员工的知识产权意识和保护意识。

个人资产管理和企业资产管理是不同的领域，但都涉及资产的合理配置和使用。有效的资产管理可以帮助个人和企业实现财务安全和提高市场竞争力，为未来的发展奠定坚实基础。

3. 按管理方式划分

直接资产管理是指投资者直接参与资产的管理和运作，例如个人直接买卖股票。这种方式需要投资者具备一定的投资知识和经验，能够对市场趋势和资产价值进行独立的判断和分析。

在直接资产管理中，投资者可以选择自己进行投资决策，或者通过与投资顾问合作进行投资决策。无论哪种方式，投资者都需要对市场动态和资产价值进行持续的关注和研究，以便及时调整投资组合和策略。

直接资产管理的好处是投资者可以更加灵活地管理和控制自己的投资组合，并且可以根据自己的风险承受能力和投资目标进行定制化投资。然而，这种方式也存在一些风险和挑战。例如，投资者需要自己承担投资风险和责任，并且需要具备较高的投资知识和经验。

相比之下，间接资产管理是指投资者通过专业机构或人士进行资产管理，例如购买基金。这种方式可以让投资者借助专业机构或人士的管理和运作经验，降低自身的投资风险和成本。

在间接资产管理中，投资者可以选择不同类型的基金，例如股票基金、债券基金、混合基金等，以满足自己的投资需求和目标。基金经理会根据市场趋势和资产价值进行投资决策，并且会对投资组合进行调整和管理。投资者可以通过定期查看基金净值和投资组合来了解自己的投资情况。

间接资产管理的好处是投资者可以借助专业机构或人士的管理和运作经验，降低自身的投资风险和成本。同时，投资者还可以享受到基金经理的专业服务和投资建议。然而，这种方式也存在一些风险和挑战。例如，基金经理的投资决策可能不符合自己的投资需求和目标，并且基金的业绩也可能受到市场波动和经济环境的影响。

直接资产管理和间接资产管理各有优缺点，投资者可以根据自己的投资需求和目标选择适合自己的投资方式。无论哪种方式，投资者都需要对市场动态和资产价值进行持续的关注和研究，以便及时调整投资组合和策略。同时，投资者还需要了解自己的风险承受能力和投资目标，以便更好地控制和管理自己的投资组合。

4. 按地域范围划分

国内资产管理是指仅涉及本国范围内的资产，管理活动也主要在本国范围内进行。这种管理方式主要针对的是本国市场的投资机会和资产，投资者主要关注本国的经济、政治和社会环境，以及本国市场的投资机会和风险。

在国内资产管理中，投资者可以通过各种方式进行投资，例如购买股票、债券、基金等。这些投资方式的风险和回报主要取决于本国的市场环境和经济状况。此外，国内资产管理还需要考虑本国的法律法规和监管要求，确保投资活动合法合规。

国内资产管理的好处是投资者可以更加熟悉和了解本国的市场和环境，掌握本国的经济和社会发展趋势。同时，投资者还可以享受到本国市场的投资机会和优惠政策。然而，这种方式也存在一些局限性和风险。例如，投资者可能无法充分分散投资风险，因为所有或大部分的资产都集中在本国的市场和行业中。此外，本国的经济、政治和社会环境的变化也可能对投资产生重大影响。

相比之下，国际资产管理是指涉及多个国家的资产，管理活动可能需要在国际范围内进行协调和运作。这种管理方式主要针对的是国际市场的投资机会和资产，投资者需要关注全球的经济、政治和社会环境，以及国际市场的投资机会和风险。

在国际资产管理中，投资者可以选择投资不同国家或地区的市场，例如美国、欧洲、亚洲等。这些市场的投资机会和风险各不相同，投资者需要根据自己的投资需求和目标进行选择。此外，国际资产管理还需要考虑不同国家和地区的法律法规和监管要求，确保投资活动合法合规。

国际资产管理的好处是投资者可以更加充分地分散投资风险，因为资产可以分布在不同国家和地区的市场中。同时，投资者还可以享受到全球的投资机会和优惠政策。然而，这种方式也存在一些挑战和风险。例如，投资者需要对不同国家或地区的经济、政治和社会环境进行深入的研究和分析，以便做出正确的投资决策。此外，不同国家或地区的法律法规和监管要求也可能存在差异和变化，需要投资者持续关注和调整。

5. 按资产用途划分

生产性资产管理主要是指企业用于生产活动的资产，如生产线、机器设备等的管理。这些资产是企业进行生产和经营的重要物质基础，对企业的发展和竞争力有着至关重要的影响。

生产性资产管理的主要目标是确保资产的稳定和高效运行，以提高企业的生产效率和产品质量。为了实现这一目标，企业需要制定科学合理的资产管理制度和规范，加强对资产的维护和保养，延长资产的使用寿命。同时，企业还需要加强对生产性资产的投资和升级，以不断提高生产效率和产品质量，提升企业的竞争力和市场地位。

非生产性资产管理则是指个人或企业持有的房地产、艺术品等，主要用于出租、保值或展示。这些资产通常不是直接用于企业的生产和经营，而是作为企业的非主营业务资产，为企业带来额外的收益或价值。

非生产性资产管理的主要目标是实现资产的保值和增值，为企业创造更多的收益和价值。为了实现这一目标，企业需要制定科学的资产管理和投资策略，根据市场变化和风险情况及时调整资产配置和投资组合。同时，企业还需要加强对资产的维护和管理，确保资产的安全和价值。

生产性资产管理和非生产性资产管理虽然都是企业资产管理的重要组成部分，但它们的目标和重点不同。企业需要根据自身的情况和发展需要，制定科学合理的资产管理制度和规范，加强对各类资产的管理和投资，以实现资产的保值和增值，提高企业的竞争力和市场地位。同时，企业还需要不断探索和创新资产管理方式和方法，以适应市场变化和风险情况，为企业创造更多的收益和价值。

6. 按资产流动性划分

流动性资产，顾名思义，是指那些可以随时进行买卖或兑换的资产，如现金、短期债券等。这些资产的特点是流动性强，可以快速转化为现金或现金等价物，因此在企业的经营和财务活动中扮演着重要的角色。

流动性资产的主要作用是满足企业的短期资金需求，如支付工资、购买原材料等。由于这些资产可以随时变现，企业可以快速应对市场的变化和突发情况，保持经营的稳定性和灵活性。此外，流动性资产还可以为企业提供额外的收益，如通过短期投资获得利息或通过现金管理获得收益。

相比之下，非流动性资产是指那些变现相对较慢的资产，如长期投资、房地产等。这些资产通常需要较长时间才能转化为现金或现金等价物，因此风险相对较大，但也可能带来较高的收益。

非流动性资产的主要作用是满足企业的长期资金需求，如扩大生产规模、进行研发等。这些资产通常是企业长期发展战略的重要组成部分，对于提高企业的竞争力和市场地位具有重要意义。

在企业的经营和财务活动中，合理配置流动性和非流动性资产是非常重要的。如果企业过多地持有流动性资产，可能会错失一些长期投资机会，导致盈利能力受限；而如果企业过多地持有非流动性资产，则可能会面临较大的变现风险和市场风险。

因此，企业需要根据自身的经营和财务状况，制定科学合理的资产配置策略。具体来说，企业可以根据自身的现金流状况、经营计划和财务目标等因素，合理安排流动性和非流动性资产的比重和投资方向。同时，企业还需要加强对各类资产的管理和监控，及时发现和解决潜在的风险和问题，确保资产的安全和增值。

流动性和非流动性资产在企业经营和财务活动中都有重要的作用。企业需要根据自身的实际情况和发展需要，制定科学合理的资产配置策略，加强对各类资产的管理和监控，以实现资产的保值和增值，提高企业的竞争力和市场地位。同时，企业还需要不断探索和创新资产管理方式和方法，以适应市场变化和风险情况，为企业创造更多的收益和价值。

7. 按资产的所有权划分

自有资产管理是指个人或企业对自己拥有的资产进行的管理。这种管理方式通常由个人或企业内部自行决策和执行，管理内容主要包括资产的购置、配置、运作和处置等。

在自有资产管理中，个人或企业需要根据自身的实际情况和发展目标，制定科学合理的资产配置策略，实现资产的保值和增值。具体来说，个人或企业需要了解自己的资产状况、风险偏好和收益目标，制定相应的投资策略和风险管理措施，以确保资产的安全和增值。

受托资产管理则是指专业机构受托管理客户资产的一种方式。例如基金管理公司受托管理客户的资金，这类管理需按照合同约定进行，并受到相关法规的监管。与自有资产管理不同，受托资产管理更加注重规范化和专业化，需要遵守相关法律法规和合同约定，确保客户的利益得到保障。

在受托资产管理中，专业机构需要对客户的资产进行全面的管理和运作，为客户提供专业的投资建议和风险管理方案。同时，专业机构还需要定期向客户报告资产运作情况和投资收益情况，确保客户了解自己的资产状况和投资表现。

总的来说，无论是自有资产管理还是受托资产管理，都需要根据不同的需求和情况选择合适的管理方式。对于个人和企业而言，需要了解自己的资产状况和风险偏好，制定科学合理的投资策略和风险管理措施，以确保资产的安全和增值。对于专业机构而言，需要遵守相关法律法规和合同约定，提供专业的投资建议和风险管理方案，确保客户的利益得到保障。

在未来的发展中，随着金融市场的不断发展和金融产品的不断创新，资产管理行业将面临更多的机遇和挑战。个人和企业需要不断更新自己的投资理念和风险管理意识，加强金融知识和技能的学习，以适应市场的变化和发展。同时，专业机构也需要不断提高自身的专业能力和服务水平，创新资产管理产品和投资策略，以满足客户不断升级的资产管理需求。

此外，政府和监管部门也需要加强对资产管理行业的监管，制定更加完善的法律法规和监管政策，规范市场行为和维护市场秩序。同时，政府和监管部门还需要加强对投资者的教育和保护，提高投资者的风险意识和投资能力，促进金融市场的健康发展和社会经济的持续增长。

资产管理是一个广泛而复杂的领域。随着全球经济一体化和金融市场的不断发展，资产管理行业也面临着越来越多的挑战和机遇。为了适应这一变化，投资者和管理者都需要不断更新自己的知识和技能，以实现更有效的资产管理。同时，政府和监管机构也需要密切关注市场动态，制定合适的政策法规，以保障市场的公平和透明，促进资产管理行业的健康发展。

二、资产管理内部控制的目标与原则

（一）资产管理内部控制的目标

资产管理的内部控制是指企业为了保障其资产的安全与完整，提高资产的使用效率，确保相关业务的合规合法而制定的一系列控制措施和程序。其主要目标包括以下几个方面：

1. 资产安全与完整

通过内部控制，企业可以防止资产的非正常损失，确保资产的安全与完整。这包括防止盗窃、浪费、滥用和未经授权的处置等行为。

2. 财务报告真实可靠

内部控制可以保证企业财务报告的编制依据真实、完整、准确，从而向外部提供可靠的会计信息，帮助投资者、债权人和其他利益相关者做出正确的决策。

3. 合规合法经营

遵循适用的法律法规是企业正常运营的基础。内部控制可以帮助企业识别和应对合规风险，确保企业的经营活动符合法律法规的要求。

4. 提高经营效率与效果

通过有效的内部控制，企业可以优化资源配置，提高业务运作的效率和效果，从而实现发展战略和经营目标。

5. 预防腐败与舞弊

内部控制是防范和遏制腐败与舞弊的重要手段。健全的内部控制可以及时发现并纠正不合规行为，减少腐败和舞弊的机会。

（二）资产管理内部控制的原则

为了实现上述目标，企业在设计内部控制体系时需要遵循以下原则：

1. 全面性原则

内部控制应当覆盖企业的所有资产和业务活动，贯穿决策、执行和监督全过程，避免存在盲区和空白。

2. 重要性原则

在全面性的基础上，内部控制应当重点关注高风险领域和关键环节，确保这些环节得到重点关注和有效控制。

3. 制衡性原则

内部控制应当在机构设置、权责分配、业务流程等方面形成相互制约、相互监督的机制，确保不同部门和人员在履行职责时能够相互制约、相互监督。

4. 适应性原则

内部控制应当与企业规模、业务范围、竞争状况和风险水平等相适应，并根据实际情况及时进行调整和完善。

5. 成本效益原则

内部控制应当权衡实施成本与预期效益，以适当的成本实现有效控制，确保经济效益和社会效益的统一。

6. 预防为主原则

内部控制应当以预防为主，通过建立健全各项制度和规范业务流程，降低资产损失和风险发生的可能性。同时，也要注重及时发现并纠正已经发生的错误或舞弊行为。

7. 动态性原则

内部控制应当是一个动态的过程，随着企业内外部环境的变化及时进行调整和完善，确保其始终能反映企业的实际需求和面临的风险。

8. 合规性原则

内部控制的设计和实施应当遵循国家的法律法规、行业标准和监管要求，确保企业的经营活动合法合规。

9. 激励与约束相结合原则

内部控制应当既体现约束机制，又体现激励机制，通过对员工的绩效评价和奖惩措施，引导员工自觉遵守内部控制制度。

10. 有效性原则

内部控制应当能够为企业提供切实有效的保障，确保其目标的实现。这要求内部控制具有高度的可靠性和实用性，能够为企业的决策提供有力支持。

遵循以上原则，企业在实施资产管理内部控制时可以更好地实现其目标，提高资产的安全性和完整性，降低风险，优化资源配置，提升企业的竞争力和可持续发展能力。同时，企业也需要认识到内部控制是一个持续改进的过程，需要不断地对其进行评估和完善，以适应内外部环境的变化和企业发展的需求。

第二节　存货管理与内部控制

一、存货管理的重要性与难点

存货管理对于企业的运营至关重要，它不仅关系到企业的成本效益，还直接影响企业的盈利能力。有效的存货管理能够确保企业生产经营活动的顺利进行，提高资金利用效率，降低库存成本，从而增强企业的竞争力。

（一）存货管理的重要性

1. 保障生产与销售需求

存货是保障企业生产与销售需求的基础。对于制造企业而言，原材料、零部件的库存量能够满足生产的需要，避免生产中断；对于零售企业而言，库存量能够满足消费者的购买需求，确保销售的连续性。

2. 控制成本

存货管理涉及采购、生产、物流、仓储等环节，有效的存货管理能够合理控制这些环节的成本，避免浪费。合理的采购计划、生产计划和物流调度可以降低采购成本、生产成本和物流成本，提高整体的成本效益。

3. 提高资金利用效率

适当的库存量可以确保企业生产经营的稳定性和连续性，同时减少资金的占用。过多的库存会占用大量的流动资金，过少的库存则可能导致生产中断或销售缺货。因此，合理的库存量能够提高企业的资金利用效率。

4. 增强企业竞争力

在激烈的市场竞争中，有效的存货管理能够帮助企业快速响应市场需求，提高客户满意度。同时，通过降低成本和提高资金利用效率，企业可以获得更高的利润空间，增强自身的竞争力。

（二）存货管理的难点

1. 库存量难以控制

库存量的控制是存货管理的核心问题之一。企业需要预测未来的市场需求，并根据需求量制订采购计划和生产计划。然而，市场需求是动态变化的，预测难度较大，导致库存量难以精确控制。过多的库存会增加成本，过少的库存则可能导致生产中断或销售缺货。

2. 供应链的不确定性

供应链的不确定性也是存货管理的难点之一。供应商、生产商、分销商等各个环节都可能存在不确定性因素，如供应商延迟交货、生产过程中的质量问题和交货时间的不确定性等。这些因素可能导致企业的库存量无法精确控制，影响企业的正常生产和销售。

3. 物流管理难度大

存货管理涉及的物流环节包括采购、入库、保管、出库等，这些环节的管理难度较大。企业需要确保原材料、零部件等物资的及时供应，同时要确保产成品能够及时送达客户手中。物流环节中的任何一个延误都可能导致库存积压或销售缺货。

4. 信息化程度不足

信息化程度不足是许多企业在存货管理中面临的问题。由于缺乏有效的信息系统支持，企业难以实现信息的实时传递和共享，导致各部门之间的信息不对称，影响库存量的精确控制和管理决策的及时性和准确性。

5. 管理制度不完善

管理制度不完善也是存货管理中的常见问题。企业缺乏明确的职责分工和规范的管理流程，导致管理混乱、信息不透明、决策失误等问题。此外，缺乏有效的监督和考核机制也难以保证存货管理的有效实施和管理目标的实现。

为了克服这些难点，企业需要采取一系列措施来加强存货管理。首先，要建立完善的制度体系和管理流程，明确各部门的职责分工和操作规范；其次，要加强信息化建设，实现信息的实时传递和共享；第三，要提高预测和计划精度，采用科学的预测方法和技术手段；第四，要加强供应链管理，与供应商建立稳定的合作关系；第五，要优化物流管理，提高运输效率和管理水平；最后，要加强监督和考核机制的建立和实施，确保各项管理制度得到有效执行。通过这些措施的实施，企业可以提高存货管理水平，降低库存成本和风险，增强自身的竞争力。

二、存货管理内部控制的措施与流程

存货管理内部控制是企业为了确保存货的安全与完整，提高存货运营效率，保证财务报告的可靠性，所采取的一系列管理措施和程序。以下是存货管理内部控制的主要措施与流程：

（一）组织与人员控制

存货管理对于任何企业来说都是至关重要的，它关乎企业的资金流、运营效率以及客户的满意度。为了确保存货管理的有效性，建立一个完善的组织架构是基础。以下是一些建议，可以帮助企业更好地进行存货管理。

1. 明确职责与分工

在组织架构中，明确各个部门和岗位的职责是首要的。采购部门应负责根据市场需求和库存情况制订采购计划，确保足够的库存以满足客户需求，同时避免过量采购导致的库存积压。仓储部门则负责货物的入库、保管、盘点和出库工作，确保货物的安全与完整。销售部门应及时将销售数据反馈给其他部门，以便进行库存调整。

2. 建立制衡与协调机制

明确各部门的职责后，确保它们之间的协调与制衡也是关键。可以定期召开部门会议，让各部门分享库存情况、采购计划和销售数据，共同讨论库存管理中遇到的问题，并寻找解决方案。同时，应确保各部门之间的信息畅通，避免因信息不对称导致的管理混乱。

3. 关键岗位定期轮岗

对于一些关键岗位，如采购主管和仓储主管，实行定期轮岗制度可以降低长期占据同一岗位带来的潜在风险。轮岗不仅能防止员工因长期从事同一工作而产生的疲惫感和惰性，还能让员工了解其他部门的运作，增强跨部门间的沟通和合作。

4. 员工培训与教育

为了培养员工的职业道德和业务能力，企业应定期为员工提供培训和教育。培训内容可以包括库存管理的基本知识、先进的库存管理方法、相关法律法规等。此外，还可以邀请行业专家进行内训，或组织员工参加外部培训和研讨会，以拓宽员工的视野和知识面。

5. 激励与考核机制

为了鼓励员工积极参与存货管理，企业应建立相应的激励与考核机制。对于在库存管理中表现优秀的员工，可以通过给予奖金、晋升机会等方式进行激励。同时，将库存管理绩效纳入员工的年度考核，促使员工更加重视库存管理工作。

6. 引入先进的管理工具和技术

随着科技的发展，现在有很多先进的库存管理工具和技术可以帮助企业提高管理效率。例如，采用物联网技术实时监控货物位置和数量、使用 ERP 系统实现各部门数据共享、采用 ABC 分类法等先进库存管理方法。引入这些先进的工具和技术，企业可以更好地进行库存管理，降低库存成本。

建立一个完善的存货管理组织架构需要明确各部门的职责与分工、加强部门间的协调与制衡、定期轮岗、培训与教育、激励考核以及引入先进的管理工具和技术。这些措施的实施使企业可以更好地进行存货管理，提高运营效率和客户满意度。

（二）采购控制

在企业的日常运营中，采购是连接企业与供应商的重要桥梁。一个高效、科学的采购流程不仅能确保企业生产线的稳定运行，还能为企业节约成本、提高盈利能力。以下是一些建议，帮助企业优化采购流程，提升运营效率。

1. 制订详细的采购计划

制订详细的采购计划是整个采购流程的第一步。计划应根据企业的生产需求和库存情况进行调整。通过分析历史销售数据、生产计划和市场趋势等方法，企业可以预测未来的需求，从而合理安排采购数量和时间。这样不仅可以避免生产中断，还能确保不会因过量采购而增加库存成本。

2. 建立供应商评价和选择标准

选择合适的供应商对于采购的成功至关重要。企业应建立一套完整的供应商评价和选择标准，包括供应商的资质、生产能力、产品质量、价格、交货期和服务等。通过对比不同供应商的绩效，企业可以选择最符合自身需求的合作伙伴。此外，与供应商建立长期、稳定的合作关系可以进一步降低采购成本和风险。

3. 严格执行采购合同管理

采购合同是企业与供应商之间的法律文件，必须确保其合法性、合规性和完整性。在签订合同前，企业应对合同条款进行仔细审查，确保明确规定了双方的权利和义务。合同中应包括采购物品的规格、质量标准、价格、交货期和付款方式等细节。在合同执行过程中，企业应定期检查供应商的履行情况，确保其按照合同约定进行生产和交货。一旦发现供应商有违约行为，企业应及时采取措施，维护自身权益。

4. 加强采购过程中的沟通与协作

有效的沟通是确保采购顺利进行的关键。企业应与供应商保持密切联系，及时反馈生产进度和市场变化等信息。定期召开会议或使用在线协作工具，企业可以与供应商共同解决采购过程中遇到的问题，确保供应链的顺畅运行。

5. 持续优化采购流程

随着市场环境的变化和企业自身的发展，采购流程也应持续优化。企业应定期回顾并分析采购过程中的问题和改进点，寻找提高效率和降低成本的途径。例如，引入先进的采购管理系统、采用电子化招标方式、推行集中采购等。通过不断改进和创新，企业可以提升自身的采购管理水平，增强竞争优势。

制订详细的采购计划、建立供应商评价和选择标准、严格执行采购合同管理、加强沟通与协作以及持续优化采购流程是企业优化采购流程的关键步骤。通过实施这些措施，企业可以降低采购成本、提高采购效率，为企业的整体运营和发展提供有力支持。

（三）入库与保管控制

入库管理是库存管理的核心环节，其准确性和完整性对于企业的运营至关重要。以下是关于入库管理的几点关键措施，可以帮助企业确保库存数据的准确性。

1. 对入库的存货进行严格的质量检验和数量清点

入库的存货必须经过严格的质量检验，确保其符合企业或客户的质量标准。质检过程中，应使用专业的检测工具和流程，对于不合格的存货应予以退回或进行特采处理。同时，对入库的存货进行数量清点是确保库存数据准确性的基础。在清点过程中，应采用合适的方法和工具，确保数量的准确。对于大型或重型物品，可以考虑使用称重或测量工具进行清点。对于小型或轻型物品，可以考虑采用抽样调查的方法，但需确保抽样具有代表性。

2. 建立存货保管制度

为了确保存货的安全、完整和有效流转，企业应建立一套完整的存货保管制度。该制度应明确存货的存放要求、防护措施、存储期限和存储环境等。同时，应对存货进行分类存放和标识，防止不同种类或规格的存货混淆。对于有特殊存放要求的存货，如易燃、易爆或对环境敏感的物品，应设置专门的存储区域并进行特殊管理。此外，应定期对存货进行检查和维护，确保其质量不受影响。

3. 定期对库存进行盘点清查

定期对库存进行盘点清查是确保账实相符的重要措施。企业应根据自身的业务特点和库存规模，制订合理的盘点计划。盘点应采用全面盘点或抽样盘点的方式，但全面盘点更为准确。在盘点过程中，应详细记录存货的数量、位置、状态等信息，并与账面数据进行核对。对于账实不符的物品，应进行深入调查并找出原因。为了提高盘点的效率和准确性，企业可以引入自动化盘点系统或采用条形码、RFID 等技术进行辅助管理。

4. 持续优化库存管理流程

随着企业业务的发展和市场环境的变化，库存管理流程也应持续优化。企业应对现有的库存管理流程进行定期审查和改进，以提高其适应性和效率。例如，引入先进的库存管理软件、建立实时库存更新系统、推行精益库存管理等。通过不断优化和创新，企业可以降低库存成本、提高运营效率并增强市场竞争力。

严格的质量检验和数量清点、建立存货保管制度、定期盘点清查以及持续优化库存管理流程是企业确保库存数据准确性的关键措施。通过实施这些措施，企业可以有效地管理库存并提高运营效率，为企业的整体发展提供有力支持。

（四）出库控制

在企业的运营过程中，销售环节的准确性对于企业的财务和运营状况至关重要。以下是关于销售流程的几点关键措施，可以帮助企业确保销售收入的准确性。

1. 建立严格的出库审批制度

为确保出库单据的合法性和完整性，企业应建立一套严格的出库审批制度。该制度应明确出库审批的流程、责任和权限，确保只有经过授权的人员才能进行出库操作。在审批过程中，应对出库单据进行详细核对，包括客户信息、商品信息、数量和价格等。对于不符合规定或存在疑问的单据，应进行进一步核实或拒绝审批。严格的出库审批制度可以有效地防止非法或错误的出库行为，确保出库单据的合法性和完整性。

2. 对出库的存货进行复核和审查

为防止错发和漏发，企业应对出库的存货进行复核和审查。在存货出库前，应由专人进行复核，确保发出的存货与出库单据上的信息一致。复核过程中，应对商品名称、规格、数量、批号等进行核对，并确认客户的收货地址和联系方式等信息的准确性。对于价值较高或重要的存货，应进行重点复核和审查。同时，企业应定期对出库的存货进行抽查，以确保复核工作的有效性。复核和审查可以减少错发和漏发的风险，提高销售的准确性。

3. 建立销售台账

为确保销售收入的准确性，企业应建立销售台账。销售台账应详细记录每笔销售的明细，包括客户信息、销售日期、商品名称、数量、价格和付款方式等。通过销售台账，企业可以对销售数据进行实时监控和分析，及时发现和纠正异常情况。同时，销售台账也是企业进行销售收入核算的重要依据。企业应定期对销售台账进行核对和审计，以确保数据的准确性和完整性。建立销售台账，企业可以确保销售数据的准确性，并更好地掌握销售业务的运营状况。

4. 及时更新库存信息

为了确保销售数据的准确性，企业应及时更新库存信息。当商品入库时，应准确记录商品的名称、数量、规格等信息，并录入到库存管理系统中。同样，当商品出库时，应及时更新库存信息，确保库存数据的实时性和准确性。及时更新库存信息，企业可以更好地掌握库存状况，避免出现超卖或库存积压的情况。这也有助于提高企业的运营效率和客户满意度。

5. 加强员工培训和管理

员工是销售流程的执行者，其素质和能力对于销售数据的准确性至关重要。企业应加强对员工的培训和管理，提高员工的业务素质和工作责任心。培训内容应包括销售流程、商品知识、单据处理等方面，使员工能够熟练掌握销售业务的操作规范和要求。同时，企业应建立健全的管理制度，明确员工的职责和工作流程，并定期对员工的工作进行评估和考核。加强员工培训和管理，可以提高员工的业务素质和工作效率，进而提高销售数据的准确性。

建立严格的出库审批制度、对出库的存货进行复核和审查、建立销售台账、及时更新库存信息以及加强员工培训和管理是确保销售流程准确性的关键措施。通过实施这些措施，企业可以确保销售数据的准确性，降低财务风险和市场风险，为企业的可持续发展提供有力保障。

（五）物流与运输控制

在企业的运营过程中，物流管理是至关重要的环节。它直接影响到企业的运营效率、成本和客户满意度。以下是关于物流管理的几点关键措施，可帮助企业优化物流管理流程。

1. 合理安排运输方式和运输路线

为了确保运输效率和质量，企业应合理安排运输方式和运输路线。在选择运输方式时，应根据货物的性质、数量和运输距离等因素进行综合考虑。例如，对于大宗货物，铁路或水路运输可能更为经济；对于时效性要求较高的货物，航空运输可能更为合适。同时，企业应对运输路线进行优化，尽量缩短运输距离和时间，提高运输效率。通过合理安排运输方式和运输路线，企业可以降低运输成本，提高运输效率和质量。

2. 对运输过程中的存货进行跟踪管理

为了防止丢失和损坏，企业应对运输过程中的存货进行跟踪管理。在货物发出后，企业应通过物流信息管理系统实时跟踪货物的位置和状态，确保货物安全、准时到达目的地。同时，企业应定期对运输过程中的存货进行质量检查，确保货物在运输过程中不受损坏。如果发生货物丢失或损坏的情况，企业应及时查明原因，采取相应的补救措施，以减少损失。通过跟踪管理，企业可以更好地掌握货物的运输情况，提高运输的可靠性和安全性。

3. 建立物流信息管理系统

为了实现物流信息的实时传递和共享，企业应建立物流信息管理系统。该系统应涵盖订单管理、运输管理、仓储管理、配送管理等多个方面，整合企业的物流资源，提高物流运作效率。通过物流信息管理系统，企业可以实时获取货物的相关信息，如订单状态、库存状况、运输路线等。这有助于企业更好地协调各部门之间的运作，提高整体运营效率。同时，该系统还可以与其他信息系统进行集成，如 ERP、CRM 等，实现信息的共享和协同工作。通过建立物流信息管理系统，企业可以提高物流管理的信息化水平，提升企业的竞争力和客户满意度。

4. 优化仓储管理

仓储管理是物流管理的重要组成部分。企业应优化仓储管理，确保库存的准确性和有效性。在入库环节，应严格按照验收程序进行验收，确保货物的数量和质量符合要求。在出库环节，应按照先进先出的原则进行发货，确保库存周转的顺畅。同时，企业应定期对仓库进行盘点和清理，及时处理积压和过期库存。通过优化仓储管理，企业可以提高库存周转率，降低库存成本，提高企业的运营效率。

5. 加强与供应商以及客户的沟通与协作

物流管理不仅仅是企业内部的事情，还需要与供应商和客户进行密切的沟通和协作。企业应与供应商建立良好的合作关系，确保货源的稳定性和质量可靠性。同时，企业应与客户保持密切的联系，了解客户需求和市场变化，提供更加精准的物流服务。通过加强与供应商以及客户的沟通与协作，企业可以更好地满足客户需求，提高客户满意度和市场占有率。

合理安排运输方式和运输路线、对运输过程中的存货进行跟踪管理、建立物流信息管理系统、优化仓储管理和加强与供应商以及客户的沟通与协作是优化物流管理的关键措施。通过实施这些措施，企业可以提高物流管理的效率和质量，降低成本和风险，提升企业的竞争力和市场地位。

（六）财务报告与披露控制

财务报告是企业对外披露财务信息的主要途径，对投资者、监管机构和合作伙伴等利益相关方了解企业的财务状况、经营成果和未来前景具有重要意义。因此，建立健全的财务报告编制制度至关重要。

1. 建立财务报告编制制度

首先，企业应制定一套完善的财务报告编制制度，明确财务报告的内容、标准和编制方法。这包括资产负债表、利润表、现金流量表等财务报表，以及相关的附注和说明。同时，企业应根据会计准则和相关法律法规，确保财务报告的合规性和准确性。为了确保制度的执行，企业应将财务报告编制的流程和方法标准化，并定期进行培训和更新。

2. 内部审计与外部审计

仅仅依靠企业内部编制的财务报告可能存在风险和不确定性。因此，企业应进行内部审计和外部审计，确保财务报告的准确性和合规性。内部审计是由企业内部人员进行的审计，旨在检查财务报告的编制过程和结果。外部审计则是由第三方审计机构进行的审计，旨在提供更加客观和独立的意见。通过内部审计和外部审计的结合，企业可以更好地发现和纠正财务报告中的问题，提高财务报告的质量。

3. 信息披露制度

除了编制财务报告外，企业还应建立信息披露制度，确保企业存货管理相关信息及时、完整地对外披露。这包括定期报告、临时报告、社会责任报告等。通过及时披露相关信息，企业可以提高透明度，增强投资者和合作伙伴的信心，同时也有助于监管机构进行监督和管理。为了确保信息披露的及时性和准确性，企业应加强与投资者和媒体的沟通，建立有效的信息传递机制。

4. 重要事项的跟踪和管理

对于财务报告中的重要事项，如重大资产处置、关联交易、非经常性损益等，企业应进行跟踪和管理。这些事项可能对企业的财务状况和经营成果产生重大影响，因此需要特别关注。企业应建立专门的管理团队或部门，对重要事项进行深入分析和监控，及时发现和解决潜在问题。同时，企业应加强与股东和监管机构的沟通，确保重要事项得到充分披露和合规处理。

5. 持续改进与优化

随着企业业务的发展和市场环境的变化，财务报告管理制度也需要不断改进和优化。企业应定期评估现有制度的执行情况和效果，及时发现存在的问题和不足之处。同时，企业应关注会计准则和法律法规的变化，及时调整和完善财务报告管理制度。通过持续改进和优化，企业可以提高财务报告的质量和可靠性，为企业的可持续发展提供有力保障。

建立健全的财务报告管理制度是企业管理的重要组成部分。通过明确编制制度、内部审计与外部审计、信息披露制度和重要事项的跟踪管理等方面的措施，企业可以提高财务报告的质量和可靠性，增强透明度和管理水平，为企业的长期发展奠定坚实基础。

（七）风险管理控制

在当今复杂多变的市场环境中，存货管理对于企业的经营稳定性和盈利能力具有至关重要的作用。为了确保存货管理的顺利进行，企业应建立完善的风险管理机制。

1. 明确存货管理风险

首先，企业应识别和明确存货管理过程中可能面临的主要风险，如市场风险、供应链风险、运营风险等。对这些风险进行深入分析和评估，为制定应对措施提供依据。同时，企业应建立风险清单，对各类风险进行分类和归档，以便进行统一的管理。

2. 风险跟踪与评估

在存货管理过程中，企业应建立风险跟踪机制，对出现的风险问题进行实时监测和记录。一旦发现潜在风险，应及时进行评估，分析其可能对企业造成的影响。通过对风险的持续跟踪和评估，企业可以及时采取措施防止风险扩大化，降低潜在损失。

3. 内部控制自我评估

内部控制是风险管理的重要组成部分。企业应定期对存货管理内部控制进行自我评估，检查内部控制流程和措施的有效性。对于发现的问题和不足之处，及时进行整改和优化，不断完善内部控制体系。这有助于减少操作失误和管理漏洞，提高存货管理的效率和效果。

4. 内部审计在风险管理中的作用

内部审计是企业内部的一项独立、客观的审查活动，旨在评估和改进企业的风险管理、控制和治理过程。通过内部审计，企业可以发现内部控制缺陷和潜在风险，提出改进建议并监督整改。因此，加强内部审计在风险管理中的作用至关重要。

5. 风险预警与应急预案

为了及时应对潜在风险，企业应建立风险预警机制。通过对关键风险指标进行实时监控，一旦发现异常或超出预设阈值，立即发出预警。此外，企业还应制定风险管理应急预案，明确在突发事件或重大风险发生时应采取的措施，确保能够迅速应对，降低潜在损失。应急预案应定期进行演练和更新，确保其有效性。

6. 跨部门协作与沟通

风险管理不仅是存货管理部门的事项，也需要企业各部门的共同参与和协作。因此，加强各部门之间的沟通与协作至关重要。定期召开跨部门会议、建立信息共享平台等，促进各部门之间的信息交流和协同工作。这有助于提升企业整体抗风险能力，共同应对风险挑战。

7. 风险管理战略规划

将风险管理纳入企业战略规划和管理体系中是提升风险管理水平的关键。企业应制定风险管理战略目标，明确风险管理的重要性和优先级。同时，将风险管理融入日常经营活动中，确保各部门在日常工作中都能关注和应对风险。此外，企业还应建立风险管理绩效评估体系，对各部门的风险管理成果进行考核和激励。

总之，优化企业存货风险管理机制对于提升企业整体运营效率和抗风险能力具有重要意义。通过明确存货管理风险、加强内部控制、内部审计、跨部门协作与沟通以及将风险管理纳入战略规划等措施的综合运用，企业可以不断完善风险管理机制，为企业的稳定发展提供有力保障。

（八）信息技术控制

在当前的商业环境中，信息技术已经成为企业提升运营效率和竞争力的关键手段。特别是在存货管理方面，信息技术的运用能够显著提高管理效率和管理水平。通过利用先进的信息技术手段，企业可以更加精准地掌握库存情况，优化库存结构，降低库存成本，从而更好地满足市场需求。

1. 信息技术在存货管理中的应用

（1）ERP 系统：ERP 系统是企业资源规划的简称，它将企业的财务、采购、生产、销售等各个模块整合到一个统一的平台上。通过 ERP 系统，企业可以实时掌握库存情况，了解各产品线的需求和供应状况，从而制订更加科学的采购和生产计划。

（2）仓储管理系统：仓储管理系统专门针对仓库管理设计，可以对入库、出库、移库等操作进行详细记录，并实时更新库存数据。这避免了传统手工录入带来的误差，提高了库存数据的准确性。

（3）物联网技术：物联网技术的应用使得每一件商品都可以被追踪，无论是入库、出库还是移库，每一环节的信息都能被实时采集并上传到系统中，大大增强了库存管理的透明度。

（4）数据分析与预测：通过数据分析工具，企业可以对历史销售数据进行分析，预测未来的市场需求。这有助于企业提前做好库存规划，避免因缺货或积压而带来的损失。

2. 信息技术在存货管理中的优势

（1）提高效率：信息技术可以自动化完成许多烦琐的任务，如数据录入、库存盘点等，减少了人工操作的时间和误差。

（2）增强透明度：实时更新的库存数据可以让企业各部门都了解到当前的库存状况，增强了库存管理的透明度。

（3）促进信息共享：通过建立统一的数据平台，企业内部各部门都可以查询到所需的库存信息，加强了部门间的信息共享。

（4）提升决策质量：基于数据分析的决策制定更加科学，考虑的因素也更加全面，从而提高了决策的质量。

3. 保障信息技术应用的安全与合规

（1）建立信息技术控制体系：企业应建立一套完整的信息技术控制体系，确保信息技术的安全、可靠和合规性。这包括数据加密、权限管理、防火墙设置等各个方面。

（2）定期评估与更新：信息技术是一个快速发展的领域，企业应定期对自身的信息技术控制体系进行评估和更新，以适应新的威胁和挑战。

（3）员工培训与教育：除了技术层面的保障外，企业还应加强员工的信息技术培训和教育，提高员工的信息安全意识和技术应用能力。

总之，利用信息技术手段提高存货管理效率和管理水平是当前企业发展的必然趋势。这不仅可以提高企业的运营效率和响应速度，增强企业的市场竞争力，还可以确保企业存货管理的安全性和可靠性。因此，企业应加大信息技术的建设和应用力度，为未来的发展打下坚实的基础。

第三节　固定资产管理与内部控制

一、固定资产的特点与管理要求

固定资产是企业重要的经济资源，其特点是价值高、使用周期长，且在使用过程中保持原有的实物形态。固定资产的管理对于企业的生产经营和财务管理具有重要意义。下面将就固定资产的特点与管理要求进行探讨。

（一）固定资产的特点

1. 价值高、使用周期长

固定资产是企业生产经营的重要物质基础，如房屋、设备、车辆等，其价值较高，使用周期也较长。在企业的资产结构中，固定资产通常占据较大比重，对于企业的经济实力和财务状况具有重要影响。

2. 实物形态不变

固定资产在使用过程中，其实物形态保持不变。企业通过对固定资产的购置、使用、维护和处置等环节的管理，确保固定资产的安全、完整和有效利用。

3. 投资风险较大

固定资产的投资风险较大，主要表现在以下几个方面：一是购置成本高，一旦市场变化或技术更新，固定资产可能面临闲置或淘汰的风险；二是运营成本高，固定资产在使用过程中需要持续维护和更新，成本较高；三是折旧损失大，固定资产在使用过程中会发生磨损和减值，影响企业的经济效益。

（二）固定资产的管理要求

1. 建立健全管理制度

企业应建立健全固定资产管理制度，明确管理流程和责任分工。管理制度应包括固定资产的购置、使用、维护、处置等方面的规定，确保各项管理工作有章可循、有据可查。同时，应加强制度宣传和培训，提高员工对固定资产管理的认识和重视程度。

2. 实施定期盘点清查

企业应定期对固定资产进行盘点清查，确保账实相符。盘点清查工作应由资产管理部门组织，财务部门参与，对各项固定资产进行逐一核实，登记造册。对于盘亏、毁损的固定资产应及时查明原因，追究责任人责任。同时，应积极配合外部审计和相关监管部门的要求，做好固定资产的盘点工作。

3. 强化维修与保养

企业应加强固定资产的维修与保养工作，延长其使用寿命。对于关键设备和重要资产，应制订详细的维修和保养计划，并安排专人负责实施。同时，应加强设备的日常保养，预防设备故障的发生。在维修和保养过程中，应遵循节约资源、绿色环保的原则，采取合理的技术措施，使用合适的管理手段。

4. 提高信息化管理水平

企业应提高固定资产的信息化管理水平，利用信息技术手段优化管理流程。建立固定资产管理信息系统，将各项资产的信息整合到一个平台上，实现信息的实时更新和共享。同时，应加强系统的安全防护措施，确保数据的安全性和完整性。信息化管理手段的使用，可以提高企业固定资产的管理效率和管理水平。

5. 落实责任追究机制

企业应落实固定资产管理的责任追究机制，对于管理不善、违规操作等行为进行严肃处理。对于造成固定资产损失的责任人，应追究其经济责任；对于涉嫌违法犯罪的行为，应移交司法机关处理。同时，应加强内部审计和监督检查工作，确保各项管理措施得到有效执行。

6. 重视报废与处置管理

企业应重视固定资产的报废与处置管理工作，确保资产的安全和完整。对于达到报废条件的固定资产，应按照相关规定进行审批和处理。在处置过程中，应遵循公开、公平、公正的原则，采取合理的方式进行处置。同时，应加强报废与处置环节的风险控制和管理监督工作。

总之，固定资产的管理是企业财务管理的重要组成部分。企业应结合自身实际情况，建立完善的管理制度和责任追究机制，实施定期盘点清查、强化维修与保养、提高信息化管理水平、重视报废与处置管理等方面的工作要求，确保固定资产的安全、完整和有效利用。加强固定资产的管理工作可以提高企业的经济效益和市场竞争力。

二、固定资产管理内部控制的关键环节

随着企业规模的不断扩大，固定资产的数量和价值也随之增加。为了确保固定资产的安全、完整和有效利用，企业必须建立完善的固定资产管理内部控制体系。关键环节作为固定资产管理内部控制的核心，对于整个管理体系的有效运行起着至关重要的作用。下面将就固定资产管理内部控制的关键环节进行探讨。

（一）关键环节概述

固定资产管理内部控制的关键环节主要包括以下几个方面：预算控制、购置验收、使用维护、盘点清查、报废处置以及信息管理系统。这些环节相互关联、相互影响，共同构成了固定资产管理内部控制的完整体系。

（二）具体关键环节分析

1. 预算控制

预算控制是固定资产管理内部控制的首要环节。企业应制定年度固定资产投资预算，明确固定资产的购置、更新、改造、维修等计划。预算编制应充分考虑企业的实际需求和市场状况，遵循节约、效益和量入为出的原则。同时，应加强预算执行的监控和分析，及时发现和纠正偏差，确保预算的有效执行。

2. 购置验收

购置验收环节是确保固定资产质量的关键步骤。企业应制定严格的采购制度和验收标准，明确采购流程和验收程序。在采购过程中，应充分了解市场行情，进行供应商比较和选择，确保采购价格的合理性和透明度。在验收过程中，应按照验收标准对固定资产进行严格检查，确保其符合要求。同时，应加强采购合同的管理，明确合同条款和履约责任。

3. 使用维护

使用维护环节是保障固定资产安全、完整和有效利用的重要手段。企业应建立健全固定资产使用维护制度，明确使用维护流程和责任分工。在使用过程中，应定期对设备进行检查和维护，预防设备故障和事故的发生。同时，应加强员工培训和教育，提高员工对固定资产的重视程度和使用维护意识。对于发现的异常情况，应及时报告并采取相应的处理措施。

4. 盘点清查

盘点清查是固定资产管理内部控制的重要环节之一。定期对固定资产进行盘点清查，可以及时发现和处理资产盘亏、毁损等问题，确保账实相符。企业应建立健全盘点清查制度，明确盘点清查流程和责任分工。同时，应加强盘点清查工作的监督和检查，确保工作的有效开展。对于发现的异常情况，应及时查明原因并采取相应的处理措施。

5. 报废处置

报废处置是固定资产管理内部控制的最后一个环节。企业应制定固定资产报废标准和处理程序，明确报废申请、审批和处理流程。在报废过程中，应严格遵守相关法律法规和环保要求，采取合理的处理方式，确保资产的安全，符合环保要求。同时，应加强报废处置的监督和检查工作，防止资产流失和违规处置。

6. 信息管理系统

信息管理系统是实现固定资产管理内部控制现代化的重要手段。通过建立固定资产管理信息系统，可以将各项资产的信息整合到一个平台上，实现信息的实时更新和共享。企业应加强信息系统的安全防护措施，确保数据的安全性和完整性。同时，应加强信息系统的日常维护和升级工作，确保系统的稳定性和可靠性。信息系统的应用可以提高固定资产的管理效率和管理水平。

固定资产管理内部控制的关键环节是保障企业固定资产安全、完整和有效利用的重要手段。企业应建立健全固定资产管理内部控制体系，明确各关键环节的职责和要求。同时，应加强各关键环节的监督和检查工作，确保各项措施得到有效执行。加强固定资产的管理工作可以提高企业的经济效益和市场竞争力。

第四节　无形资产管理与内部控制

一、无形资产的特点与管理挑战

（一）无形资产的特点

无形资产是指企业所拥有的没有物质实体的资产，包括专利、商标、版权、客户名单、商业秘密、组织文化等。这些资产虽然没有物质实体，却具有极高的价值，对于企业的经营和发展至关重要。无形资产的特点主要表现在以下几方面：

1. 无形性

无形资产没有物质实体，无法像固定资产那样直观地看到或触摸。这使得其确认和计量具有一定的难度，需要依靠专业人员的判断和评估。

2. 长期性

无形资产往往伴随着企业的长期经营和发展，如商标、专利等，其价值在较长时间内得以保持和增值。因此，无形资产管理需要具备长期视野，关注企业的可持续发展。

3. 价值不确定性

无形资产的价值受多种因素影响，如市场需求、技术更新等，因此其价值具有较大的不确定性。这要求企业在评估无形资产价值时，需要充分考虑各种因素，避免盲目乐观或过于保守。

4. 保密性

无形资产往往具有保密性，因为其独特性和难以复制，是企业竞争优势的来源。然而，这也意味着一旦保密措施失效，企业可能会面临巨大的损失。因此，加强保密管理是无形资产管理的重要环节。

（二）无形资产管理挑战

由于无形资产的特点，企业在管理无形资产时面临着一些挑战：

1. 确认和计量难度大

由于无形资产的特殊性质，其确认和计量往往依赖于主观判断和专业经验，这增加了准确计量的难度。企业需要建立健全的无形资产管理制度和评估体系，以确保无形资产的合理确认和计量。

2. 风险控制难度高

无形资产的价值波动大，且不易受到市场监督，这使得对其进行风险控制较为困难。企业需要建立完善的风险控制体系，加强对无形资产的监控和管理，降低风险。

3. 保密挑战

如何有效地保护无形资产不被泄露或盗用，是企业面临的一个重要挑战。企业需要采取有效的保密措施，如签订保密协议、使用加密技术等，防止无形资产的泄露或盗用。

4. 法律法规遵守难度大

由于无形资产的特殊性质，相关的法律法规往往不够完善，这使得企业在遵守过程中面临诸多困难。企业需要加强与政府部门的沟通与合作，积极推动相关法律法规的完善，同时加强自身的合规管理。

5. 优化配置与利用

企业应根据自身发展需要和市场环境变化，合理配置和利用无形资产，以提高其价值创造能力和竞争优势。这需要企业加强对无形资产的规划和管理，制定合理的战略和决策。

6. 合作与交流

企业应与其他企业、研究机构和政府部门加强合作与交流，共同探讨无形资产管理的新思路、新方法，以提高整个行业的无形资产管理水平。通过合作与交流，企业可以共享资源、经验和知识，共同推动无形资产管理的发展。

随着知识经济的不断发展，无形资产在企业中的地位和作用越来越重要。因此，加强无形资产管理已成为企业发展的必然要求。企业应充分认识无形资产的特点和管理挑战，采取有效的应对策略，以提高无形资产的管理水平和企业的竞争优势。

二、无形资产管理内部控制的策略与措施

在当今知识经济的时代，无形资产已经成为企业核心竞争力的重要组成部分。无形资产主要包括知识产权、品牌、客户关系、组织文化等，这些资产虽然没有物质形态，却具有极高的价值，对于企业的长期发展和竞争优势保持至关重要。然而，由于无形资产的无形性、长期性、价值不确定性和保密性等特点，其管理难度较大，需要采取有效的内部控制策略和措施。下面将重点探讨无形资产管理的内部控制策略与措施。

（一）无形资产管理内部控制的重要性

无形资产管理内部控制是企业为了确保无形资产的安全、完整和有效利用而采取的一系列管理措施和程序。加强无形资产管理的内部控制，可以有效地降低企业的风险，提高经营效率，保障企业的可持续发展。具体来说，无形资产管理内部控制的重要性体现在以下几个方面：

1. 保障无形资产的安全与完整

建立完善的内部控制体系，对无形资产的获取、使用、维护和处置等环节进

行严格监控和管理，可以有效地防止无形资产的流失和损坏。

2. 提升无形资产运营效率

优化无形资产管理流程，加强内部协作与沟通，可以提高无形资产的运营效率，进而提升企业的核心竞争力。

3. 降低企业经营风险

无形资产管理涉及的风险多种多样，如知识产权侵权、商业秘密泄露等。建立健全的内部控制体系，可以对各种可能出现的风险进行及时预警和应对，降低企业的经营风险。

（二）无形资产管理内部控制的策略与措施

为了提高无形资产的管理水平，企业需要采取一系列有效的内部控制策略和措施。以下是一些建议：

1. 建立健全的无形资产管理制度

企业应制定和完善无形资产管理制度，明确无形资产的评估、核算和披露等方面的规定，为管理实践提供明确的指导。

2. 完善无形资产内部控制流程

企业应对无形资产管理流程进行全面梳理，建立完善的内部控制体系。具体包括但不限于以下方面：获取与开发、使用与运营、维护与更新、处置与转让等环节的风险评估、授权审批、监督检查等方面的制度和程序。

3. 加强内部审计与监督

内部审计是保障内部控制有效实施的重要手段。企业应定期对无形资产管理进行内部审计，检查内部控制制度的执行情况，确保各项管理措施得到有效执行。同时，应设立独立的监督机构或岗位，对无形资产管理进行日常监督和检查。

4. 提高无形资产管理意识

企业应加强员工对无形资产管理的认识和重视程度，通过培训和教育活动，提高员工的无形资产管理意识和能力。同时，应将无形资产管理纳入企业战略规划和管理层绩效考核体系中，提高管理层的重视程度。

5. 强化风险管理

企业应建立完善的风险管理机制，对无形资产管理过程中可能出现的风险进行及时预警和应对。通过对风险的识别、评估、监控和报告等环节的管理，降低企业的经营风险。

6. 建立信息管理系统

企业应建立无形资产管理信息管理系统，实现对无形资产的全面、动态和实时管理。信息系统的应用可以提高管理效率和质量，减少人为错误和舞弊行为的发生。

7. 加强外部合作与交流

企业应与其他企业、研究机构和政府部门加强合作与交流，共同探讨无形资产管理的新思路、新方法。通过合作与交流，企业可以共享资源、经验和知识，共同推动无形资产管理的发展。

8. 建立知识产权保护机制

知识产权是企业的重要资产之一，企业应建立完善的知识产权保护机制。加强知识产权的申请、保护、管理和维权等方面的管理可以确保企业的知识产权得到充分保护。

9. 优化资源配置

企业应根据自身发展需要和市场环境变化，合理配置和利用无形资产资源。优化资源配置可以提高无形资产的使用效率和管理效果，进而提升企业的核心竞争力。

10. 建立健全的激励与约束机制

企业应建立完善的激励与约束机制，对在无形资产管理方面表现优秀的员工给予奖励和激励，同时对违反规定的行为进行相应的处罚和约束。通过激励与约束机制的建立，可以激发员工的积极性和创造力，提高无形资产管理的效果和质量。

加强无形资产管理的内部控制对于提高企业的管理水平和竞争优势具有重要意义。企业应采取一系列有效的内部控制策略和措施来加强无形资产管理的内部控制，以保障其安全与完整，提高运营效率并降低经营风险。

第六章　采购与销售业务内部控制

第一节　采购业务内部控制

一、采购业务内部控制的目标与原则

（一）采购业务内部控制的目标

1. 保障资产安全与完整

采购涉及多方交互，企业必须确保资产的安全与完整，防止任何形式的损失或被盗。内部控制体系应当建立严格的授权审批制度，规范采购流程，确保各环节的责任明确。

2. 提高采购效率

采购业务的效率直接影响到企业的生产与运营。通过内部控制，企业可以优化采购流程，减少冗余环节，提高采购效率。同时，内部控制还能确保各部门之间的信息流通，加强部门间的协作，进一步提高采购效率。

3. 确保合规性

企业在进行采购活动时，必须遵守国家法律法规、行业规范以及企业的规章制度。内部控制体系应当确保采购活动的合规性，防止任何形式的违规行为。此外，内部控制还应关注供应商的合规性，确保供应商符合法律法规和企业要求。

4. 降低采购成本

采购成本是企业运营成本的重要组成部分。通过内部控制，企业可以加强成本管理，优化采购策略，降低采购成本。同时，内部控制还能通过规范采购流程、减少浪费等方式降低采购成本。

5. 提升供应商管理水平

供应商是企业采购业务的重要合作伙伴。通过内部控制，企业可以提高供应

商管理水平，优化供应商结构，与优质供应商建立长期合作关系。同时，内部控制还能及时发现并解决供应商管理中的问题，确保供应商质量的稳定。

（二）采购业务内部控制的原则

1. 相互牵制原则

在采购业务中，不相容的岗位应当相互分离，形成相互制约的机制。例如，采购计划的制订与审批、供应商的选择与确定、合同的签订与执行等岗位应当相互独立，以确保各岗位之间的权责分明、相互监督。

2. 授权审批原则

企业应当建立完善的授权审批制度，对采购业务的各个环节进行严格的授权管理。各级管理人员应当在授权范围内行使职权，对于超出授权范围的事项应当报请上级审批，以确保采购活动的合规性。

3. 完整性原则

采购业务应当保持完整性，确保各环节的数据和资料得到妥善保存。企业应当建立完善的档案管理制度，对采购合同、发票、入库单等资料进行归类整理，以备后续审计和检查。

4. 透明度原则

采购业务应当保持高度的透明，确保各部门的知情权。企业应当建立信息公开制度，及时将采购信息通知相关部门，以便各部门了解采购进度并进行协作。同时，信息公开还有助于防止腐败行为的发生。

5. 成本效益原则

企业在进行内部控制体系建设时应当注重成本效益原则。在保障采购业务顺利进行的前提下，企业应当尽可能地降低内部控制成本，避免不必要的浪费。同时，内部控制体系的建设也应当注重灵活性，根据企业实际情况进行调整和完善。

6. 及时性原则

企业应当根据市场变化、业务调整等因素及时调整内部控制策略和措施。在信息化时代，企业还应当充分利用信息技术手段提高内部控制的效率和准确性，确保内部控制体系始终与企业发展目标保持一致。

二、采购业务内部控制的关键环节与措施

（一）关键环节

1. 供应商管理

供应商管理是采购业务的重要环节，也是内部控制的关键点之一。企业应建立供应商评估和准入机制，确保供应商具备相应的资质和能力，能够按时、高效、优质地提供产品和服务。同时，要定期对供应商进行绩效评价，及时调整不合格的供应商，确保供应商队伍的素质和稳定性。

2. 采购计划与预算

采购计划的制订和预算的控制是实现采购业务内部控制目标的重要手段。企业应根据实际需求和市场状况制订采购计划，并按照预算控制采购成本。采购计划的实施应遵循公平、公正、透明的原则，防止任何形式的利益输送。预算的制定和调整应经过严格的审批程序，确保预算的合理性和可行性。

3. 采购执行与合同管理

采购执行和合同管理是内部控制的关键环节之一。企业应建立严格的采购执行程序，确保采购过程合规、透明，防止出现利益输送和腐败行为。同时，要加强合同管理，明确合同条款和双方权利义务，防止合同履行过程中的纠纷和损失。对于重大采购合同，应进行风险评估和法律审查，确保合同的合法性和可行性。

4. 验收入库与付款结算

验收入库与付款结算是采购业务内部控制的重要环节之一。企业应建立严格的验收入库制度，确保采购物品的数量、质量符合合同要求。在付款结算环节，应加强发票管理，防止虚假发票和不合规发票的出现。同时，要建立付款审批制度，规范审批流程，防止出现未经授权的付款行为。

5. 采购监督与审计

采购监督与审计是实现采购业务内部控制目标的重要保障。企业应建立健全的采购监督机制，对采购活动的各个环节进行实时监控，及时发现和纠正违规行为。同时，要加强内部审计工作，定期对采购业务进行审计，确保采购活动的合规性和有效性。审计结果应向高层管理者报告，并作为改进内部控制的

重要依据。

（二）关键措施

1. 完善组织架构与岗位职责

企业应建立健全的采购业务组织架构，明确各部门的职责和权限，形成相互制约、相互监督的机制。同时，应制定完善的岗位职责说明，明确每个岗位的职责、权利和义务，确保员工清楚自己的工作内容和标准要求。完善组织架构和岗位职责可以有效防止权力滥用和违规操作的发生。

2. 建立风险评估与应对机制

企业应建立风险评估与应对机制，及时识别和评估采购业务中可能存在的风险点，并采取相应的措施加以防范和控制。对供应商、采购计划、合同履行等环节的风险进行评估和分析，制定相应的风险应对策略，可以有效降低采购业务的风险水平。

3. 强化内部审计与监督机制

企业应加强内部审计工作，定期对采购业务进行全面审查和评估。内部审计应重点关注供应商选择、合同履行、验收入库、付款结算等关键环节，确保采购活动的合规性和有效性。同时，应建立完善的监督机制，对采购活动进行实时监控，及时发现和纠正违规行为。强化内部审计与监督机制，可以有效防止腐败行为的发生。

4. 实施员工培训与激励机制

企业应重视员工的培训和教育，提高员工的职业道德素质和专业能力水平。培训和教育使员工了解采购业务内部控制的重要性、制度和规定要求等知识技能的要求；实施员工培训与激励机制等措施可以提升员工在采购业务中的操作技能和应对能力。

第二节　销售业务内部控制

一、销售业务内部控制的目标与原则

（一）目标

销售业务内部控制的主要目标是确保销售活动的合规性、资产的安全性、财务报告的准确性和经营效率。具体来说，销售业务内部控制的目标包括以下几个方面：

1. 保证销售活动的合规性

企业应遵循国家法律法规、行业规范和公司内部规章制度，确保销售活动合法、合规。

2. 保护资产安全

销售业务涉及的资产包括存货、应收账款等，内部控制应确保这些资产的安全完整，防止资产流失和不合理使用。

3. 提高经营效率

通过优化销售流程、降低成本、提高客户满意度等方式，内部控制可以帮助企业提高经营效率，实现可持续发展。

4. 保证财务报告的准确性

销售业务的记录和核算应准确反映企业的收入、成本和利润等财务信息，为管理层决策提供可靠的依据。

5. 防止舞弊和腐败

内部控制应建立防范舞弊和腐败的机制，通过制度建设和监督检查，及时发现和纠正违规行为。

（二）原则

为实现销售业务内部控制的目标，企业应遵循以下原则：

1. 全面性原则

内部控制应覆盖销售业务的全过程，包括市场调研、合同签订、订单处理、发货物流、收款结算等环节，确保每个环节都有相应的控制措施。

2. 重要性原则

内部控制应重点关注高风险领域和关键控制点，如大额订单、长期客户等，对可能影响企业经营目标实现的环节进行重点监控。

3. 制衡性原则

在销售业务中，应合理设置岗位和职责分工，形成相互制约、相互监督的机制，防止权力滥用和违规操作的发生。

4. 适应性原则

内部控制应与企业的实际情况相适应，随着市场环境和企业经营状况的变化及时调整和完善，保持内部控制的有效性。

5. 成本效益原则

内部控制应在保证有效性的前提下，尽量降低成本和减少不必要的流程，以提高企业的经济效益。

（三）关键措施

为实现销售业务内部控制的目标并遵循上述原则，企业应采取以下关键措施：

1. 建立完善的组织架构和岗位职责体系

企业应明确各部门的职责和权限，形成相互制约、相互监督的机制；同时，应制定完善的岗位职责说明，明确每个岗位的工作内容和标准要求。

2. 制定合理的销售政策和策略

企业应根据市场状况和客户需求，制定合理的销售政策和策略，包括价格策略、信用政策、促销策略等，以提高销售效率和客户满意度。

3. 加强合同管理

企业应建立合同管理制度，对合同签订、审批、执行等环节进行规范管理；同时，应加强合同履行情况的监控，及时发现和解决合同履行过程中出现的问题。

4. 优化销售流程

企业应对销售流程进行全面梳理和分析，找出关键控制点并制定相应的控制措施；同时，应简化流程、提高效率，确保销售活动的高效运行。

5. 强化风险管理

企业应对销售业务面临的风险进行全面识别和分析，制定相应的风险应对策略和控制措施；同时，应定期对风险管理情况进行评估和调整，确保风险管理的有效性。

6. 加强内部审计和监督检查

企业应加强内部审计工作，定期对销售业务进行全面审查和评估；同时，应加强监督检查工作，及时发现和纠正违规行为，防止舞弊行为的发生。

7. 建立完善的客户信息管理系统

企业应建立客户信息管理系统，对客户信息进行全面收集、整理和分析；同时，应加强客户关系的维护和管理，提高客户满意度和忠诚度。

8. 加强员工培训和教育

企业应加强员工培训和教育工作，提高员工的职业道德素质和专业能力水平；同时，应加强员工意识和态度的培养，使员工充分认识到内部控制的重要性并自觉遵守相关规定。

9. 建立完善的激励机制和考核体系

企业应建立完善的激励机制和考核体系，对员工的绩效进行全面评估和考核；同时，应制定相应的奖惩措施，激励员工积极参与内部控制工作。

10. 持续改进和完善内部控制体系

企业应定期对内部控制体系进行评估和完善，及时发现和纠正存在的问题；同时，应根据市场环境和企业经营状况的变化，持续改进和完善内部控制体系，确保其始终能反映企业的实际需求并有效保障企业的稳健发展。

二、销售业务内部控制的关键环节与措施

销售业务是企业经营活动中至关重要的一环，其内部控制的完善与否直接影响到企业的经营绩效、资产安全以及财务报告的准确性。为了确保销售业务的有序、合规开展，企业需要对关键环节采取有效的控制措施。

（一）关键环节

1. 客户管理

对于客户的基本信息、交易记录、信用状况等进行全面管理，以便对客户进

行分类、筛选和评估，建立长期、稳定的客户关系。

2. 销售计划

根据市场需求、企业战略和历史销售数据，制订合理的销售计划，确保销售目标的可达成性和可实现性。

3. 价格策略

制定清晰、统一的价格政策，对不同客户、不同产品进行合理的定价，同时确保销售人员在销售过程中遵循价格政策。

4. 合同管理

从合同签订到履行完毕的全过程进行管理，确保合同条款的合法性、合规性，防范合同风险。

5. 发货与物流

确保产品及时、准确地送达客户，同时跟踪物流信息，确保货物的安全运输。

6. 售后服务

提供优质的售后服务，及时处理客户反馈，提高客户满意度和忠诚度。

7. 回款管理

对客户的回款情况进行及时跟踪和管理，确保应收账款的及时回收。

（二）控制措施

1. 制度建设

制定和完善销售业务相关制度，明确各岗位的职责和权限，规范销售业务流程。确保销售人员在开展业务时有章可循、有规可依。

2. 授权审批

建立授权审批制度，对于重大销售业务、特殊销售事项等实施严格的审批流程，防止未经授权或超越权限的行为发生。

3. 岗位分离

在销售部门内部，实施不相容岗位分离制度。例如，销售人员不得兼任订单处理、发货和收款等职责，以降低舞弊风险。

4. 合同审查

对重大销售合同进行事前、事后审查，确保合同内容合法、合规，防范潜在的法律风险。同时，建立合同履行监控机制，确保合同的有效执行。

5. 价格控制

制定详细的价格政策，并严格控制销售折扣、折让等行为。销售人员在进行价格决策时需遵循相关规定，防止因私利而损害企业利益。

6. 客户信用管理

建立客户信用管理制度，对客户信用状况进行动态评估。针对不同信用等级的客户采取不同的销售策略，以降低坏账风险。

7. 内部审计与监督

定期开展销售业务的内部审计工作，对销售业务内部控制的有效性进行评估。同时，加强日常监督检查工作，及时发现和纠正违规行为。

8. 员工培训与教育

定期对销售人员进行内部控制相关培训和教育，提高员工的内部控制意识和合规意识。培养良好的企业文化，使内部控制成为全体员工的自觉行为。

9. 激励机制与考核

建立与内部控制相结合的激励机制和考核体系。将销售人员业绩与内部控制执行情况相结合进行综合评价，激励员工积极参与内部控制工作。

10. 技术手段支持

利用信息技术手段支持销售业务内部控制工作。建立完善的销售业务信息系统，实现销售业务的自动化管理和监控。通过系统控制减少人为干预和舞弊风险。

11. 风险预警与应对

建立风险预警机制，实时监测销售业务中的潜在风险。一旦发现异常情况或潜在风险点，及时采取应对措施进行防范和控制。

第七章　投资决策与内部控制

第一节　投资决策概述

一、投资决策的定义与意义

（一）定义

投资决策是指投资者为了实现其预定目标，依据一定的标准和方法，从多个可能的投资机会中选取最优方案的过程。它涉及对投资目标、投资时间、风险和回报等多方面的权衡和决策。投资决策是任何投资行为的核心，直接决定了投资的成败和效益。

（二）意义

1. 实现资源优化配置

通过投资决策，投资者可以对有限的资源进行合理配置，以实现最大的收益。这涉及对投资机会的识别、筛选和评估，以及对投资组合的构建和管理，从而实现资源的有效利用和最优配置。

2. 增加收益

投资决策的最终目的是获取回报。通过科学合理的投资决策，投资者可以找到具有潜在高回报的投资项目或资产，从而增加其收益来源。

3. 降低风险

投资决策需要权衡风险与回报的关系。通过合理的投资组合和风险管理措施，投资者可以降低投资风险，提高投资的安全性。有效的投资决策可以帮助投资者在风险可控的条件下获得满意的回报。

4. 促进经济增长

良好的投资决策有助于推动资本的形成和有效利用，促进经济的增长和发展。

在宏观层面上，有效的投资决策可以促进资本积累和技术创新，推动产业升级和经济结构的优化。

5. 提升企业竞争力

对于企业而言，投资决策是其战略管理的重要组成部分。正确的投资决策有助于企业抓住市场机遇，提升其核心竞争力，从而在激烈的市场竞争中获得优势。

6. 增强抵御风险能力

正确的投资决策有助于企业或个人在面对不确定性时增强抵御风险的能力。通过多元化的投资组合，投资者可以在一定程度上分散风险，降低单一投资带来的损失。

7. 实现可持续发展

在考虑经济效益的同时，正确的投资决策还需要考虑环境、社会和治理（ESG）等因素。随着可持续发展理念的普及，越来越多的投资者开始关注 ESG 因素对投资的影响。通过将 ESG 因素纳入投资决策中，投资者可以更好地实现可持续发展的目标，为未来创造更美好的生活和环境。

8. 提高决策水平

投资决策是一项复杂的思维活动，需要投资者具备丰富的知识和经验。通过不断学习和实践，投资者可以提高其决策水平，更好地应对各种复杂的投资环境。

9. 促进金融市场发展

在金融市场上，正确的投资决策有助于维护市场的稳定和健康发展。投资者通过理性的分析和判断，可以减少市场的波动和投机行为，促进金融市场的长期繁荣。

10. 提高生活质量

对于个人而言，正确的投资决策可以帮助其积累财富，提高生活质量。通过有效的理财规划和资产配置，个人可以确保自己的财务安全，为未来提供经济保障。

投资决策在个人、企业、金融市场乃至整个社会经济发展中都具有重要意义。要想做出明智的投资决策，投资者需要具备全面的知识和技能，包括财务分析、市场研究、风险管理等。同时，还需要保持冷静的头脑和敏锐的洞察力，以便在复杂多变的市场环境中抓住机遇并规避风险。

在实际操作中，投资者应综合考虑各种因素，制定出符合自身目标和风险承受能力的投资策略。此外，投资者还应保持持续学习和更新观念的态度，以适应市场的不断变化和发展。只有这样，才能确保在未来的投资道路上取得成功。

二、投资决策的基本原则与程序

（一）基本原则

1. 收益与风险相匹配原则

投资决策应充分考虑预期收益与风险之间的关系，不应追求过高的收益而忽视风险，也不应仅仅因为风险而放弃合理的收益。

2. 分散投资原则

通过分散投资，降低单一资产或行业带来的风险，实现投资组合的整体稳定。

3. 长期价值投资原则

投资决策应基于对投资对象的长期价值和潜力的判断，而非短期的市场波动。

4. 流动性原则

在投资决策时，应考虑到资产的流动性，即资产在必要时可以迅速转化为现金的能力。

5. 合规性原则

投资决策应遵守相关的法律法规，避免投资活动触犯法律或违反监管要求。

6. 一致性原则

投资决策应与投资者的风险承受能力、投资目标和时间框架相一致。

（二）基本程序

1. 确定投资目标

首先，投资者需要明确自己的投资目标，例如，是追求高收益还是确保本金安全，或者是为未来的某个特定事件（如子女教育）储备资金。

2. 收集信息

根据投资目标，收集相关的市场信息、行业动态、政策法规等，为投资决策提供依据。

3. 评估投资机会

基于收集的信息，评估潜在的投资机会，分析其收益与风险的平衡。

4. 制定投资策略

基于投资目标和评估结果，制定相应的投资策略，包括投资工具的选择、资产配置、风险控制等。

5. 实施投资决策

按照制定的策略，实际投入资金进行投资。

6. 监控与调整

在投资后，持续监控市场和投资组合的表现，定期进行评估和调整，确保投资策略与目标的一致性。

7. 评估与反馈

定期对投资决策的成果进行评估，总结经验教训，不断完善和优化投资决策过程。

（三）注意事项

1. 充分理解市场

在做出决策之前，要对所关注的市场的运行机制、主要参与者、政策法规等有深入的了解。

2. 风险管理

明确了解自身的风险承受能力，不要追求超过承受能力的收益。同时，对投资组合进行合理配置，降低非系统性风险。

3. 动态调整

市场环境是不断变化的，因此需要定期对投资组合进行调整和优化，确保其与当前的市场环境和自身的目标保持一致。

4. 保持冷静

在面对市场的波动时，要保持冷静的头脑，不被情绪左右，理性地进行决策。

5. 持续学习

金融市场是复杂的，新的投资工具和策略不断涌现。为了做出更好的决策，投资者需要不断学习新的知识。

6. 合规意识

所有投资活动都应在合规的前提下进行，以避免触犯法律或违反监管要求。

7. 注重长期效益

许多成功的投资案例都是基于长期的持有和价值投资理念，而不是短期的投机行为。

为了做出明智的投资决策，投资者不仅需要遵循一定的基本原则和程序，还需要在实际操作中积累经验、持续学习和优化。正确的投资决策不仅可以帮助投资者实现财务目标，还可以为其创造更多的价值和生活满足感。

第二节　投资项目评估与决策流程

一、投资项目评估方法

（一）财务评估方法

财务评估是项目投资评估的核心，主要涉及对投资项目的经济效益进行分析和预测。以下是一些常用的财务评估方法：

1. 现金流量折现法（Discounted Cash Flow，DCF）

通过预测项目未来的自由现金流，并折现至现在的价值，来评估项目的经济价值。该方法考虑了资金的时间价值，是较为严谨的评估手段。

2. 回收期法（Payback Period，PP）

计算投资回收所需的时间，评估投资的回收速度。该方法简单易懂，但未考虑资金的时间价值，因此不够精确。

3. 内部收益率法（Internal Rate of Return，IRR）

计算项目投资的内部收益率，衡量投资的潜在收益水平。IRR 越高，项目的经济效益越好。

4. 净现值法（Net Present Value，NPV）

计算项目在未来产生的现金流的净现值，以评估项目的经济效益。NPV 为正，表明项目具有投资价值；反之则无。

（二）风险评估方法

风险评估是项目投资评估的重要环节，目的是识别、分析并控制投资风险。以下是一些常用的风险评估方法：

1. 敏感性分析

研究不同因素变动对项目的影响程度，以了解项目的敏感点。

2. 蒙特卡洛模拟

通过模拟多种可能情景，评估项目的风险。这种方法可以预测项目的潜在损失或收益。

3. 决策树分析

分析项目中可能出现的各种情况及其概率，为决策者提供清晰的风险框架。

（三）其他评估方法

除了财务和风险评估外，还有一些其他评估方法可以辅助投资者进行决策：

1. 市场调查法

通过市场调查了解市场需求、竞争状况等，以评估项目的市场前景。

2.SWOT 分析

评估项目的优势、劣势、机会和威胁，以确定项目的战略方向。

3. 生命周期评估

评估项目在整个生命周期内的环境、经济和社会影响，以全面了解项目的可持续性。

（四）应用与注意事项

在选择适当的评估方法时，需要考虑项目的性质、投资者的目标和限制条件。投资者需要权衡各种方法的优缺点，结合实际情况进行选择和调整。同时，也需要注意每种方法的局限性，如数据可靠性、预测误差等。综合运用多种评估方法可以提高投资决策的准确性和可靠性。

（五）案例分析

为了更好地说明如何运用这些评估方法，以下将通过一个虚构的案例进行说明。假设一家公司计划投资一个新能源项目，我们将采用财务评估和风险评估方法对该项目进行评估。

首先，我们使用折现现金流法（DCF）来预测项目未来的自由现金流。根据项目的预期收入、成本和投资需求，我们计算出项目的净现值（NPV）和内部收益率（IRR）。如果 NPV 大于 0 且 IRR 高于公司的资本成本，这表明该项目具有投资价值。

接下来，我们进行风险评估。通过敏感性分析，我们找出对项目收益影响最大的因素，并制定相应的风险管理策略。例如，如果能源价格波动对项目收益影响较大，我们可以考虑通过购买能源价格保险等方式来降低风险。此外，我们还可以使用蒙特卡洛模拟来评估项目的风险程度和可能的损失。根据模拟结果，我们可以确定项目的风险水平是否可接受。

最后，我们结合财务评估和风险评估的结果来做出最终的投资决策。如果项目的财务指标良好且风险可接受，那么我们可以决定投资该项目。反之，如果财务指标不佳或风险过高，我们可能需要重新考虑投资该项目的可行性或寻找其他更合适的投资机会。

投资项目评估是投资决策过程中的重要环节，投资者需要采用合适的评估方法来全面分析和评价拟投资的项目。在实际应用中，投资者应根据项目的性质、目标和限制条件选择适当的评估方法，并综合考虑财务指标和风险因素来进行决策。通过综合运用多种评估方法并注意其局限性，投资者可以做出更加明智的投资决策，提高投资的成功率和效益。

二、投资决策流程及关键环节

（一）前期准备

在金融世界里，投资决策往往被视为一场复杂的博弈。在这场博弈中，投资者不仅需要具备深厚的金融知识，更需要做好充分的前期准备工作。因为只有通过严谨的前期准备，投资者才能确保自己的投资决策是明智和有效的。

首先，投资者需要明确自己的投资目标。这不仅关乎投资的期限，还涉及预期的收益率以及投资者自身的风险承受能力。投资期限决定了投资者的投资期限和流动性需求，预期收益率则是投资者对投资回报的期望，而风险承受能力则关系到投资者在面对市场波动时的心理承受能力。明确这些目标，有助于投资者在后续的投资决策中保持清晰的方向。

其次，市场调研是投资决策前不可或缺的一环。投资者需要对所关注的行业进行深入的研究，了解其发展趋势、市场格局以及潜在的机会和风险。通过市场调研，投资者可以更准确地把握市场动态，从而做出更加明智的投资决策。例如，如果一个行业正处于高速发展的阶段，那么投资者可能会更倾向于投资该行业的公司。

此外，有效的信息收集和筛选机制的建立也是前期准备的重要环节。在信息爆炸的时代，投资者面临着海量的信息，但并非所有的信息都是有用的。因此，投资者需要建立一套科学的信息收集和筛选机制，以确保所获取的信息真实、准确、及时。这不仅可以为投资决策提供有力的支持，还可以避免因信息不全或信息虚假导致的投资失误。

在进行投资决策之前，投资者还需要进行风险评估。这包括对投资项目的潜在风险进行全面的分析和评估，以及制定相应的风险应对策略。通过风险评估，投资者可以更加理性地看待投资机会，避免因盲目追求高收益而忽视了潜在的风险。

除了以上提到的几个方面，投资者还需要考虑自身的财务状况和投资经验等因素。例如，投资者的财务状况决定了其能够承受多大的投资风险和投资规模。如果投资者的财务状况良好，那么他可能会有更多的机会去尝试高风险、高收益的投资项目；反之，如果投资者的财务状况较为紧张，那么他可能需要更加谨慎地选择投资项目，以避免因市场波动而造成过大的损失。

另外，投资经验也是影响投资决策的重要因素。有经验的投资者可能会更加准确地判断市场趋势和潜在机会，也更加善于制定和执行风险应对策略。而缺乏经验的投资者可能需要更加注重学习和积累经验，以逐步提高自己的投资水平。

投资决策前的准备工作是一个综合性的过程，涉及明确投资目标、进行市场调研、建立信息机制、进行风险评估等多个方面。只有做好了这些准备工作，投资者才能更加自信地面对市场上的挑战和机遇，实现更加理想的投资回报。

（二）项目筛选

在完成前期准备工作后，投资者将进入投资决策流程中的关键环节——潜在投资项目的筛选。这一环节对确保投资决策的准确性和有效性至关重要。通过筛选，投资者能够初步筛选出符合预设标准的项目，为后续的深入研究提供基础。

项目筛选依据的是投资者预先设定的投资标准。这些标准可能包括项目类型、市场规模、盈利能力、竞争优势等多个方面。投资者根据自身的投资目标、风险承受能力和市场调研结果来制定这些标准。通过筛选，投资者能够初步过滤掉那些明显不符合投资要求的项目，从而缩小研究范围，集中精力对少数几个潜在项目进行深入分析。

在筛选过程中，投资者需要对项目的各个方面进行综合评估。例如，对于项目类型的筛选，投资者需要关注那些与自己投资目标相符合的项目。市场规模是评估项目潜力的关键因素，市场规模的大小直接影响到项目的成长性和盈利能力。此外，项目的盈利能力也是重要的筛选标准，投资者需要确保所投资的项目具有稳定的收益来源和良好的盈利前景。

除了以上提到的标准外，投资者还需要考虑项目的竞争优势、管理团队的能力和信誉等因素。一个具有竞争优势的项目能够在激烈的市场竞争中脱颖而出，为投资者带来更好的回报。而管理团队的能力和信誉则直接关系到项目的执行和未来的发展前景。

项目筛选的目的是缩小研究范围，提高决策效率。通过初步筛选，投资者能够聚焦于少数几个具有潜力的项目，从而更加深入地了解这些项目的详细情况。这样不仅有助于投资者做出更加明智的决策，还能够节省大量的时间和精力。

需要注意的是，项目筛选并不是一蹴而就的过程，而是需要投资者不断调整和完善自己的投资标准。随着市场的变化和投资者自身条件的变化，投资者的投资目标和风险承受能力可能发生变化。因此，投资者需要不断地对筛选标准进行评估和调整，以确保筛选出的项目与当前的实际情况相符合。

另外，投资者在进行项目筛选时还需要注意避免主观偏见和过度自信等心理因素的影响。主观偏见可能导致投资者对某些项目产生过度的喜好或厌恶，从而影响筛选结果的客观性。过度自信则可能使投资者过于相信自己的判断力，忽略潜在的风险和不利因素。为了克服这些心理因素的影响，投资者需要保持冷静客观的态度，对每个项目进行全面而细致的分析。

项目筛选是投资决策流程中的重要环节。通过科学合理的筛选过程，投资者能够初步筛选出符合预设标准的项目，为后续深入研究打下基础。这一环节有助于提高决策效率，确保投资决策的准确性和有效性。对于投资者来说，做好项目筛选是实现理想投资回报的关键之一。

（三）尽职调查

在投资决策流程中，尽职调查占据着核心地位。这一环节直接关系到投资决策的正确性和可靠性，是投资者进行决策的重要依据。尽职调查的主要目的是深入了解潜在项目的各方面情况，为投资决策提供全面、准确的信息。

尽职调查涉及的内容广泛，包括但不限于财务状况、市场前景、竞争态势、管理团队等多个方面。在财务状况方面，投资者需要对目标项目的财务报表进行详细审查，了解其资产、负债、盈利等方面的实际情况。市场前景方面，投资者需要深入研究目标项目所处市场的需求、竞争格局和发展趋势，以评估项目的市场潜力。竞争态势方面，投资者需要了解目标项目在市场中的竞争地位、竞争优势以及面临的竞争压力，以确保项目的竞争能力。在管理团队方面，投资者需要关注目标项目的管理层背景、专业能力和经验等方面，以评估其执行能力和管理水平。

为了确保尽职调查的准确性和可靠性，投资者需要组建专业的团队，对目标项目进行全面、细致的调查和分析。这个团队可能包括财务、法律、市场等方面的专业人士，他们将根据各自的专业知识对目标项目进行深入评估。同时，投资者还可以借助外部专业机构的力量，如会计师事务所、律师事务所等，以获取更为准确和专业的意见和建议。这些机构将根据其专业经验和标准对目标项目进行审计和评估，以确保尽职调查的准确性和可靠性。

在尽职调查过程中，投资者还需要注意保护自身利益，对涉及商业机密的信息进行合理保密。由于尽职调查过程中可能会涉及目标项目的敏感信息，如财务数据、战略规划等，投资者需要采取合理的保密措施，确保这些信息不被泄露给无关的第三方。同时，投资者还需要与目标项目方签订保密协议，明确保密责任和义务，以保护双方的利益。

尽职调查的准确性和可靠性对投资决策的成功至关重要。通过尽职调查，投资者可以全面了解目标项目的实际情况，评估项目的风险和潜在收益。基于这些信息，投资者可以做出更加明智的决策，确保投资行为符合自身的风险承受能力和投资目标。

总而言之，尽职调查是投资决策流程中的核心环节。通过尽职调查，投资者能够更加深入地了解潜在项目的各方面情况，为后续的投资决策提供重要的依据。这一环节是否准确和可靠直接关系到投资决策的成功与否。因此，投资者必须给予尽职调查足够的重视，确保其能够为投资决策提供全面、准确的信息。

（四）风险评估

在投资决策流程中，风险评估是一个至关重要的环节。它基于尽职调查的结果，对潜在项目的风险进行全面评估，为投资者提供一个更为完整和准确的项目视图。风险评估的目的在于揭示项目中存在的潜在风险及其可能的影响程度，从而使投资者能够制定出更为有效的风险管理策略。

风险评估涉及多个方面的考量，其中市场风险、技术风险、管理风险和财务风险是最为常见的几种。市场风险主要关注市场需求、竞争态势等因素的变化可能对项目造成的影响。技术风险则关注技术进步、技术替代等因素，以及项目技术的成熟度和可持续性。管理风险侧重于评估管理团队的执行能力、战略眼光等，以确保项目能够得到有效执行。财务风险则涉及项目的财务状况、资金流等，以确保项目的财务稳健性。

为了准确地进行风险评估，投资者需要采用科学的方法和工具。敏感性分析是一个常用的工具，它可以帮助投资者了解不同风险因素对项目的影响程度。通过敏感性分析，投资者可以确定哪些因素对项目影响最大，从而制定相应的风险管理策略。蒙特卡洛模拟也是一个重要的工具，通过模拟多种可能情景，帮助投资者了解项目的潜在风险和可能的收益。

除了使用方法和工具，投资者还需要根据自己的风险承受能力进行评估。每个投资者都有自己的风险承受范围，因此，对风险与收益的权衡是至关重要的。投资者需要根据自己的目标、投资期限、资金状况等因素，制定出合理的投资策略，确保投资行为与自身的风险承受能力相匹配。

此外，投资者还需要注意防范道德和法律风险。在尽职调查过程中，投资者需要对目标项目的合规性进行审查，确保项目符合相关法律法规的要求。同时，投资者还需要关注管理团队的道德品质和诚信度，以避免因不道德行为导致的风险。

总的来说，风险评估是投资决策流程中不可或缺的一环。使用科学的方法和工具，投资者可以对潜在项目的风险进行全面评估，了解项目中存在的潜在风险及其影响程度。基于风险评估的结果，投资者可以制定出更为有效的风险管理策略，确保投资行为的安全与稳健。

对于投资者而言，选择一个可靠的风险评估机构或专家进行合作也是非常重要的。这些机构或专家具有丰富的经验和专业知识，能够为投资者提供更为准确和专业的风险评估服务。通过与这些机构或专家的合作，投资者可以更加全面地了解潜在项目的风险状况，为后续的投资决策提供更为可靠的依据。

风险评估是投资决策流程中的关键环节。只有通过科学的风险评估，投资者才能够制定出更为合理和有效的投资策略，确保投资行为的安全与成功。

（五）投资方案制定

在经过前期准备、项目筛选、尽职调查和风险评估之后，投资者需要将注意力转向投资方案的制定。这一过程不仅涉及具体的投资决策，如投资方式、金额、股权比例和估值等，更需要对未来与目标企业的合作方式和退出策略进行深入的思考。

首先，选择合适的投资方式是至关重要的。股权投资意味着投资者将资金投入到目标企业，并获得相应的股份，分享企业的未来收益。而债权投资则是投资者借钱给企业，到期后企业需偿还本金和利息。投资者需要根据自身的战略目标、风险承受能力和市场环境来选择最合适的投资方式。

投资金额的确定则需要更为细致的考量。投资者需要考虑自身的财务状况、对目标企业的估值以及市场上的资金状况。此外，投资者还需要考虑如果企业未来需要更多的资金，自己是否有能力提供进一步的支援。

股权比例和估值是相互关联的两个关键因素。投资者通过参考同类企业的估值，结合自身的判断和风险评估结果，可以初步确定目标企业的估值范围。在此基础上，再根据投资者希望获得的股权比例，可以进一步确定投资金额。

与目标企业合作的方式也需要深入探讨。这涉及双方在未来的合作范围、决策权分配、资源共享等多个方面。投资者需要通过与目标企业的深入沟通，确保双方在关键问题上能够达成共识，为未来的合作奠定坚实的基础。

退出策略是投资方案中不可或缺的一部分。投资者需要考虑在未来何时、以何种方式退出投资。常见的退出方式包括上市、股权转让、管理层回购等。退出策略的制定需要综合考虑市场环境、企业成长状况以及投资者自身的财务需求。

在制定投资方案时，投资者还需要对自身的战略目标和财务状况进行深入分析。战略目标决定了投资者在选择投资项目时的优先级和考量因素。而财务状况则决定了投资者是否有足够的资金和资源来执行投资计划。

除了考虑自身的因素外，投资者还需要密切关注市场环境的变化。市场环境的稳定性和发展趋势对投资方案的制定具有重大影响。例如，当市场资金紧张时，债权投资可能更为合适；而当市场对某一行业看好时，对该行业的投资可能会获得更高的回报。

最后，与目标企业的沟通是确保投资方案顺利实施的关键。双方需要在企业文化、业务模式、未来发展规划等多个方面进行深入交流，确保能够在实际操作中达成一致，共同推动项目的实施。

制定投资方案是一个复杂而细致的过程，需要投资者综合考虑多个因素，进行深入的分析和思考。只有这样，才能确保最终的投资决策既符合自身的战略目标，又能有效地控制风险，实现预期的收益。

（六）后期监控与调整

在投资方案制定完成后，并不意味着投资流程就此结束。投资者需要对项目进行持续的监控，并随着实际情况的变化做出必要的调整。这是因为投资过程中存在着诸多不确定性，只有通过持续的跟踪和调整，才能确保投资的顺利进行并获得预期的收益。

首先，对项目运营状况的跟踪分析是至关重要的。投资者需要定期获取目标企业的财务报告、业务数据和市场信息，以便了解企业的实际运营状况。通过与预期的投资方案进行对比，投资者可以及时发现潜在的问题和风险点，并采取相应的措施进行干预。

例如，如果发现目标企业的销售额低于预期，投资者可能需要与企业管理层进行深入沟通，了解具体的原因，并提供支持和建议。此外，投资者还需要关注企业是否存在过度扩张、债务负担过重等问题，以确保企业运营的稳健性。

其次，对市场变化的应对策略也是后期监控的重要内容。市场环境的变化可能对企业的运营产生重大影响，投资者需要根据市场的变化及时调整投资策略。例如，如果目标企业所在行业出现新的竞争对手或技术革新，投资者可能需要重新评估企业的竞争地位和发展前景。

此外，与目标企业的日常沟通也是后期监控的重要环节。通过定期的会议、电话或邮件沟通，投资者可以及时了解企业的最新动态，包括管理层变动、业务拓展计划等。这不仅有助于投资者做出更为准确的决策，还能加强双方的合作关系，实现更为紧密的协作。

为了更好地进行后期监控与调整，投资者需要建立一套完善的信息收集和数据分析体系。这包括对财务数据、业务数据和市场信息的收集、整理和分析，以便为投资决策提供更为准确和全面的依据。此外，投资者还需要建立一套灵活的投资决策机制，以便根据实际情况的变化快速做出反应和调整。

除了对项目运营状况和市场变化的监控外，投资者还需要对自身的投资策略进行定期的反思和更新。随着时间的推移，市场环境和企业状况都可能发生变化，投资者需要与时俱进调整自身的投资策略。这包括投资重点、风险控制和退出策略等方面的调整。

后期监控与调整是投资过程中不可或缺的一环。通过持续的跟踪分析、市场应对和日常沟通，投资者可以及时发现并解决潜在问题，确保投资的顺利进行并实现预期收益。同时，建立完善的信息收集和决策机制也是提高投资效率和准确性的关键。通过科学合理的投资决策流程和关键环节把控，投资者能够降低风险并获得更好的回报。

第三节　投资决策内部控制制度设计

一、投资决策内部控制的目标与原则

（一）目标

投资决策内部控制的主要目标是确保企业的投资活动能够遵循既定的原则和程序，降低投资风险，提高投资回报，同时保障企业的资产安全。具体来说，投资决策内部控制的目标包括以下几个方面：

1. 合规性

确保投资决策符合国家法律法规、行业规定以及企业内部的规章制度，防止违法违规行为的发生。

2. 风险控制

通过内部控制机制，对投资决策的全过程进行监控和管理，有效识别、评估和控制各类风险，防止重大投资损失。

3. 资产安全

通过严格的内部控制措施，保障企业资产的安全，防止投资资金被非法挪用或滥用。

4. 信息披露透明

确保投资决策的信息披露透明，及时、准确地反映投资活动的财务状况和经营成果，满足投资者和监管机构的信息需求。

5. 提高投资效益

通过科学的决策程序和方法，提高投资决策的效率和准确性，实现企业价值的最大化。

（二）原则

为了实现上述目标，投资决策内部控制应遵循以下原则：

1. 全面性原则

内部控制应当贯穿投资决策的全过程，包括投资项目的前期调研、可行性分析、决策审批、执行监控以及后评价等环节。

2. 制衡性原则

在投资决策过程中，应当明确各岗位的职责和权限，形成相互制约、相互监督的机制，确保权力不被滥用。

3. 重要性原则

内部控制应当重点关注高风险领域和关键环节，对重大投资项目应加强监管和风险控制。

4. 适应性原则

内部控制应当根据企业实际情况、行业特点以及外部环境的变化进行动态调整，确保其始终能反映企业的实际需求。

5. 成本效益原则

在实施内部控制时，应充分考虑成本与效益的关系，以合理的成本实现有效的控制。

6. 预防为主原则

内部控制应以预防为主，事前控制和事中监督，降低投资风险，防止出现损失。

7. 及时反馈原则

对于内部控制过程中发现的问题，应及时反馈并采取相应措施进行整改，以确保投资决策的有效性和合规性。

8. 持续改进原则

内部控制应是一个持续改进的过程，通过不断的优化和完善，提高投资决策的质量和效率。

9. 客观公正原则

在投资决策过程中，应确保信息的真实、准确和完整，避免主观偏见和利益冲突。

10. 保密原则

对于涉及商业机密和敏感信息的投资项目，应采取严格的保密措施，防止信息泄露对企业造成不利影响。

（三）实施与监督

为了确保投资决策内部控制的有效实施，企业应建立完善的组织架构和明确的职责分工。董事会应对投资决策承担最终责任，审计委员会或类似机构应定期对投资决策内部控制进行审查和监督。此外，企业还应制定详细的内控制度手册，明确各项投资活动的操作流程、审批权限和责任归属。

在实施过程中，企业应注重对员工的培训和教育，提高其风险意识和合规意识。同时，应定期对投资决策内部控制进行自我评估或聘请外部机构进行审计，以发现存在的问题并及时改进。对于发现的违规行为或风险隐患，应严肃处理并追究相关责任人的责任。

通过持续优化和改进投资决策内部控制体系，企业可以提高抵御风险的能力，保障资产安全和增值，实现可持续发展目标。同时，也有助于提升企业的声誉和投资者信心，为企业的长期发展奠定坚实基础。

二、投资决策内部控制的关键环节与措施

（一）关键环节

投资决策内部控制涉及多个环节，其中关键环节主要包括以下几个方面：

1. 项目立项与评估

此环节是对投资项目进行初步筛选和评估的过程。关键在于确保项目符合企业战略目标，具有合理性和可行性，并对潜在风险进行初步识别和评估。

2. 决策审批

决策审批是投资决策的核心环节，涉及对项目的全面评估、比较和选择。关键在于确保决策过程公正、透明，并按照企业既定的授权和审批流程进行。

3. 投资执行与监控

执行投资决策后，需要对项目进行持续的监控和管理，确保投资按计划进行，并及时应对各种变化和风险。

4. 后评价与反馈

投资完成后，应对项目进行后评价，分析投资的效益和潜在问题。此环节的关键在于及时总结经验教训，为未来的投资决策提供借鉴。

（二）关键措施

针对这些关键环节，投资决策内部控制应采取以下措施：

1. 建立科学的评估体系

制定详细的评估标准和方法，对投资项目进行全面、客观的分析和评估。包括但不限于项目的市场前景、技术可行性、财务指标、风险控制等方面。

2. 明确授权与审批流程

根据项目的规模、风险程度等确定不同的审批层级和权限。确保各级管理人员在其权限范围内进行决策，防止权力滥用。

3. 加强风险识别与控制

建立完善的风险管理体系，对投资过程中可能出现的风险进行全面识别、评估和控制。制定风险应对策略，降低投资风险。

4. 强化信息披露与沟通机制

确保投资决策相关信息及时、准确地在企业内部和相关部门之间传递。提高信息透明度，防止信息不对称导致的决策失误。

5. 实施持续监控与审计

对投资项目进行定期或不定期的跟踪审计，确保投资活动按照既定计划进行。及时发现和纠正偏差，防止投资失控。

6. 建立后评价与反馈机制

对已完成的投资项目进行全面评价，分析投资效果和收益。将后评价结果作为未来投资决策的重要参考，不断优化投资策略。

7. 提高人员素质与意识

加强内部控制意识培训，提高相关人员的专业素质和职业道德水平。确保各级员工都能理解并遵守内部控制的要求，防止人为因素导致的风险。

8. 运用信息技术手段

借助先进的信息技术手段，如 ERP 系统、风险管理软件等，提高投资决策的效率和准确性。通过技术手段对投资数据进行实时监控和分析，为决策提供有力支持。

9. 建立有效的激励机制

制定合理的绩效考核和奖惩制度，激励管理层和员工更加注重投资决策的质量和长期效益。通过激励机制减少短期行为和利益冲突。

10. 加强外部合作与监管

与外部机构保持良好的合作关系，获取专业意见和支持。同时遵守相关法律法规和行业规定，接受监管部门的监督和检查，确保投资活动的合规性。

（三）实施效果

以上关键环节和措施的实施将使投资决策内部控制体系更为完善和有效。这有助于提高企业的投资回报率，降低投资风险，保障资产安全。同时，良好的内部控制体系也将提升企业的声誉和投资者信心，为企业可持续发展提供有力支持。在实践中，企业应根据自身实际情况不断完善和调整投资决策内部控制体系，以适应不断变化的市场环境和内部需求。通过持续改进和创新，企业能够不断提升其核心竞争力，实现长期稳定的发展目标。

第八章　税务筹划与内部控制

第一节　税务筹划概述

一、税务筹划的基本概念

税务筹划是指纳税人在法律规定的范围内，通过合理安排和调整自己的纳税事宜，以达到减少税收负担、实现税收最小化的目的。税务筹划是纳税人的一项合法权利，其核心是在遵守税法的前提下，通过合理规划税务方案，实现税收利益的最大化。

（一）税务筹划的合法性

税务筹划作为一种合理的避税手段，已经在全球范围内被广泛接受和应用。合法性作为税务筹划的基本前提，强调了遵守国家税收法律法规的重要性。对于纳税人而言，他们有义务遵守税收法规，按照法律规定的方式纳税，不得进行任何形式的偷税、逃税、抗税等违法行为。

税务筹划的核心目的是帮助纳税人合理地减少税收负担，提高经济效益。但这一切必须在法律规定的范围内进行，任何违反税法规定的筹划行为都是无效的，甚至可能引发严重的法律后果。税务筹划合法性的重要性和必要性在于维护税收公平和社会公正，防止税收流失，保障国家的财政收入。

为了确保税务筹划的合法性，纳税人需要深入了解和研究国家税收法律法规，熟悉税收政策的变化和更新。他们需要遵循税收法规的规定，确保税务筹划方案符合法律要求。此外，纳税人还应当积极配合税务机关的监管和检查，提供真实的税务信息，不隐瞒、不虚报。

在实践中，为了确保税务筹划的合法性，纳税人可以寻求专业的税务咨询服务。专业的税务咨询机构或人员具备丰富的税务知识和经验，能够为纳税人提供合法、合理的税务筹划方案。同时，这些机构和人员还能够为纳税人提供风险评估和预警服务，帮助纳税人规避潜在的税务风险。

合法性的保障还来源于健全的税法体系和透明的税收监管机制。政府应当不断完善税收法律法规，加强税收监管和执法力度，严厉打击偷税、逃税等违法行为。同时，税务机关应当提高税收透明度，加强信息公开和公众参与，接受社会监督，确保税收公平和社会公正。

税务筹划合法性的维护还需要依靠全社会的共同努力。媒体、社会组织和个人都应当积极参与监督，曝光各种违法违规行为，促使相关部门及时处理和纠正。此外，加强税收教育和宣传也至关重要，提高纳税人的法律意识和诚信纳税意识，从源头上减少偷税、逃税等违法行为的发生。

税务筹划的合法性是确保整个税务筹划过程有效性和合理性的关键。纳税人必须严格遵守国家税收法律法规，不得进行任何形式的违法行为。同时，政府、社会各界和纳税人自身都需要共同努力，维护税务筹划的合法性，推动税收公平和社会公正的实现。只有这样，税务筹划才能真正发挥其应有的作用，为纳税人和社会带来更多的经济效益和社会效益。

（二）税务筹划的预见性

税务筹划作为一种预先的税务规划和策略制定，其核心在于对未来税务情况的预见和预防。这种预见性是税务筹划中不可或缺的一部分，因为它帮助纳税人提前识别和应对潜在的税务风险，减少不必要的税收负担，并使经济利益最大化。

税务筹划的预见性要求纳税人密切关注税收政策的变化和趋势。税收政策是国家调控经济、促进社会发展的重要工具，其变化往往与宏观经济形势、社会发展和国家战略密切相关。因此，纳税人需要时刻关注政策动态，及时了解税收政策的新规定、新变化，以及这些变化可能对自己的业务和税务状况产生的影响。

在掌握税收政策变化的基础上，纳税人还需要深入研究税收法律法规的具体条款和要求。税收法律法规是税务筹划的基石，只有全面、准确地理解这些法规，才能制定出合法、有效的税务筹划方案。对于一些复杂、多变的税收条款，尤其需要细致地解读和把握，以免在未来的税务实践中产生误解或违规行为。

除了关注税收政策和法律法规，纳税人还需要结合自身的实际情况进行税务筹划。每个纳税人的经营状况、业务类型、财务状况等都有所不同，因此税务筹划方案也应当具有针对性和差异性。在制定税务筹划策略时，纳税人需要充分了解自己的经营模式、业务流程和财务状况，以便更加准确地预测未来的税务情况。

税务筹划的预见性还体现在对未来经济形势和市场环境的预测上。纳税人的经济活动往往受到外部经济环境的影响，如市场需求的变化、行业竞争态势、技术创新发展等。通过对未来经济形势和市场环境的分析和预测，纳税人可以更加准确地评估未来的税务风险和机会，并制定相应的税务筹划策略。

通过合理的税务筹划，纳税人可以提前采取措施规避未来的税收风险。例如，根据税收政策的变化趋势，纳税人可以以调整业务结构、优化财务流程等方式降低潜在的税务风险。同时，纳税人还可以制定应急预案，以应对未来可能出现的突发情况或税收政策变化带来的影响。

在实践中，为了提高税务筹划的预见性，纳税人可以寻求专业的税务咨询服务。专业的税务咨询机构或人员具备丰富的税务知识和经验，能够为纳税人提供更加全面、准确的税收预测和建议。他们可以帮助纳税人识别潜在的税务风险，制定相应的规避策略，并确保税务筹划方案的合法性和有效性。

税务筹划的预见性是实现合理避税和降低税收风险的关键所在。纳税人需要密切关注税收政策的变化趋势，深入研究税收法律法规的具体要求，结合自身实际情况进行税务筹划。通过提高税务筹划的预见性，纳税人可以提前采取措施规避未来的税收风险，实现经济利益的最大化。同时，政府和社会各界也应当加强税收宣传和教育，提高纳税人的法律意识和诚信纳税意识，共同维护税收公平和社会公正。

（三）税务筹划的风险性

税务筹划是一项复杂的财务管理活动，其涉及的领域广泛，需要考虑的因素众多。正因为如此，税务筹划往往伴随着一定的风险。这些风险主要来自两个方面：一是税收法律法规的不确定性和频繁变化，二是经济环境和经营状况的不稳定性。

首先，税收法律法规的变化是税务筹划面临的重要风险之一。在任何一个国家，税收法律法规都是相对稳定但又有一定的灵活性和变动性的。随着经济和社会的发展，税收法律法规需要进行相应的调整和更新。这种变化可能对已经制定好的税务筹划方案产生直接的影响，导致原有的筹划策略失去法律效力或者变得不再适用。如果纳税人不能及时跟进这些变化，可能会面临税务合规问题，甚至受到税务机关的处罚。

为了应对税收法律法规的变化，纳税人需要建立一套有效的税务信息收集和反馈机制。持续跟踪税收政策的变化，及时调整和完善税务筹划方案，能够确保其始终与最新的法律法规保持一致。此外，与专业的税务咨询机构或人员保持密切合作也是降低这一风险的途径，他们可以提供更加专业、准确的税收政策解读和预测。

其次，经济环境和经营状况的变化也是税务筹划需要考虑的重要风险因素。企业的经济活动受到多种因素的影响，如市场需求、行业竞争、技术进步等。这些因素的变化可能导致企业的经营状况调整，进而影响到原有的税务筹划方案。例如，市场的突然变化可能导致企业的收入、成本等关键财务数据发生大幅波动，使得预先制定的税务筹划策略失去实际意义。

为了降低这一风险，纳税人需要对经济环境和经营状况进行持续的监测和分析。及时获取相关信息，对企业的经济活动进行准确的评估和预测。在此基础上，纳税人可以对税务筹划方案进行适时的调整，以适应外部环境的变化。此外，建立应急预案也是必要的，以便在出现突发情况时能够迅速应对，减少税务筹划失败的风险。

除了以上两个方面，税务筹划的风险还体现在其他多个层面。例如，市场的不确定性可能导致企业投资决策的失误，进而对税务筹划产生影响；企业内部的财务管理问题也可能对税务筹划的实施形成阻碍；竞争对手的策略调整等外部因素也可能对企业的税务筹划产生冲击。

税务筹划是一项充满风险和挑战的活动。为了确保税务筹划的成功实施并降低潜在的风险，纳税人需要建立一套完善的税务风险管理机制。这包括建立有效的信息收集和反馈机制、持续监测经济环境和经营状况、及时调整和完善税务筹划方案，以及建立应急预案等多个方面。通过这一机制的运作，纳税人可以更加有效地管理税务筹划的风险，实现经济利益的最大化。同时，政府和社会各界也应当加强对税收法律法规的宣传和培训，提高纳税人的法律意识和税务筹划能力，共同推动税收公平和社会公正的实现。

（四）税务筹划的综合性

税务筹划，简而言之，是一种旨在减少纳税义务或优化税收负担的策略。它不仅涉及税收层面的策略制定，而且与企业整体财务管理紧密相连。这不仅要求税务筹划者具备深厚的税务知识，还需要他们对企业经营、财务管理以及相关法律法规有深入的了解。

首先，税务筹划需要考虑企业的经营状况。企业的经营活动直接影响其税务义务，如成本、费用等。税务筹划者需要深入了解企业的业务模式、产品线、销售渠道等，以便更准确地预测和评估企业的税收负担。同时，税务筹划者还需要密切关注企业的经营状况，如销售额、利润、现金流等，以便及时调整税务策略，应对市场变化和不确定性。

其次，税务筹划需要考虑企业的财务管理状况。财务管理状况包括企业的财务报告、预算、成本控制、资金管理等。税务筹划者需要了解企业的财务报告体系，以便准确评估企业的税收负担和潜在的风险。同时，他们还需要与企业的财务管理团队密切合作，确保税务筹划与企业整体的财务管理目标相一致。

此外，税收法律法规是税务筹划的核心要素。税务筹划者需要对税收法律法规有深入的了解，包括税法、税则、税收政策等。他们需要关注法律法规的变化，及时调整税务筹划策略，确保其合法性和合规性。同时，他们还需要了解不同国家或地区的税收政策差异，以便在全球范围内进行税务筹划。

除了以上因素，税务筹划还需要考虑企业整体财务管理的目标。企业的财务管理目标通常包括企业价值最大化、股东利益最大化等。税务筹划者需要确保税务筹划方案与企业财务管理目标相一致，避免因追求短期税收利益而损害企业长期价值。

税务筹划是一项综合性、系统性的财务管理活动。它不仅要求税务筹划者具备深厚的税务知识，还需要他们综合考虑企业的经营状况、财务管理状况、税收法律法规等多个因素。税务筹划通过制定最优的税务方案实现税收利益的最大化，同时确保企业整体财务管理的目标得以实现。

（五）税务筹划的专业性

作为一项专业性和技术性极强的财务管理活动，税务筹划确实需要具备丰富的知识和经验。这不仅包括对税收法律法规的深入了解，还需要对财务管理、企业经营等多个领域有所涉猎。这样的复合型知识结构，确保了税务筹划既能在法律允许的范围内进行，又能为企业带来实际的税收利益。

对于大部分企业而言，专门设立一个税务部门或团队来处理税务相关事务是很有必要的。但即便如此，面对日新月异的税收法律法规和复杂的经营环境，企业可能仍需借助外部的专业力量来进行更为精准和高效的税务筹划。专业的税务咨询服务机构，如会计师事务所、税务师事务所等，可以为企业提供全方位的税务筹划服务。这些机构通常拥有经验丰富的税务专家，他们对税收法律法规有着深入的研究，能够为企业提供最具时效性和针对性的筹划建议。

与专业的税务咨询服务机构合作，不仅可以提高税务筹划的专业性，还能在一定程度上降低企业的税务风险。因为这些机构长期从事税务咨询工作，积累了大量的实践经验，能够预见和防范一些常见的税务风险。此外，当税收法律法规发生变化时，这些机构也能迅速做出反应，为企业提供最新的筹划策略。

然而，仅仅依靠外部的专业力量是不够的。企业自身也需要不断更新和扩充税务知识。因为税收法律法规是一个动态的体系，随着经济和社会的发展，它也在不断地调整和完善。企业需要定期组织内部培训，学习新的税收法律法规，确保自身的税务操作始终与最新的法律要求保持一致。

除此之外，企业还需要关注国际税收环境的变化。随着全球经济的融合，跨境交易和投资日益增多，国际税收环境对企业的影响也越来越大。企业需要了解不同国家和地区的税收政策，以便在全球范围内进行更为合理的税务筹划。

同时，企业在进行税务筹划时还需要考虑其与财务管理、企业经营等其他领域的联系。税务筹划不是孤立的，它需要与企业整体的财务管理目标、经营策略等相协调。只有这样，才能确保税务筹划不仅在技术层面是可行的，还能在实际操作中为企业带来真正的价值。

为了更好地进行税务筹划，企业还需要建立一套完善的内部控制体系。这包括但不限于：建立税务信息管理系统，确保税务数据的准确性和完整性；加强税务风险的识别和防范，避免因操作不当引发的税务纠纷；建立税务审计机制，定期对自身的税务操作进行审查和评估等。

（六）税务筹划的经济性

除了前面提到的专业性和技术性，税务筹划还有一个不容忽视的原则，那就是经济性原则。这涉及税务筹划的成本与收益分析，是确保筹划活动真正为企业带来经济利益的关键。

在很多情况下，企业或个人在进行税务筹划时，可能会过度关注税负的减少，而忽视了筹划过程中产生的各种成本。实际上，税务筹划是需要投入资源的，这包括但不限于咨询费、培训费、时间成本等。这些都需要在筹划过程中进行仔细的权衡和考虑。

首先，对于大多数企业而言，税务筹划通常需要借助外部的专业咨询服务。这些咨询服务不是免费的，而是需要支付一定的费用。此外，企业还可能需要购买相关的税务软件或系统来支持筹划工作，这也是一项成本。因此，企业在制定税务方案时，必须充分考虑这些直接成本。

除了直接成本外，税务筹划还可能产生一些间接成本。例如，筹划过程中可能会引起税务部门的关注和审查，导致企业面临额外的审计或调查费用。又或者，筹划不当可能会导致企业错过某些税收优惠政策，从而失去获得额外利益的机会。这些间接成本虽然难以量化，但在制定税务方案时同样需要加以考虑。

当然，税务筹划的最终目的是获得经济利益。这主要体现在减少税收负担、提高企业价值和增加利润等多个方面。只有当筹划带来的收益能够覆盖或超过其成本时，这样的筹划才是有意义的。

此外，经济性原则还要求企业在制定税务方案时要有长远的眼光。因为税收法律法规可能会随着时间而发生变化，企业的经营环境也可能发生改变。因此，筹划方案不仅要考虑当前的情况，还要具有一定的前瞻性，能够适应未来的变化。

同时，企业还需要定期对税务筹划的效果进行评估和调整。这可以通过与专业的税务咨询服务机构合作来实现。这些机构不仅可以提供税务方案的制定和执行服务，还可以为企业提供定期的税务健康检查和调整建议。通过这种方式，企业可以确保自己的税务操作始终是最优的，同时也能够及时识别和解决潜在的税务风险。

经济性原则是税务筹划中非常重要的一个方面。企业在制定税务方案时，必须充分考虑成本与收益的关系，确保筹划的收益能够覆盖或超过其成本。同时，还需要有长远的眼光和定期的评估与调整机制。只有这样，企业才能够真正实现税务筹划的目标，获得最大的经济利益。

（七）税务筹划的动态性

税务筹划不仅是静态的策略制定，更是一个持续的、动态的过程。这主要源于两个方面：税收法律法规的不断调整，以及企业经营状况的日常变动。

首先，税收法律法规是国家为了规范税收行为、保障税收公平而制定的法规。但随着经济社会的不断发展，税收法律法规也会进行相应的调整和更新。这些调整可能涉及税基、税率、税收优惠政策等方面的变化。如果纳税人不能及时关注这些变化，并相应地调整税务筹划方案，那么原先的筹划策略可能会失效，甚至导致企业面临税务风险。

例如，原先的税务筹划可能基于某一特定的税收优惠政策进行。但当该政策被取消或修改后，原先的筹划策略可能就不再适用。这时，纳税人需要及时了解这些变化，并重新评估和调整税务筹划方案，以确保其合法性和有效性。

其次，企业的经营状况也是不断变动的。例如，企业的业务规模可能会扩大或缩小，业务结构可能会发生变化，或者企业可能会面临一些经营风险。这些变化都可能影响到税务筹划方案的实施效果。

例如，当企业的业务规模扩大时，可能需要缴纳更多的税款。这时，原先的税务筹划方案可能就无法达到预期的效果。因此，纳税人需要密切关注企业的经营状况，并定期评估税务筹划方案的有效性。

最后，税务筹划方案的制定和实施不仅涉及税务问题，还可能影响到企业的其他财务管理活动。例如，税务筹划可能会影响到企业的资金流、现金流、利润分配等方面的决策。因此，在制定和实施税务筹划方案时，纳税人需要充分考虑其对企业其他财务管理活动的影响，以保持企业整体财务管理的协调性和一致性。

例如，某些税务筹划策略可能会增加企业的现金流压力。如果企业没有充分考虑到这一点，可能会在现金流管理上出现问题，进而影响到企业的正常运营。

税务筹划的基本概念包括合法性、预见性、风险性、综合性、专业性、经济性和动态性等方面。这些方面相互关联、相互影响，共同构成了税务筹划的基本框架和体系。通过深入理解和掌握这些基本概念，纳税人可以更好地进行税务筹划工作，提高企业的财务管理水平和经济效益。

二、税务筹划的意义与原则

税务筹划不仅是纳税人的一项合法权利,也是现代企业财务管理的重要内容。合理、有效的税务筹划能够为企业带来诸多实际利益，如减轻税收负担、增加财务收益、提升企业价值等。同时，税务筹划也必须遵循一定的原则，确保其合法性、合理性和有效性。

（一）税务筹划的意义

1. 减轻税收负担

税务筹划的核心目的是减少纳税人的税收负担，实现税收利益的最大化。通过合理的税务筹划，纳税人可以降低应纳税额，减少现金流出，从而减轻企业的财务压力。

2. 增加财务收益

有效的税务筹划能够使企业在同等收入条件下，减少税款的缴纳，增加税后收益。这有助于企业提高盈利能力，增强市场竞争力，加大投资回报。

3. 提升企业价值

税务筹划的合理实施有助于提高企业的财务管理水平，增强企业的财务稳健性和可持续性。同时，良好的税务筹划能够提升企业的声誉和形象，增强投资者和消费者的信心，从而提高企业整体价值。

4. 促进企业合规经营

税务筹划要求企业严格遵守税收法律法规，确保税收行为的合法性。通过税务筹划，企业可以更好地理解和遵循税收法律法规，避免因违规行为带来的税务风险和法律制裁。

（二）税务筹划的原则

1. 合法性原则

税务筹划的首要原则是合法性原则。筹划方案必须符合国家税收法律法规的规定，不得采用任何形式的违法手段来避税或逃税。合法性原则是确保税务筹划有效性和合理性的基础。

2. 合理性原则

合理性原则要求税务筹划方案必须具备合理的商业目的和经营逻辑。筹划方案的实施应当符合企业的经营战略和发展规划，不得违反常理或商业常识。同时，合理性原则还要求税务筹划方案应当具备合理的成本效益分析，确保其经济可行性和可持续性。

3. 风险控制原则

税务筹划存在一定的风险，因此必须遵循风险控制原则。筹划方案应当充分考虑各种可能出现的风险因素，并采取相应的风险控制措施。在实施过程中，要密切关注风险变化情况，及时调整和优化筹划方案，以确保风险的可控性和最小化。

4. 综合利益最大化原则

税务筹划应当以实现企业综合利益最大化为目标。在制定筹划方案时，要综合考虑税收负担、财务管理、企业经营等多方面因素，力求实现企业整体利益的最大化。同时，要注重协调税务筹划与其他财务管理活动的关系，确保企业财务管理的整体协调性和一致性。

5. 长期可持续原则

税务筹划应当遵循长期可持续原则，确保筹划方案的稳定性和长期有效性。在制定筹划方案时，要充分考虑企业的长期发展目标和战略规划，避免短视和急功近利的行为。同时，要关注税收法律法规的变化趋势，及时调整和优化筹划方案，以保持其长期可持续性。

6. 专业性原则

税务筹划是一项专业性较强的财务管理活动，需要遵循专业性原则。在制定和实施筹划方案时，要借助专业的税务咨询服务机构和人才的支持和指导，确保筹划方案的专业性和可行性。同时，企业内部的财务人员也应当具备丰富的税务知识和技能，能够独立完成基本的税务筹划工作。

7. 透明度和诚信原则

税务筹划应当遵循透明度和诚信原则，确保税收行为的合规性和合法性。企业应当建立健全的税务管理制度和内部控制机制，确保税务信息的真实性和完整性。同时，要积极配合税务机关的监管和检查工作，切实履行纳税义务，树立良好的企业形象和社会声誉。

税务筹划的意义与原则对于企业财务管理具有重要意义。通过深入理解和掌握这些原则，企业可以更好地开展税务筹划工作，提高财务管理水平和经济效益。在实际操作中，企业应当根据自身实际情况和发展需求，制定符合自身特点的税务筹划方案，并严格遵循相关原则和法律法规的要求，确保筹划方案的有效性和合规性。

第二节　税务筹划的方法与实践

一、税务筹划的基本方法

税务筹划是企业财务管理中的一项重要内容，对税务进行合理规划，企业可以在合法、合规的前提下降低税收负担，增加财务收益。下面将详细介绍税务筹划的基本方法。

（一）合理利用税收优惠政策

在当今全球经济环境下，税收政策已成为各国政府调控经济、促进特定产业发展的重要工具。为了鼓励某些特定产业、行业或领域的发展，各国政府往往会出台一系列的税收优惠政策。对于企业而言，合理利用这些政策不仅可以降低自身的税收负担，还能在一定程度上提高企业的竞争力。

首先，对于国家鼓励的高新技术企业，政府通常会提供一系列的税收减免政策。这些政策旨在鼓励企业加大技术研发和创新投入，推动产业升级和技术进步。对于这些企业而言，合理利用这些税收优惠政策，不仅可以降低税负，还能将更多的资金投入到核心业务中，加速企业的发展。

而对于广大的小微企业而言，政府的税收优惠政策更是意义重大。小微企业由于规模较小，往往在市场竞争中处于不利地位。政府的税收优惠政策能够在一定程度上减轻小微企业的税负，帮助它们更好地成长壮大。例如，对小微企业的所得税减免、增值税减免等政策，都能让这些企业在市场中更有竞争力。

除此之外，对于企业研发活动的投入，政府也出台了相应的加计扣除政策。这一政策允许企业在计算所得税时，将研发费用加计扣除，进一步降低税负。这一政策的实施，无疑会激发企业加大研发投入的积极性，推动科技创新和产业升级。

当然，要充分利用这些税收优惠政策，企业首先需要密切关注税收政策的变化。由于税收政策并非一成不变，企业需要定期查阅相关法律法规，了解最新的政策动向。只有这样，企业才能在第一时间获取相关信息，并迅速调整自身的税务筹划策略。

其次，企业在了解税收优惠政策后，还需要制定合适的税务筹划方案。不同的企业、不同的业务都有其特殊性，因此税务筹划方案也需要量身定制。企业需要结合自身的实际情况，制定出一套合法、合理且有效的税务筹划方案。

最后，企业在实施税务筹划方案时，还需要注意风险控制。税务筹划虽然能够降低税负，但如果在操作过程中出现失误，可能会给企业带来不必要的麻烦。因此，企业需要加强内部管理，确保税务筹划方案的顺利实施。

各国政府为了鼓励特定产业、行业或领域的发展而制定的税收优惠政策，为企业提供了一个难得的发展机遇。企业应当抓住这一机遇，密切关注税收政策的变化，及时了解并利用相关优惠政策，以降低税负、提高竞争力。同时，企业还需要加强内部管理、注意风险控制，确保税务筹划方案的顺利实施。只有这样，企业才能在激烈的市场竞争中立于不败之地。

（二）调整业务结构与经营方式

随着经济的发展和市场的变化，企业需要不断地调整自身的业务结构和经营方式，以适应市场的需求并提高竞争力。而在这一过程中，企业也可以通过合理规划税务，来降低自身的税负。

首先，企业可以通过选择不同的销售方式和结算方式，来合理规划税务。例如，企业可以选择适当的销售方式，如直接销售或通过代理商销售，这会影响企业的纳税义务。同样，结算方式的选择也会影响企业的纳税时间。例如，企业可以选择预付款、赊销或分期付款等方式，来推迟纳税时间或降低税负。

其次，企业可以根据市场需求和自身情况，合理调整产品结构。在生产过程中，企业可以选择不同的原材料、设备和技术，以降低生产成本和提高产品质量。同时，企业也可以根据市场需求，调整产品结构，生产更符合市场需求的产品。在符合税收政策的前提下，合理的产品结构调整可以帮助企业实现税负的降低。

此外，企业还可以通过合理利用税收优惠政策来降低税负。各国政府为了鼓励特定产业、行业或领域的发展，往往会出台一系列的税收优惠政策。企业应当密切关注税收政策的变化，及时了解并利用相关优惠政策，以降低税负。例如，对于国家鼓励的高新技术企业、小微企业等，可以享受相应的税收减免政策；对于企业研发活动的投入，也有相应的加计扣除政策。

除了以上措施，企业还可以通过加强内部管理、规范财务核算等手段，来降低税负。例如，企业可以建立健全的财务管理制度、规范发票和凭证的管理、加强内部审计等措施，确保财务核算的准确性和合规性。这不仅有助于企业降低税负，还有助于提高企业的财务管理水平和风险控制能力。

总之，通过调整业务结构和经营方式、合理规划税务、利用税收优惠政策以及加强内部管理和规范财务核算等措施，企业可以有效地降低自身的税负。这不仅可以增加企业的经济效益，还有助于提高企业的市场竞争力。

但是需要注意的是，企业在合理规划税务的过程中，应当遵守法律法规和税收政策的规定，不得进行违法违规操作。同时，企业也应当注重风险控制，避免因税务问题而引发的财务风险和法律风险。

税务规划是企业经营管理中的重要一环。企业应当根据自身实际情况和市场环境，制定合理的税务规划方案，以降低税负、提高经济效益和市场竞争力。同时，企业也应当加强内部管理和风险控制，确保税务规划的顺利实施。

（三）合理规划税务成本

税务成本在企业财务管理中占据着相当大的比重，如何合理规划税务成本，以降低税负并提高企业的经济效益，是许多企业面临的重要问题。

首先，合理规划税务成本需要企业从年度预算的角度进行考虑。在制定年度预算时，企业应当预留一定的税务成本空间，以应对税收政策的变化和调整。这是因为税收政策在不同的地区、行业和时间段内都有可能发生变化，而这些变化可能会对企业的税务成本产生影响。预留一定的税务成本空间可以帮助企业更好地应对这些变化，避免因税收政策调整而导致的税务成本大幅波动。

其次，对于一些特定的税务事项，如税务审计、税务咨询等，企业也可以提前规划，以降低相关的成本和风险。例如，企业可以定期进行税务自查，及时发现并纠正税务问题，避免因违规行为而被税务机关处罚。同时，企业也可以通过税务咨询机构的专业服务，了解税收政策的变化和调整，获取合理的税务筹划建议，以降低税务成本和风险。

此外，加强企业内部管理也是合理规划税务成本的重要手段。企业应当建立健全的财务管理制度，规范发票和凭证的管理，确保财务数据的真实性和准确性。这样可以避免因财务管理不规范而导致的税务成本增加。同时，加强内部审计和风险管理也是必要的措施。通过内部审计可以发现潜在的税务问题和管理漏洞，及时采取措施进行纠正；通过风险管理可以帮助企业识别和评估潜在的税务风险，采取相应的措施，降低风险损失。

另外，与税务机关建立良好的沟通关系也是合理规划税务成本的重要一环。企业应当及时了解税务机关的政策变化和要求，遵循税收法律法规的规定，确保按时缴纳税款。同时，与税务机关保持良好的沟通关系可以帮助企业及时解决税务问题，避免因沟通不畅而导致的税务成本增加。

合理规划税务成本需要企业从多个方面进行考虑和实施。通过年度预算的合理安排、特定税务事项的提前规划、加强内部管理和与税务机关建立良好关系等措施，可以帮助企业降低税负、提高经济效益和市场竞争力。同时，企业也应当注重风险控制和合规性要求，确保税务规划的合法性和有效性。

（四）资产税务筹划

资产税务筹划是企业在财务管理中的一项重要工作，主要涉及企业固定资产和无形资产的税务处理。通过对资产税务的合理规划，企业可以降低税负，提高经济效益。

首先，固定资产的折旧方法和年限是资产税务筹划的重要方面。折旧是指在固定资产使用寿命内，按照确定的方法，将资产价值分摊到各个会计期间的一种费用。通过合理选择折旧方法，企业可以在一定程度上降低税负。例如，对于符合条件的固定资产，可以选择加速折旧法进行折旧。加速折旧法在前期对资产进行大量折旧，使得前期费用增加，税前利润减少，从而实现了前期税前扣除，降低了所得税负担。此外，合理安排固定资产的折旧年限也可以实现税务筹划。通过延长折旧年限，企业可以分摊更多的折旧费用到各个会计期间，降低所得税负担。

其次，无形资产的摊销方法也是资产税务筹划的重要方面。无形资产是指企业拥有或控制的，没有实物形态的可辨认的非货币性资产，如专利、商标、版权等。无形资产的摊销方法包括直线法和生产总量法等。通过合理选择摊销方法，企业可以实现对无形资产税务的有效筹划。例如，对于某些无形资产，可以选择直线法进行摊销。直线法将无形资产的价值平均分摊到各个会计期间，使得各期费用保持相对稳定，有利于企业的财务规划和管理。

此外，企业在资产税务筹划中还需要注意一些其他方面的问题。例如，要关注税收政策的变化和调整，及时调整税务筹划方案；要建立健全的财务管理制度，规范资产管理和会计核算；要加强与税务机关的沟通和协调，确保税务筹划的合法性和有效性。

资产税务筹划是一项复杂的财务管理活动，需要企业在全面了解税收政策和财务管理要求的基础上，根据自身实际情况进行合理的规划和安排。通过合理选择固定资产的折旧方法和年限、无形资产的摊销方法等措施，企业可以实现资产税务的有效筹划，降低税负、提高经济效益和市场竞争力。同时，企业也应当注重风险控制和合规性要求，确保税务筹划的合法性和有效性。只有这样，企业才能在激烈的市场竞争中立于不败之地。

（五）国际税务筹划

对于跨国企业而言，国际税务筹划不仅仅是财务管理的重要环节，更是企业在全球范围内优化资源配置、降低成本、提高盈利能力的关键策略。随着全球经济一体化的深入发展，各国税收政策千差万别，这为企业提供了广阔的筹划空间。

首先，利用不同国家和地区的税收差异是国际税务筹划的核心。通过深入研究各国税收政策，企业可以发现许多潜在的税务优惠和减免措施。例如，某些国家对高新技术产业、绿色能源等领域给予税收优惠；而另一些国家则对境外投资给予一定的税收减免。企业可以根据自身业务特点，选择在税收优惠力度较大的国家或地区设立子公司或分支机构，从而降低整体税负。

其次，合理安排全球资源和业务布局也是国际税务筹划的重要手段。企业可以根据各国资源禀赋、劳动力成本、市场潜力等因素，综合评估不同国家和地区的投资价值。通过优化资源配置，企业可以实现在全球范围内的成本最小化和利润最大化。

此外，国际税务筹划还涉及股权安排和组织架构的设计。合理的股权结构和组织架构可以帮助企业降低控股链和价值链的风险。例如，企业可以通过设立离岸公司、采用 VIE 结构等方式，实现跨境资本运作和风险隔离。

然而，国际税务筹划也面临着诸多挑战和风险。首先，各国税收政策千变万化，企业需要及时掌握各国税收动态，以便及时调整筹划策略。其次，国际税务监管环境日益严格，企业需要加强内部控制和合规管理，确保税务筹划的合法性和有效性。此外，企业还需要关注不同国家和地区的政治、经济和社会环境，防范潜在的税务风险。

国际税务筹划是一项复杂而重要的财务管理活动。跨国企业需要深入了解各国税收政策，根据自身实际情况制定科学合理的筹划策略，降低整体税负，提高盈利能力。同时，企业也应当加强风险控制和合规管理，确保税务筹划的合法性和有效性。只有这样，跨国企业才能在日益激烈的国际竞争中立于不败之地。

（六）合理规避税务风险

在企业的经营过程中，税务风险是不可避免的。这种风险可能来源于多种因素，如税收法规的复杂性、企业税务处理的失误或与税务机关的沟通不当等。而合理的税务筹划作为企业财务管理的重要组成部分，不仅有助于降低税务风险，还能为企业创造更大的价值。

建立健全的内部控制制度和财务管理流程是税务筹划的基础。一个完善的管理体系可以帮助企业规范税务处理流程，确保所有与税收相关的事务都按照既定的标准和规定进行。这样的体系不仅有助于确保合规性，还可以减少由操作不当或疏忽而引发的税务风险。

同时，企业应定期进行税务自查和审计。这不仅是对自身税务处理工作的一个全面检查，也是及时发现潜在问题的有效途径。一旦发现问题，企业应立即采取措施进行纠正，防止问题扩大或恶化。这种主动的风险管理方式有助于企业提前预警，避免因税务问题而遭受不必要的损失。

与专业的税务顾问或机构保持紧密合作也是降低税务风险的必要措施。这些专业人士凭借丰富的经验和知识，可以为企业提供及时、准确的税务信息和建议。他们能帮助企业识别潜在的税务风险，并为企业制定有效的应对策略。此外，当企业面临复杂的税务问题或争议时，他们还能提供专业的解决方案和支持。

税务筹划并不仅仅是降低税负，更重要的是确保企业的税务合规性和长期稳定发展。通过合理的筹划和风险管理，企业可以更加稳健地应对各种挑战，从而在全球化的竞争环境中取得更大的成功。

为了实现这一目标，企业需要不断学习和了解最新的税收法规和政策。因为税收法规是不断变化的，企业必须时刻关注这些变化，以便及时调整自己的税务策略。此外，加强与当地税务机关的沟通也是非常重要的。通过与税务机关建立良好的关系，企业可以更好地理解税务法规的执行方式和要求，从而更好地应对潜在的税务风险。

另外，对于跨国企业而言，国际税务筹划的复杂性不言而喻。除了要应对不同国家和地区的税收法规差异外，还需要考虑各地的政治、经济和社会环境。因此，对于跨国企业来说，建立一个全球性的税务筹划团队或与全球性的税务顾问机构合作是至关重要的。这样的团队或机构可以为企业提供全面的税务筹划服务，确保企业在全球范围内的合规性和竞争优势。

税务风险是企业必须面对的现实问题。通过合理的税务筹划和风险管理措施，企业不仅可以降低税务风险，还可以提高财务管理效率，增加企业的盈利能力。因此，对于任何一家企业来说，重视税务筹划并采取有效的风险管理措施都是至关重要的。

（七）注重人才培养和知识更新

税务筹划确实是一项高度专业化的工作，它不仅要求深入了解税务法规和政策，还需要具备丰富的实践经验，能够根据企业的实际情况制定出切实可行的方案。这样的工作需要由高素质的税务人才来完成。因此，企业应重视税务人才的培养和引进。

首先，对于已有的税务人员，企业应提供持续的培训和教育机会。这不仅包括最新的税务法规和政策的学习，还有税务筹划技巧和实际案例分析等方面的培训。通过这些培训，税务人员可以不断更新自己的知识储备，提高专业素养和实践能力。

此外，企业还可以与高校、研究机构等合作，建立人才培养基地或开展专题研究。通过与这些机构合作，企业可以获得更加系统化、专业化的培训和教育资源，进一步增强税务人员的综合素质和业务能力。

除了内部培养，企业还可以通过引进外部高素质的税务人才来增强自身的筹划能力。这些外部人才可能具备更加丰富的实践经验和更广泛的行业知识，能够为企业带来新的思路和方法，促进企业的税务筹划工作更加科学和高效。

除了培养和引进高素质的税务人才，企业还应关注国内外税收政策的变化和趋势。税收政策是不断调整和变化的，企业必须时刻关注这些变化，并据此调整自己的税务筹划策略。只有这样，才能确保税务筹划的有效性和合规性。

为了更好地了解税收政策的变化和趋势，企业可以建立专门的信息收集和分析团队。这个团队负责跟踪国内外税收政策的变化情况，及时为企业提供最新的信息和建议。通过这样的机制，企业可以及时更新自己的知识和实践经验，确保税务筹划始终处于行业前沿。

同时，企业还可以与专业的税务咨询机构或顾问保持紧密的合作。这些机构或顾问通常拥有丰富的经验和专业知识，能够为企业提供更加全面和专业的税务筹划服务。通过与他们合作，企业可以获得更加权威和专业的指导和建议，保证税务筹划的准确性和有效性。

此外，企业还应注重与其他企业的交流与合作。通过与其他企业分享经验和做法，可以相互学习和借鉴，共同提高税务筹划的水平。这种交流与合作不仅可以增强企业的竞争力，还有助于推动整个行业的健康发展。

税务筹划的基本方法多种多样，企业应根据自身实际情况和发展需求选择合适的方法进行筹划。在实际操作中，应注重合理利用税收优惠政策、调整业务结构与经营方式、合理规划税务成本、资产税务筹划、国际税务筹划、合理规避税务风险以及注重人才培养和知识更新等方面的工作。通过合理的税务筹划，企业不仅可以降低税收负担、增加财务收益、提升企业价值，还可以提高财务管理水平和可持续发展能力。

二、税务筹划的实践应用

税务筹划作为企业财务管理的一项重要内容，其实践应用对于企业的可持续发展具有重要意义。下面将详细介绍税务筹划在实践中的应用。

（一）合理利用税收优惠政策

在实际应用中，企业应首先关注税收优惠政策，充分利用政策降低税负。例如，对于国家鼓励的高新技术企业，企业可以积极申请认定，享受相应的税收减免政策。此外，企业也可以关注地方政府的税收优惠政策，如某些地区的开发区或经济特区可能享有特定的税收优惠。

（二）调整业务结构和经营方式

企业可以根据市场需求和自身情况，合理调整业务结构和经营方式，以适应税收政策并降低税负。例如，企业可以通过合理安排生产和销售计划，调整存货和折旧政策等方式，实现延期纳税或降低税负的目的。

（三）合理规划税务成本

税务成本是企业财务管理中的一项重要开支，合理规划税务成本可以有效降低企业的整体成本。例如，企业在年度预算中可以预留一定的税务成本空间，以应对税收政策的变化和调整。此外，企业可以合理安排税务审计和咨询等事项，降低相关的成本和风险。

（四）资产税务筹划

在资产税务筹划方面，企业可以针对固定资产和无形资产进行合理规划。例如，对于固定资产的折旧方法和年限，企业可以根据税法规定和技术更新情况选择合适的方法和年限，以实现税前扣除和降低所得税负担。对于无形资产，如专利权、商标权等，企业可以根据实际情况选择合适的摊销方法，以达到节税的目的。

（五）国际税务筹划

对于跨国企业而言，国际税务筹划是税务筹划的重要组成部分。企业可以通过研究不同国家和地区的税收政策差异，利用国际税负差异降低整体税负。例如，利用避税港、转移定价、资本弱化等方式实现国际税务筹划的目的。同时，跨国企业应注意遵守各国税收法规和国际税收协定，避免引发税务风险。

（六）合理规避税务风险

合理规避税务风险是税务筹划的重要实践应用之一。企业应建立健全的内部控制制度和财务管理流程，确保税务处理的合规性和准确性。此外，定期进行税务自查和审计可以及时发现潜在的税务问题并采取相应的措施进行纠正。同时，与专业的税务顾问或机构保持紧密合作可以获取及时、准确的税务信息和建议，降低税务风险。

（七）注重人才培养和知识更新

税务筹划是一项专业性较强的工作，需要具备丰富的税务知识和实践经验。企业应注重培养和引进高素质的税务人才，提高内部税务筹划的能力和水平。同时，要关注国内外税收政策的变化和趋势，及时更新知识储备和实践经验，以确保税务筹划的有效性和合规性。通过培训、研讨会等方式加强内部人员的专业能力，使其能够更好地理解和应用税收政策，为企业创造价值。

（八）建立有效的沟通机制

企业应与税务机关建立有效的沟通机制，及时了解税收政策的变化和要求。通过与税务机关的沟通，企业可以更好地理解税收政策并采取相应的措施进行税务筹划。同时，与税务机关保持良好的沟通关系有助于企业避免因误解或不了解税收政策而引发的税务风险。

（九）实施动态管理

企业的经营环境和税收政策是不断变化的，因此税务筹划应实施动态管理。企业应根据内外部环境的变化及时调整税务筹划策略，确保其始终与企业的战略目标相一致。通过动态管理，企业可以更好地应对税收政策的变化和市场环境的变化，实现可持续的财务管理和税务筹划。

（十）加强与其他部门的协作

税务筹划不仅仅是财务部门的工作，也需要其他部门的支持和配合。企业应加强与其他部门的沟通和协作，确保税务筹划工作的顺利实施。例如，与采购部门协作，合理安排采购计划和发票管理，降低增值税等税负；与销售部门协作，合理安排销售策略和收款方式，降低企业所得税等税负。通过加强协作，企业可以更好地整合资源，实现税务筹划的目标。

（十一）注重税务合规性和风险管理

企业在税务筹划过程中，应始终注重税务合规性和风险管理。企业应确保所采用的税务筹划策略符合税收法律法规的要求，避免因违反税收法规而引发的税务风险。同时，企业应建立健全的税务风险管理体系，定期进行税务风险评估和监测，及时发现和解决潜在的税务问题。通过加强合规性和风险管理，企业可以降低税务风险，确保税务筹划工作的顺利进行。

（十二）税务筹划方案的持续优化

随着企业内外部环境的变化和税收政策的变化，企业的税务筹划方案应持续优化。企业应定期对税务筹划方案进行评估和调整，以确保其始终与企业的发展战略和税收政策相匹配。通过持续优化，企业可以不断完善税务筹划工作，提高财务管理水平，为企业的发展创造更大的价值。

税务筹划的实践应用是一项综合性、系统性的工作。企业应全面考虑各种因素，制定科学、合理的税务筹划策略，并加强执行和监控。通过有效的税务筹划，企业可以降低税负、提高竞争力、实现可持续发展。同时，企业应关注税收政策的变化和趋势，不断调整和完善税务筹划方案，以适应不断变化的市场环境和企业发展需求。

第三节　税务筹划内部控制制度设计

一、税务筹划内部控制的目标与原则

税务筹划是企业财务管理的重要组成部分，其主要目标是降低税务负担，提高企业的经济效益。为实现这一目标，企业需要建立一套科学、合理、有效的内部控制体系。下面将重点探讨税务筹划内部控制的目标与原则。

（一）税务筹划内部控制的目标

1. 合规性

税务筹划内部控制的首要目标是确保企业的税务行为符合税收法律法规的要求，避免因违反税收法规而产生的税务风险和法律责任。

2. 效率性

通过内部控制，企业应确保税务筹划工作的有效性和高效率，优化税务流程，降低税务成本，提高企业的经济效益。

3. 风险管理

内部控制体系应能有效识别、评估和控制税务风险，降低税务风险对企业经营的影响，保障企业的稳健发展。

4. 持续性优化

随着税收政策的变化和内外部环境的变化，内部控制体系应能持续优化和改进，以适应新的挑战和机遇。

（二）税务筹划内部控制的原则

1. 全面性原则

税务筹划内部控制应覆盖企业所有涉及税务的业务和流程，不留死角和盲区。从税务风险的识别、评估、控制到监控、反馈等各个环节都应纳入内部控制体系。

2. 适应性原则

内部控制体系应能适应企业内外部环境的变化和税收政策的变化，及时调整和完善，确保其始终能反映企业的实际需求和税收法规的要求。

3. 制衡性原则

在税务筹划过程中，应合理设置岗位职责和权限，形成相互制约、相互监督的机制，防止权力滥用和违规操作。

4. 成本效益原则

在制定和实施内部控制措施时，应充分考虑成本和效益的平衡，避免因追求片面的控制效果而造成过高的成本和资源的浪费。

5. 激励与约束相结合原则

建立科学的绩效考核机制，对税务筹划工作表现优秀的员工给予适当的奖励，同时对违反规定的行为进行惩罚，形成正向激励和负向约束的良性循环。

（三）实践应用与案例分析

为了更好地说明税务筹划内部控制的目标与原则在实践中的应用，以下将结合具体案例进行分析。某企业在生产经营过程中涉及多种税种，如增值税、企业所得税等。该企业通过建立完善的税务筹划内部控制体系，实现了以下目标：

1. 确保合规性

该企业通过加强税务合规性管理，确保各项税务操作符合税收法律法规的要求。例如，在采购环节，企业与供应商明确约定发票开具的要求，确保发票内容真实、准确；在销售环节，企业与客户协商合理的收款方式和结算周期，以降低坏账风险和税务风险。

2. 提高效率

该企业通过优化税务流程，减少不必要的环节和操作，提高了税务工作效率。例如，企业采用自动化系统进行发票的开具、认证和抵扣，减少了人工干预和操作失误；同时，合理安排税务申报的时间表，确保各项税款的按时缴纳。

3. 风险管理

该企业建立健全的税务风险管理体系，定期进行税务风险评估和监测。通过识别潜在的税务风险点，采取相应的控制措施，降低税务风险对企业的影响。例如，针对可能存在的增值税发票虚开风险，企业加强了对供应商的审核和管理，确保进项税额的真实性和合规性。

4. 持续优化

该企业定期对税务筹划内部控制体系进行评估和改进，以适应税收政策的变化和企业发展的需求。例如，当国家出台新的税收优惠政策时，企业及时调整税务筹划策略，充分享受政策红利；同时，根据内外部环境的变化，不断完善税务流程和操作规范。

（四）注意事项

通过以上案例分析可以看出，建立科学、合理、有效的税务筹划内部控制体系对企业的发展至关重要。为实现税务筹划内部控制的目标与原则，企业应注重以下几个方面：

1. 加强培训和教育

提高全体员工的税务意识和内部控制意识，培养一支高素质的税务管理团队。定期组织培训和研讨会，使员工不断更新税收知识和提高操作技能。

2. 完善制度建设

建立健全的税务管理制度和操作规范，明确各部门的职责和权限。制定详细的业务流程和标准作业程序，规范税务操作和管理行为。

3. 强化监督与考核

建立独立的内部审计机构或专职内部审计人员，对税务筹划内部控制的有效性进行监督和评价。同时将税务筹划工作的绩效纳入员工的绩效考核体系中激励员工积极参与和推动税务筹划工作。

二、税务筹划内部控制的关键环节与措施

税务筹划作为企业财务管理的重要组成部分，对于降低企业税务负担、提高经济效益具有重要意义。而要实现有效的税务筹划，内部控制体系的建立与完善显得尤为重要。下面将重点探讨税务筹划内部控制的关键环节与措施。

（一）关键环节

1. 税务风险评估

这是税务筹划内部控制的首要环节，主要任务是识别、分析和评估企业面临的各类税务风险。通过这一环节，企业可以全面了解自身税务状况，明确风险点，为后续的风险控制提供依据。

2. 合规性审查

确保企业税务行为符合税收法律法规的要求，防止因违规行为而引发的税务风险。合规性审查应覆盖企业所有涉税业务，包括但不限于发票管理、税款计算与缴纳、税收优惠政策应用等。

3. 税务流程优化

对现有税务流程进行分析和改进，减少不必要的工作环节，提高税务工作效率。此外，优化后的税务流程应能更好地适应企业内外部环境的变化，增强企业

的应变能力。

4. 内部监督与审计

建立内部监督机制，对税务筹划工作进行实时监控，确保各项措施的有效执行。内部审计则是对整个税务筹划内部控制体系进行独立评估，发现问题并提出改进建议。

5. 信息和沟通

及时收集、整理和传递税务相关信息，确保企业内部各部门之间以及企业与外部利益相关方之间的有效沟通。这有助于提高税务筹划工作的效率和准确性。

（二）具体措施

1. 建立健全内部控制制度

根据企业的实际情况和税收法律法规的要求，制定和完善税务筹划相关的内部控制制度。制度应明确各部门的职责和操作规范，为税务筹划工作提供有力的制度保障。

2. 提高人员素质

通过定期培训、研讨会等方式，提高企业员工对税务筹划内部控制的认识和操作技能。培养一支既懂财税知识又具备实际操作经验的专业团队，确保税务筹划工作的顺利进行。

3. 强化发票与凭证管理

建立严格的发票与凭证管理制度，确保各项涉税业务的凭证齐全、合法。加强与供应商、客户的沟通，确保发票内容真实、准确，防范因发票问题引发的税务风险。

4. 优化税款计算与缴纳流程

采用自动化系统进行税款计算和缴纳，减少人为干预和操作失误的风险。同时，制定应急预案，以应对因特殊情况导致的税款计算或缴纳延迟问题。

5. 税收优惠政策应用

深入研究税收优惠政策，确保企业充分享受政策红利。通过合理的税务筹划，降低企业的实际税负，提高经济效益。

6. 强化内部审计职能

建立独立的内部审计机构或专职内部审计人员，对税务筹划内部控制的有效性进行监督和评价。内部审计结果应定期向管理层报告，以便及时发现问题并采取改进措施。

7. 建立风险预警机制

对企业涉税业务进行实时监控和分析，及时发现潜在的税务风险点。针对不同风险制定相应的预警指标，以便在风险发生前采取应对措施，降低风险对企业的影响。

8. 建立有效的沟通机制

加强企业内部各部门之间的沟通与协作，确保涉税信息及时传递和处理。同时，保持与外部利益相关方的良好沟通，以利于及时获取政策变动等信息，为企业决策提供依据。

9. 激励与约束相结合

建立科学的绩效考核机制，对税务筹划工作表现优秀的员工给予适当的奖励。同时，对违反规定的行为进行惩罚，形成正向激励和负向约束的良性循环。

10. 持续改进与优化

随着税收政策的变化和内外部环境的变化，企业应不断优化和完善税务筹划内部控制体系。通过定期评估和审查，发现存在的问题和不足之处，及时进行调整和改进，以适应新的挑战和机遇。

（三）实践应用与案例分析

为进一步说明上述措施在实践中的应用效果，以下将结合具体案例进行分析。某企业在税务筹划内部控制方面采取了一系列措施，包括建立健全内部控制制度、优化税款计算与缴纳流程、强化内部审计职能等。通过这些措施的实施，企业取得了以下成果：

1. 提高工作效率

通过优化税款计算与缴纳流程，企业大幅减少了手工操作和重复性工作，提高了工作效率。同时，自动化系统的应用减少了人为错误和延误的可能性，确保税款计算与缴纳的准确性及时效性。

2. 降低税务风险

通过建立健全的内部控制制度和强化内部审计职能，企业及时发现并纠正了涉税业务中的不合规行为，避免了潜在的税务风险和法律责任，为企业节约了不必要的成本支出。

3. 提升经济效益

通过对税收优惠政策的研究和应用优化企业的税务筹划策略，企业在合理合法的前提下有效降低了实际税负，提升了企业的经济效益和市场竞争力。

4. 增强内外部沟通

企业建立有效的沟通机制，确保内部各部门之间以及企业与外部利益相关方之间的信息传递顺畅，提高了信息传递的准确性和及时性，为企业的决策提供了有力支持。

5. 持续改进与优化

企业持续关注税收政策变化和内外部环境变化，及时调整和优化税务筹划内部控制体系，确保其始终能反映当前的经济环境和税收政策要求，为企业创造更大的价值。

税务筹划内部控制对于企业的稳健发展至关重要，不仅能有效降低税务风险，还能显著提高经济效益。通过建立健全内部控制制度、提高人员素质、优化流程、强化内部审计等措施，企业可以构建起一套科学、有效的税务筹划内部控制体系。

展望未来，随着税收政策的不断调整和国内外经济环境的变化，税务筹划内部控制将面临更多挑战。企业应保持敏锐的洞察力，持续关注税收政策动态，不断优化和完善内部控制体系，以适应新的经济环境和税收要求。

此外，随着科技的发展，税务筹划内部控制将更加依赖于先进的信息技术。企业应积极引入大数据、人工智能等先进技术，提高税务筹划的智能化水平，提升内部控制的效率和准确性。

在实践中，企业应结合自身实际情况，灵活运用下面提到的关键环节和措施，形成具有自身特色的税务筹划内部控制体系。同时，加强与同行业、专业机构的交流与合作，借鉴先进的经验和做法，共同推动税务筹划内部控制水平的提升。

税务筹划内部控制是企业财务管理的重要组成部分，对降低税务风险、提高经济效益具有重要意义。企业应不断加强内部控制建设，完善相关措施，以适应不断变化的经济环境和税收要求，为企业的可持续发展提供有力保障。

第九章　财务报告编制与审计内部控制

第一节　财务报告编制概述

一、财务报告的基本概念

财务报告是公司向外部利益相关者提供关于其财务状况、经营成果和现金流量信息的主要工具。它由一系列的财务报表和其他辅助信息组成，目的是帮助投资者、债权人和其他利益相关者做出经济决策。

（一）财务报表

财务报表是财务报告的核心，主要包括资产负债表、利润表、现金流量表和股东权益变动表。

1. 资产负债表

显示公司在特定日期的资产和负债状况。资产负债表反映了公司的财务实力和流动性，以及其资产和负债的构成。

2. 利润表

记录公司在特定期间内的收入和费用，显示公司的盈利状况。它反映了公司的经营效率和盈利能力。

3. 现金流量表

显示公司在一系列经济活动中的现金流入和流出，包括经营活动、投资活动和融资活动。现金流量表提供了关于公司现金产生和使用的信息。

4. 股东权益变动表

展示股东权益的变化，如股息的支付、股票的发行或回购等。

（二）其他信息

除了财务报表，财务报告还包括管理层报告、公司治理报告、审计意见等其他信息，这些信息对于评估公司的财务健康状况和发展前景同样重要。

1. 管理层报告

由公司的高级管理层撰写的报告，提供关于财务报表的详细解释，以及对公司经营状况和发展前景的深入分析。

2. 公司治理报告

详细描述公司的治理结构和政策，包括董事会结构、董事会成员的薪酬、风险管理策略等。

3. 审计意见

由独立的第三方审计机构提供的意见，确认财务报表是否真实、公正地反映了公司的财务状况。

（三）财务报告的作用

财务报告在公司管理和外部利益相关者的决策中发挥着重要作用。

1. 对于公司管理

财务报告是公司管理层评估其经营业绩、制定决策和进行未来规划的基础。通过分析财务数据，管理层可以识别潜在的风险和机会，调整战略以优化公司的运营和盈利能力。

2. 对于外部利益相关者

外部利益相关者如投资者、债权人、供应商和客户等，依赖财务报告来评估公司的财务状况、信用风险和潜在的投资或业务合作机会。通过阅读财务报告，他们可以对公司的经济实力、风险承受能力和未来发展潜力做出判断。

（四）财务报告的挑战与未来发展

随着全球经济环境的变化，财务报告也面临着一系列的挑战和变革需求。

1. 法规变化

随着金融市场的演变和监管政策的调整，财务报告需要不断适应新的会计准则和披露要求。这要求公司及时更新其会计政策和报告实践，以确保合规性。

2. 非财务信息的披露

传统的财务报告主要关注财务数据的披露，但随着利益相关者对非财务信息（如环境、社会和治理因素）的关注度提高，公司需要增加这些方面的信息披露，以满足多元化信息需求。

3. 数字化转型

随着科技的进步，数字化转型正在改变财务报告的制作和传播方式。通过自动化、大数据分析和人工智能等技术，可以提高报告的编制效率和准确性，同时提供更多元的数据可视化形式。

4. 国际趋同与协调

在全球化的背景下，不同国家和地区的会计准则存在差异让跨国公司的财务报告编制更具复杂性。国际会计准则委员会（IASB）等机构正努力推动会计准则的国际趋同，以简化跨国公司的财务报告编制。

5. 提高透明度与公信力

为了增强投资者对财务报告的信任度，公司需要加强内部控制和审计机制，确保财务报表的真实性和公正性。同时，增加透明度可以加强与利益相关者之间的沟通和信任。

6. 应对不确定性

全球经济环境的不确定性和波动性增加了预测未来财务状况的难度。公司需要加强风险管理，建立健全的预警系统，以应对潜在的财务风险。

7. 持续改进与变革

随着市场环境和企业经营模式的演变，财务报告体系也需要不断改进和创新。公司应积极探索新的披露方法和数字化工具，以提高报告的质量和相关性，满足利益相关者的信息需求。

8. 培养专业人才

为了应对这些挑战，公司需要拥有具备专业知识和技能的财务团队。应加强对财务人员的培训，使他们能够掌握最新的会计准则、披露要求和技术工具，以支持财务报告的编制与改进工作。

9. 加强内部控制与审计

建立健全的内部控制机制是确保财务报告准确性和可靠性的关键。公司应定期评估内部控制的有效性，并进行必要的改进和调整。同时，应保持独立的内部审计职能，对财务报表进行严格审核，确保其合规性和公信力。

10. 社会责任与可持续发展

随着社会对企业社会责任的要求不断提高，公司在编制财务报告时应考虑可持续发展因素。披露公司在环境保护、社区贡献和社会责任方面的努力和成果可以提高公司的声誉和社会价值。

二、财务报告的编制要求

财务报告是公司向外界传达其财务状况、经营成果和现金流量的重要手段。为了确保信息的准确性和公正性，满足各利益相关者的需求，财务报告的编制需要遵循一系列的规范和要求。以下是关于财务报告编制要求的详细讨论。

（一）合规性

1. 会计准则遵守

财务报告必须严格遵守适用的会计准则和会计制度。不同国家和地区可能存在差异，公司应根据其注册地或经营地的会计准则进行编制。

2. 法规遵循

除了会计准则，财务报告还需要遵守其他相关法规，如公司法、证券法、税法等。确保报告内容符合法规要求，不含有任何违规或违法行为。

（二）真实与公正性

1. 信息真实

财务报告所包含的信息必须是真实、准确的，不进行虚假的陈述或误导性的信息披露。所有数据和信息都应经过严格的审核和验证。

2. 公正表达

在编制财务报告时，公司应保持公正和中立的态度，不偏袒任何一方利益。确保信息披露完整，不遗漏重要的财务数据和事项。

（三）一致性

1. 报表格式与内容一致

各期的财务报表应保持一致的格式和内容，便于比较和分析。不得随意更改报表的结构、科目或计量方法。

2. 信息披露一致性

对于同一事项的披露，应保持前后各期的一致性。避免出现自相矛盾或信息不一致的情况。

（四）完整性

1. 全面披露

财务报告应全面反映公司的财务状况、经营成果和现金流量，不得遗漏任何重要的信息或数据。

2. 附件齐全

除了财务报表本身，财务报告还应包括所有必要的辅助信息和文件，如审计报告、管理层讨论与分析、股东大会决议等。

（五）及时性

1. 定期报告

根据相关法规和会计准则的规定，公司应在规定的时间内编制和发布财务报告，不得延迟或提前发布。

2. 实时更新

对于重要的财务数据和事项，公司应及时进行披露，确保信息的及时性和有效性。

（六）清晰性

1. 表述简洁明了

财务报告的文字表述应简洁明了，避免使用过于专业或复杂的术语，确保大部分利益相关者都能理解。

2. 层次分明

报告的内容应层次分明，结构清晰，方便阅读者快速获取所需信息。合理使用标题、列表和图表等辅助手段来增强可读性。

（七）保密性

1. 敏感信息保护

对于涉及公司机密或敏感信息的部分，应采取适当的保密措施，避免信息泄露对公司的经营和声誉造成不利影响。

2. 限制访问

只有授权的人员才能接触财务报告及相关资料，确保信息的保密性。对不适宜公开的信息进行合理分类和管控。

（八）审计要求

1. 独立审计

财务报告应经过独立的第三方审计机构进行审计，并出具审计意见。确保财务报表的准确性和合规性。

2. 审计内容

审计机构应对财务报告进行全面的审计，包括但不限于财务报表、会计处理、内部控制等方面。确保审计意见客观、公正。

（九）风险管理

1. 风险评估

在编制财务报告时，公司应对可能面临的各种风险进行评估，并披露相关的风险因素和应对策略。

2. 风险披露

对于重大的财务风险或经营风险，公司应充分披露其影响程度及应对措施，帮助利益相关者了解公司的风险状况。

第二节　财务报告编制内部控制制度设计

一、财务报告编制内部控制的目标与原则

内部控制是现代企业管理的重要组成部分，它旨在确保企业的运营效率和效果，保障资产的安全完整，以及确保财务报告的准确性和可靠性。在财务报告编制过程中，内部控制发挥着尤为关键的作用。下面我们来详细探讨财务报告编制内部控制的目标与原则。

（一）财务报告编制内部控制的目标

1. 准确性目标

确保财务报告的所有信息均准确无误，避免由错误或舞弊行为导致的财务数据失真。这涉及对数据的收集、处理、记录和报告等环节进行严格的质量控制。

2. 合规性目标

确保财务报告的编制符合适用的会计准则、会计制度以及相关法律法规的要求。这可以保证财务报告的合法性和合规性，从而避免企业的法律风险和监管风险。

3. 可靠性目标

提供可靠的财务信息给内部管理层和外部利益相关者，帮助他们做出明智的决策。这要求财务报告的信息不仅准确，而且要及时、完整和透明。

4. 完整性目标

确保所有重要的财务交易和事项都被完整地记录和反映在财务报告中。不遗漏任何影响企业财务状况、经营成果和现金流量的重要信息。

5. 预防性目标

通过建立健全的内部控制体系，预防和降低财务风险的发生，如舞弊、错误或违规行为等。这需要企业加强内部审计和风险控制活动。

（二）财务报告编制内部控制的原则

1. 相互牵制原则

在财务报告编制过程中，应确保不相容职务的分离与相互牵制，避免单一部门或个人对财务报告的整个流程有过多的控制权，从而降低舞弊的风险。例如，财务数据的收集与记录应由不同的部门或人员完成，以减少错误或舞弊的可能性。

2. 授权审批原则

所有涉及财务报告编制的活动都应经过适当的授权审批。各级管理人员应在自己的授权范围内进行审批，不得超越权限审批。这有助于确保财务报告的编制符合规定的程序和标准。

3. 凭证记录原则

为了追踪和管理财务报告编制过程中的所有活动，应建立完整的凭证记录体系。所有重要的单据、凭证和记录都应妥善保管，以便在发现问题时进行追溯和查证。

4. 成本效益原则

在设计和实施财务报告编制内部控制时，应充分考虑成本与效益的关系。不应为了追求完美的内部控制而忽视成本效益的平衡。在确保内部控制效果的前提下，尽量降低成本是重要的原则之一。

5. 整体性原则

财务报告编制内部控制不仅涉及财务部门，还与其他部门密切相关。因此，在设计和实施内部控制时，应将财务报告的编制与企业整体战略、管理要求和其他控制活动相结合，确保内部控制的整体协调性。

6. 适应性原则

随着企业内外部环境的变化，财务报告编制内部控制也应随之调整和完善。企业应定期评估内部控制的有效性，并根据评估结果进行必要的调整，以确保内部控制始终与企业的发展战略和实际经营状况相匹配。

7. 制衡性原则

在财务报告编制内部控制的设计和实施过程中，应注重各岗位、各部门之间的权责分配和相互监督，形成有效的权力制衡机制。这有助于提高内部控制的有效性，降低财务风险的发生。

通过明确财务报告编制内部控制的目标与原则，企业可以更好地构建和完善内部控制体系，确保财务报告的准确性和可靠性。这将有助于提升企业的运营效率、保障资产安全、降低财务风险并增强外部利益相关者的信心。在日益复杂的商业环境中，有效的财务报告编制内部控制对企业的可持续发展具有重要意义。

二、财务报告编制内部控制的关键环节与措施

在企业的运营过程中，财务报告的编制是一项至关重要的任务。为了确保财务报告的准确性和可靠性，企业需要对其内部控制进行精细化管理。下面将重点探讨财务报告编制内部控制的关键环节与措施。

（一）关键环节

1. 数据输入控制

数据输入是财务报告编制的基础，因此，确保输入数据的准确性、完整性和

及时性是至关重要的。企业应建立严格的数据审核机制，对输入的数据进行校验和核对，防止数据错误或遗漏。

2. 数据处理控制

在数据处理过程中，企业应采用合适的会计政策和核算方法，对各类交易和事项进行正确的记录和核算。同时，应定期对数据处理流程进行复查，确保数据的处理准确无误。

3. 数据输出控制

在数据输出阶段，企业应对财务报告的编制进行严格的把关，确保报告的内容完整、准确、及时，并且符合相关法规和会计准则的要求。此外，应对报告进行多层次的审核，避免报告中出现重大错误或遗漏。

4. 信息安全控制

财务报告中包含企业的敏感信息，因此，企业应采取有效的措施保障财务报告的信息安全。这包括对报告进行加密处理、限制访问权限、定期备份数据等。

（二）具体措施

1. 人员培训与职责分工

对参与财务报告编制的人员进行专业培训，提高其业务素质和技能水平。明确各岗位的职责和权限，确保不同岗位之间形成有效的制约和监督。

2. 制度建设与流程优化

建立健全的内部控制制度，明确财务报告编制的流程和规范。通过制度建设，规范人员行为，减少操作风险。同时，不断优化流程，提高财务报告编制的效率和准确性。

3. 内部审计与监督

定期开展内部审计工作，对财务报告编制过程进行全面的审查和监督。及时发现和纠正存在的问题，确保内部控制的有效性。同时，通过外部审计机构的监督和评估，进一步提高财务报告的公信力。

4. 风险预警与应对

建立完善的风险预警机制，及时发现和应对财务报告编制过程中的风险点。制定有针对性的风险应对措施，降低财务风险的发生概率。通过持续的风险管理活动提高企业的风险防范能力。

5. 信息技术应用与控制

利用信息技术手段提高财务报告编制的自动化水平。通过开发或引入专业的财务软件系统，实现数据的自动处理和报告的自动生成。同时，加强对信息系统的安全控制，防止数据泄露或被非法篡改。

6. 沟通与协作机制

建立有效的沟通与协作机制，确保各部门之间信息传递的顺畅。加强与其他业务部门的合作与协调，确保财务报告能够全面反映企业的经营状况。定期召开会议或发布通知，保持信息的及时更新与共享。

7. 绩效考核与激励机制

建立完善的绩效考核体系，将财务报告编制的准确性和效率纳入考核指标。通过合理的奖惩机制激励员工积极参与内部控制活动，提高财务报告编制的质量。

8. 持续改进与优化

定期评估财务报告编制内部控制的有效性，根据评估结果进行必要的调整和改进。结合企业发展战略和市场环境的变化，持续优化内部控制体系，以适应不断变化的商业环境。

通过以上关键环节和具体措施的实施，企业可以进一步完善财务报告编制的内部控制体系，提高财务报告的准确性和可靠性，为企业的可持续发展提供有力的支持。

第三节　财务报告审计内部控制制度设计

一、财务报告审计内部控制的目标与原则

财务报告审计内部控制是企业为了确保财务报告的准确性和可靠性而实施的一系列管理和监督措施。其目标是提高企业的运营效率，保障资产的安全，并确保财务报告符合相关法规和会计准则的要求。下面将详细探讨财务报告审计内部控制的目标与原则。

（一）目标

1. 准确性目标

确保财务报告的所有信息均准确无误，真实反映企业的财务状况、经营成果和现金流量。

2. 完整性目标

确保财务报告涵盖所有重要的交易和事项，无遗漏，能够为决策者提供全面的信息。

3. 合规性目标

确保财务报告符合相关法规、会计准则和监管要求，避免因违规而引发的风险。

4. 可靠性目标

提供可信赖的财务信息，使利益相关者、投资者和监管机构能够对企业进行准确的评估。

5. 效率性目标

通过优化内部控制流程，提高财务报告的编制效率，降低不必要的成本和时间。

（二）原则

1. 合规性原则

所有的内部控制措施和流程都必须符合相关法规和会计准则的要求，不得有任何违规行为。

2. 制衡性原则

在组织结构、权责分配和业务流程中应形成相互制约、相互监督的关系，以降低错误和舞弊的风险。

3. 全面性原则

内部控制应覆盖企业所有涉及财务报告编制的部门和岗位，确保无死角。

4. 重要性原则

对重要业务单位、重大业务事项和高风险领域应给予特别关注，实施更为严格的控制措施。

5. 成本效益原则

内部控制应权衡实施成本与预期效益，以适当的成本实现有效控制。

6. 适应性原则

内部控制应与企业经营规模、业务范围、竞争状况和风险水平等相适应，并随着情况的变化及时进行调整。

7. 透明性原则

内部控制的流程和措施应对外透明，确保利益相关者能够了解企业的内部控制状况。

8. 预防性原则

内部控制应以预防为主，通过事前的控制措施降低错误和舞弊的风险。

9. 及时性原则

内部控制应确保及时发现和处理问题，防止事态扩大或恶化。

10. 系统性原则

内部控制应形成一个相互关联、协调一致的系统，而不是孤立的点或措施。

（三）实践中的体现

1. 明确职责分工

对财务报告编制的各个环节进行明确的职责分工，确保各岗位之间权责分明，避免出现职能重叠或缺失。

2. 建立复核机制

对财务报告的编制过程进行多层次的复核，包括数据核对、交易审查和报告审核等，以确保信息的准确性和完整性。

3. 加强内部审计

定期开展内部审计工作，对财务报告的编制过程进行全面的审查和监督，及时发现和纠正存在的问题。

4. 优化流程管理

不断优化财务报告的编制流程，提高流程的效率和准确性，降低操作风险。

5. 强化信息安全管理

采取有效的措施保障财务报告的信息安全，包括数据加密、权限控制和数据备份等。

6. 持续改进与更新

根据企业内外部环境的变化和监管要求的变化，持续更新和完善财务报告审计内部控制体系。

7. 提高人员素质

对参与财务报告编制的人员进行定期培训，提高素质，使其能够适应新的法规和会计准则的要求。

8. 加强与其他部门的沟通与协作

与其他部门建立良好的沟通与协作机制，确保财务报告能够全面反映企业的经营状况。

9. 及时反馈与处理问题

对于在审计过程中发现的问题或疑点，应及时反馈给相关部门进行处理，并跟踪处理结果以确保问题能够得到有效解决。

10. 不断完善制度建设

随着企业业务的发展和市场环境的变化，相关制度也需要不断完善和更新以适应新的情况，因此要重视制度建设并不断完善相关制度。

二、财务报告审计内部控制的关键环节与措施

在企业的日常运营和管理中，财务报告审计内部控制起着至关重要的作用。它不仅关乎企业的财务健康，还影响着企业决策、投资者关系以及企业声誉。为了确保财务报告的准确性和可靠性，企业需要识别并关注财务报告审计内部控制的关键环节，并采取相应的措施。下面将详细探讨这些关键环节和应对措施。

（一）关键环节

1. 数据采集与录入

这是财务报告审计的基础环节，要求确保所有数据真实、完整地从源头获取，并准确无误地录入系统。任何数据的失真或遗漏都可能对财务报告的准确性造成影响。

2. 职责分工与授权审批

明确各个岗位的职责，避免职能重叠或缺失，确保每项业务活动都有明确的

责任人。同时，建立严格的授权审批制度，对各项财务活动进行审查和批准。

3. 内部复核与审计

通过内部审计和复核机制，对财务报告的编制过程进行全面审查，确保报告的完整性和准确性。这包括数据核对、交易审查和报告审核等。

4. 信息系统安全

保障财务报告相关的信息系统和网络的安全，防止未经授权的访问、数据泄露或被篡改。这包括数据加密、权限控制和定期的系统安全审查。

5. 法规遵循与风险管理

确保财务报告的编制和审计过程符合相关法规和会计准则的要求，并对可能出现的风险进行识别、评估和控制。

（二）应对措施

1. 数据验证与核对

采用先进的数据验证方法和技术，如数据对比分析、标准化处理和自动化核对工具，来确保数据的准确性。同时，定期进行数据清理，去除冗余或错误数据。

2. 岗位责任制与人员培训

明确各个岗位的职责，对工作人员进行定期的培训，不断提高他们的专业能力和合规意识。要求每个岗位的人员了解自己的职责范围,并严格按照流程操作。

3. 强化内部审计

建立独立的内部审计部门，定期对财务报告进行内部审计。审计结果应向高层管理汇报，对于发现的问题应及时整改。

4. 完善授权审批制度

根据业务的重要性和风险程度，设置不同的审批级别和权限。对于重大事项或高风险业务，需经高层管理人员审批。同时，建立电子化审批流程，提高审批效率。

5. 加强信息系统安全

定期对信息系统进行安全审查和漏洞扫描，及时修补系统漏洞。采用数据加密技术，确保数据传输和存储的安全。同时，严格控制不同人员的权限，防止越权操作。

6. 建立风险预警机制

通过收集和分析内外部信息，及时发现潜在的风险点。针对这些风险点制定应对措施，并定期评估风险管理的效果。

7. 持续优化内部控制流程

根据企业运营和市场环境的变化，持续优化财务报告审计内部控制的流程和制度。通过引入先进的内部控制理念和方法，提高内部控制的有效性和效率。

8. 加强与其他部门的沟通与协作

与其他部门建立良好的沟通机制，确保财务报告能够全面反映企业的经营状况。通过定期的部门间会议和信息共享，加强部门间的协作与配合。

9. 强化外部审计机构的合作与沟通

与外部审计机构保持密切的联系与合作，共同制订审计计划和方法。同时，及时向外部审计机构提供所需的资料和信息，确保外部审计工作的顺利进行。

10. 建立有效的反馈与改进机制

对于内部审计和外部审计过程中发现的问题或建议，应建立有效的反馈机制，确保问题得到及时整改。同时，对反馈结果进行跟踪和评估，不断优化内部控制体系。

第十章　综合统计在财务管理中的应用

第一节　综合统计的基本概念与方法

一、综合统计的定义与重要性

（一）综合统计的定义

综合统计，是对各种数据进行综合处理和分析的统计方法。在现代经济活动中，综合统计不仅仅是一种技术工具，更是一种决策支持的重要手段。它通过对大量、复杂的数据进行整理、归类、分析和解释，从而揭示数据的内在规律、趋势和关联，为经济决策、政策制定和市场研究提供有力的数据支撑。

综合统计的方法多样，包括但不限于描述性统计、推断性统计、时间序列分析、多元统计分析等。这些方法各有特点，适用于不同的数据类型和分析目的。例如，描述性统计主要用于数据的初步整理和展示，如均值、中位数、众数、方差等，以便对数据的整体特征有一个初步了解；推断性统计则更注重通过样本数据推断总体情况，如置信区间、假设检验等；时间序列分析则更侧重于分析数据随时间变化的趋势和周期性规律；而多元统计分析则适用于多个变量之间的关联性和模式识别。

（二）综合统计的重要性

综合统计在现代经济社会中具有举足轻重的地位。

1. 数据整合与规范化

在经济活动中，数据往往来源多样、格式不一，需要通过综合统计进行统一整合和规范化处理。这样不仅可以提高数据的质量和可用性，还有助于消除数据之间的异质性，为后续分析提供可靠基础。

2. 揭示内在规律与趋势

通过对大量数据进行综合统计分析，可以发现数据的内在规律和趋势，为经济决策和政策制定提供科学依据。例如，通过对历年经济增长率的分析，可以发现经济增长的周期性规律，为宏观调控提供重要参考。

3. 预测未来发展趋势

基于历史数据的综合统计分析，可以构建预测模型，对未来发展趋势进行预测。这种预测可以为企业制定市场策略、为政府制定经济政策提供有力支持。同时，预测结果的准确性也直接关系到决策的有效性。

4. 辅助决策制定

综合统计通过提供全面、客观的数据支持，有助于决策者更准确地把握经济形势和市场动态，从而制定更加科学、合理的决策。无论是企业还是政府，都需要依靠综合统计提供的数据支持来优化资源配置、提高决策效率。

5. 优化资源配置

在市场经济条件下，资源的优化配置对于提高经济效益和社会效益至关重要。综合统计可以通过对各行业、各地区的经济数据的综合分析，为资源配置提供重要参考。例如，对不同行业的利润率、增长率等指标进行分析比较，可以为投资者提供投资决策依据；对不同地区的发展水平、资源禀赋等进行分析比较，可以为政府制定区域发展政策提供依据。

6. 促进信息公开与透明化

综合统计通过对经济数据的公开和透明化，可以增强公众对经济的认知，有助于增强公众对政府的信任和支持，还有助于推动经济的健康稳定发展。

7. 提高经济效益和社会效益

综合统计通过提供准确、及时的数据支持，可以帮助企业提高生产效率和经济效益。同时，对社会经济现象的综合分析，还可以为政府制定经济政策、优化社会资源配置提供科学依据，从而提高社会效益。

综合统计作为一种重要的经济分析方法，对于提高经济管理水平、推动经济发展具有重要意义。随着大数据时代的到来，综合统计的应用范围和深度还将不断加大，其在经济社会发展中的作用将更加凸显。因此，我们应该加强对综合统计的研究和应用，为推动我国经济社会的持续健康发展提供有力支持。

二、综合统计的基本方法

综合统计作为数据分析与决策支持的重要工具，涵盖了一系列方法和技术。这些方法不仅能够帮助我们理解数据的结构和特性，还能够揭示数据之间的关联性和内在规律。下面，我们将详细探讨综合统计中的一些基本方法。

（一）描述性统计

描述性统计是综合统计中的基础方法之一，主要用于描述数据的基本特征。它包括集中趋势的测量、离散程度的测量以及数据分布的测量。

1. 集中趋势的测量

常见的集中趋势测量指标有均值、中位数和众数。均值是所有数据点的总和除以数据点的数量；中位数是将数据从小到大排列后位于中间的数；众数则是出现次数最多的数。

2. 离散程度的测量

离散程度描述了数据点之间的分散情况，常用的测量指标有方差和标准差。方差是每个数据点与均值差的平方的平均值；标准差则是方差的平方根。

3. 数据分布的测量

这通常通过偏度和峰度来衡量。偏度描述了数据分布的不对称性，而峰度则描述了数据分布的尖锐程度。

（二）推断性统计

推断性统计则基于样本数据对总体做出推断，主要方法包括假设检验和置信区间估计。

1. 假设检验

这是一种通过样本数据来检验总体参数是否满足某种假设的方法。常见的假设检验有 t 检验、卡方检验和 F 检验等。

2. 置信区间估计

置信区间估计是在一定的置信水平下，根据样本数据对总体参数进行估计的方法。例如，我们可以说“95% 的置信水平下，总体均值位于 XX 到 YY 之间”。

（三）相关与回归分析

相关分析用于研究两个或多个变量之间的关系，而回归分析则进一步探索这种关系的具体形式。

1. 相关分析

通过计算相关系数（如皮尔逊相关系数）来量化两个变量之间的线性关系强度和方向。

2. 回归分析

在相关分析的基础上，回归分析可以建立变量之间的数学模型，用于预测一个变量基于其他变量的值。常见的回归分析有线性回归、逻辑回归等。

（四）时间序列分析

时间序列分析专注于随时间变化的数据序列，旨在揭示其中的趋势、季节性和周期性。

1. 趋势分析

通过绘制时间序列图或计算移动平均等方法，识别数据随时间变化的长期趋势。

2. 季节性分析

识别数据中的季节性模式，即在特定时间段内重复出现的模式。

3. 周期性分析

探索数据中的周期性变化，如年度、月度或周度变化。

（五）多元统计分析

多元统计分析用于处理多个变量，揭示它们之间的关系和模式。

1. 主成分分析（PCA）

通过正交变换将一组可能存在相关性的变量转换为一组线性不相关的变量，即主成分，以简化数据集。

2. 因子分析

提取公共因子来解释多个变量之间的关联，有助于减少变量的维度并识别潜在的结构。

3. 聚类分析

根据变量的相似性将观测值分组为不同的类群或集群。

4. 判别分析

用于确定观测值所属的类别或群体，通常用于分类问题。

（六）数据可视化

虽然数据可视化不直接属于统计分析方法，但它对于综合统计的结果展示和解释至关重要。

1. 图表展示

使用柱状图、折线图、饼图等基本图表展示数据的分布情况。

2. 交互式可视化

交互式工具（如仪表盘、数据透视表等）允许用户更深入地探索和分析数据。

（七）大数据分析方法

随着大数据时代的到来，综合统计也开始涉及更复杂的数据处理方法。

1. 数据挖掘

通过算法自动发现数据中的模式和关联，以支持决策制定。

2. 机器学习

利用算法让计算机从数据中学习并做出预测或制定决策，如分类、回归和聚类等。

3. 深度学习

基于神经网络的机器学习方法，用于处理高维度和复杂的数据结构。

综合统计的基本方法涵盖了从基本的描述性统计到复杂的数据挖掘和机器学习技术。这些方法的选择和应用取决于数据的特性、分析目的以及可用资源。随着技术的发展，综合统计将继续演化，以适应更广泛的数据类型和更复杂的分析需求。

三、综合统计数据的收集与整理

在数据分析与决策支持的过程中，综合统计数据的收集与整理是至关重要的一步。这一环节不仅关乎数据的质量和可靠性，还直接影响到后续分析的准确性和有效性。因此，掌握科学的数据收集与整理方法，对于综合统计工作来说具有非常重要的意义。

（一）数据的收集

数据收集是综合统计工作的起点，也是最为关键的一步。数据收集的过程需要遵循一定的原则和方法，以确保数据的准确性和完整性。

1. 明确收集目的

在收集数据之前，首先要明确收集的目的和需求。这有助于确定需要收集哪些数据、从哪些来源收集数据以及采用何种收集方法。

2. 选择合适的数据来源

数据来源的选择直接影响到数据的质量和可靠性。因此，在选择数据来源时，需要考虑其权威性、准确性、时效性和代表性。常见的数据来源包括政府部门、研究机构、企业报告、调查问卷等。

3. 设计合理的收集方法

数据收集方法的选择应根据数据的特点和收集目的来确定。常见的收集方法包括问卷调查、实地调查、网络调查、文献调研等。在设计收集方法时，需要充分考虑目标群体的特点，以确保数据的准确性和有效性。

4. 确保数据的安全性和隐私性

在收集数据时，需要严格遵守相关法律法规和伦理规范，确保数据的安全性和隐私性。同时，还需要采取适当的措施来保护被调查者的隐私和权益。

（二）数据的整理

数据整理是在数据收集之后进行的一项重要工作，旨在将原始数据转化为结构化、标准化的数据形式，以便于后续的分析和处理。

1. 数据清洗

数据清洗是数据整理的第一步，主要是对原始数据进行筛选、去重、纠正错误等操作，以确保数据的准确性和一致性。在数据清洗过程中，需要采用合适的方法和工具，如数据筛选、去重算法、错误纠正机制等，以提高数据的质量。

2. 数据分类与编码

为了方便后续的数据分析和处理，需要对清洗后的数据进行分类和编码。这包括根据数据的特性和分析需求，对数据进行合理的分类和编码，以便于后续的数据检索和分析。同时，还需要建立统一的数据编码标准，以确保数据的可比性和规范性。

3. 数据转换与标准化

不同来源的数据可能存在格式、单位等方面的差异，需要进行数据转换和标准化处理。这包括将数据转换为统一的格式、单位等，以便于后续的数据分析和比较。同时，还需要对数据进行标准化处理，以消除不同数据之间的量纲差异和数值差异。

4. 构建数据库

在数据整理的最后阶段，需要构建数据库来存储和管理整理后的数据。数据库的设计应充分考虑数据的结构、特点和使用需求，以确保数据的存储效率和查询效率。同时，还需要采取适当的数据备份和恢复措施，以确保数据的安全性和可靠性。

（三）数据整理中可能遇到的问题及解决方案

在数据整理过程中，可能会遇到一些问题，如数据缺失、异常值、重复值等。针对这些问题，需要采取相应的解决方案。

1. 数据缺失

对于缺失的数据，可以采用插值、均值替代、回归分析等方法进行补充。同时，还可以通过改进数据收集方法、提高数据质量等方式来减少数据缺失的问题。

2. 异常值

异常值可能会对数据分析和处理结果产生不良影响。因此，需要对异常值进行识别和处理。常见的异常值处理方法包括删除、替换、修正等。在处理异常值时，需要充分考虑数据的实际情况和分析需求，以选择合适的处理方法。

3. 重复值

重复值会浪费存储空间并影响数据分析的准确性。因此，需要对重复值进行去重处理。在去重过程中，需要采用合适的去重算法和工具，以确保数据的准确性和完整性。

综合统计数据的收集与整理是数据分析与决策支持的基础工作之一。通过明确收集目的、选择合适的数据来源和收集方法、进行数据清洗和整理等步骤，我们可以得到高质量、结构化的综合统计数据。然而，随着大数据时代的到来和数据类型的多样化，数据收集与整理面临着新的挑战和机遇。未来，需要进一步加强数据质量管理，提高数据收集效率，探索新的数据整理方法和技术手段，以适应数据分析和决策支持的需求。同时，还需要注重数据安全和隐私保护，确保数据的合法性和合规性。

四、综合统计数据的处理与分析

（一）统计数据的收集与整理

在进行统计数据的处理与分析之前，首要的任务是确保数据的完整性和准确性。数据的收集过程需要遵循科学的方法论，确保数据来源的可靠性和数据的代表性。例如，在进行社会调查时，应该采用随机抽样的方法，避免样本偏差。

收集到数据后，接下来的步骤是对数据进行整理。这包括数据的清洗、分类、编码和汇总。数据清洗是为了去除异常值、重复值和缺失值，保证数据的准确性。数据分类则是将数据按照一定的标准进行分组，例如按照年龄、性别、职业等进行分类。数据编码则是将分类后的数据转化为计算机可以识别的数字形式。数据汇总则是将各个分类的数据进行加总，得到总体的统计数据。

（二）描述性统计分析

描述性统计分析是数据处理与分析的基础，它通过对数据的集中趋势、离散趋势和分布形态进行描述，为后续的深入分析提供基础。

对集中趋势的描述常用的统计量有均值、中位数和众数。均值是所有数据的总和除以数据的个数，它反映了数据的平均水平。中位数是将所有数据从小到大排列后，位于中间位置的数，它不受极端值的影响，更能反映大多数数据的水平。众数则是出现次数最多的数，它反映了数据的众数趋势。

对离散趋势的描述常用的统计量有方差和标准差。方差是每个数据与均值之差的平方的平均值，它反映了数据的离散程度。标准差是方差的平方根，它与原始数据的单位相同，更便于理解。

对分布形态的描述则通常通过绘制直方图、箱线图等图形进行展示。这些图形可以直观地反映数据的分布情况，帮助我们更好地理解数据的特征。

（三）推断性统计分析

推断性统计分析是通过样本数据来推断总体数据的特征。它主要包括参数估计和假设检验两个部分。

参数估计是通过样本数据来估计总体参数的过程。例如，我们可以通过抽样调查得到的样本均值来估计总体的均值。参数估计的方法包括点估计和区间估计。点估计是给出参数的一个具体数值，而区间估计则是给出参数的一个置信区间，表示参数的真实值落在这个区间的可能性。

假设检验则是根据样本数据来判断一个假设是否成立的过程。假设检验的基本思想是“小概率事件原理”，即如果一个小概率事件发生了，那么我们就有理由怀疑原来的假设是不正确的。假设检验的步骤包括提出假设、选择检验统计量、计算检验统计量的值、确定显著性水平和临界值、做出决策等。

（四）多元统计分析

在实际的数据处理与分析中，我们常常需要处理多个变量或多个指标的数据。这时，我们就需要运用多元统计分析的方法。

多元统计分析的方法包括主成分分析、因子分析、聚类分析、判别分析等。主成分分析是通过降维的思想，将多个变量转化为少数几个主成分，这些主成分能够反映原始变量的大部分信息。因子分析则是通过寻找潜在因子来解释多个变量之间的关系。聚类分析是将多个样本按照其相似性进行分组，使得同一组内的样本相似性较高，不同组间的样本相似性较低。判别分析则是根据已知的分类信息，建立判别函数，用于对新的样本进行分类。

（五）数据分析工具的应用

在进行统计数据的处理与分析时，我们还需要借助一些数据分析工具。这些工具可以帮助我们更高效地进行数据处理、图形绘制和统计分析。

常用的数据分析工具有 Excel、SPSS、SAS、R 等。Excel 是一款普及率很高的办公软件，它提供了丰富的数据处理和图形绘制功能。SPSS 和 SAS 则是专业的统计分析软件，它们提供了更强大的统计分析功能和更丰富的图形展示方式。R 则是一款开源的统计分析软件，它有着强大的编程功能和丰富的统计包，可以满足各种复杂的数据分析需求。

综合统计数据的处理与分析是一个复杂而又重要的过程。它需要我们掌握科学的方法论和丰富的统计知识，同时也需要我们灵活运用各种数据分析工具。只有这样，我们才能从海量的数据中提取出有用的信息，为决策提供支持。

第二节　综合统计在财务分析中的应用

一、财务分析中综合统计的角色

（一）综合统计与财务分析的关系

在财务分析的广阔领域中，综合统计扮演着至关重要的角色。财务分析的核心目的是通过一系列的数据处理和解析，来评估企业的经济状况、运营绩效、财务结构以及潜在的风险。而综合统计，作为数据处理和分析的关键环节，为财务分析提供了坚实的数据基础和科学的方法论。

综合统计不仅涉及数据的收集、整理、分类和汇总，还涉及数据的描述性分析、推断性分析和多元统计分析。这些统计分析方法的应用，使得财务分析能够更加深入、全面地揭示企业的财务状况和经营绩效。

（二）综合统计在财务分析中的应用

1. 数据基础构建

综合统计为财务分析提供了翔实、准确的数据基础，确保了财务分析所使用的数据是可靠的和具有代表性的。这样的数据基础有助于财务分析结果的准确性和可靠性。

2. 财务状况评估

综合统计通过描述性统计分析，如均值、中位数、众数等，可以揭示企业的财务状况。例如，通过对比不同时期的财务数据，可以分析企业的盈利能力、偿债能力和运营效率等方面的变化趋势。

3. 预测与决策支持

综合统计的推断性分析方法，如参数估计和假设检验，可以帮助企业在财务分析的基础上进行预测和决策。例如，通过构建预测模型，企业可以预测未来的收入、成本等关键财务指标，从而为企业的战略规划和决策提供数据支持。

4. 风险识别与管理

多元统计分析方法，如主成分分析、因子分析等，可以帮助企业在财务分析中识别潜在的风险。通过对多个财务指标的综合分析，可以发现异常波动或潜在问题，从而及时采取措施进行风险管理。

5. 绩效评估与优化

综合统计还可以用于评估企业的运营绩效。通过对比分析不同部门或不同项目的财务数据，可以发现绩效差异的原因，从而为企业内部的资源分配和流程优化提供指导。

（三）综合统计在财务分析中的优势

1. 全面性

综合统计涵盖了企业各个方面的财务数据，包括资产负债表、利润表、现金流量表等。这种全面的数据覆盖使得财务分析能够更全面地了解企业的财务状况和经营绩效。

2. 科学性

综合统计采用了科学的数据处理和分析方法，如描述性统计、推断性统计和多元统计等。这些方法的应用使得财务分析更加科学和客观，避免了主观臆断和偏见。

3. 预测性

通过综合统计的推断性分析和预测模型构建，财务分析可以预测企业未来的财务状况和经营绩效。这种预测性有助于企业提前发现问题、制定应对策略，从而保持竞争优势。

4. 决策支持

综合统计为企业的战略规划和决策提供了坚实的数据支持。通过对财务数据的深入分析，企业可以更加明确自身的优势和劣势，从而制定出更加科学合理的战略和决策。

（四）综合统计在财务分析中的挑战与前景

尽管综合统计在财务分析中发挥着重要作用，但也面临着一些挑战。例如，数据的真实性和完整性是一个关键问题。如果数据存在失真或遗漏，那么分析结果的可靠性就会受到影响。此外，随着大数据和人工智能技术的发展，如何更好地利用这些先进技术进行财务分析也是一个值得探讨的问题。

展望未来，综合统计在财务分析中的应用前景广阔。随着数据获取和分析技术的不断进步，我们可以期待更加精准、高效的财务分析方法和工具的出现。同时，随着企业对于数据驱动的决策越来越重视，综合统计在财务分析中的作用也更加凸显。

综合统计在财务分析中扮演着至关重要的角色。它提供了坚实的数据基础和科学的方法论支持，使得财务分析能够更加深入、全面地揭示企业的财务状况和经营绩效。在未来随着技术的不断进步和应用领域的拓展，综合统计在财务分析中的作用将更加重要。

二、利用综合统计进行财务比率分析

（一）财务比率分析的重要性

财务比率分析是财务分析的核心组成部分，它通过计算和比较各项财务指标，揭示企业的财务状况、经营绩效和风险水平。财务比率不仅有助于投资者、债权人和其他利益相关者评估企业的经济实力和未来发展潜力，还为企业的内部管理和决策提供了重要的参考依据。

（二）综合统计在财务比率分析中的应用

综合统计作为一种强大的数据分析工具，为财务比率分析提供了全面、准确和深入的数据支持。通过综合统计方法的应用，我们可以更加科学和系统地分析财务比率，从而得出更加准确和可靠的结论。

1. 数据收集与整理

在进行财务比率分析之前，首先需要收集和整理企业的财务数据。综合统计可以帮助我们系统地收集和整理各种财务指标数据，确保数据的准确性和完整性。

2. 比率计算

综合统计可以帮助我们快速、准确地计算各种财务比率。这些比率包括流动性比率、杠杆比率、盈利能力比率、成长能力比率等。通过计算这些比率，我们可以全面了解企业的财务状况和经营绩效。

3. 比率分析

在计算出各项财务比率后，综合统计可以帮助我们进行比率分析。通过对比不同时期的比率数据，我们可以分析企业的财务状况和经营绩效的变化趋势。同时，通过对比同行业其他企业的比率数据，我们可以评估企业在行业中的竞争地位。

4. 趋势预测

综合统计的推断性分析方法可以帮助我们进行财务比率的趋势预测。通过构建预测模型，我们可以预测企业未来的财务比率走势，从而为企业的战略规划和决策提供数据支持。

5. 风险识别

通过综合统计的多元分析方法，我们可以识别出潜在的财务风险。例如，通过对比不同财务比率之间的关系，我们可以发现异常波动或潜在问题，从而及时采取措施进行风险管理。

（三）财务比率分析的关键指标

在进行财务比率分析时，需要关注一些关键的财务指标。这些指标包括：

1. 流动比率

衡量企业短期偿债能力的指标，如流动比率和速动比率。这些比率可以帮助我们评估企业的短期偿债能力和资金流动性。

2. 杠杆比率

反映企业资本结构和长期偿债能力的指标，如资产负债率、权益乘数等。这些比率可以帮助我们评估企业的财务风险和杠杆程度。

3. 盈利能力比率

衡量企业盈利能力的指标，如毛利率、净利率等。这些比率可以帮助我们评估企业的盈利能力和经营绩效。

4. 成长能力比率

反映企业成长潜力的指标，如营业收入增长率、净利润增长率等。这些比率可以帮助我们评估企业的发展潜力和未来增长前景。

（四）综合统计在财务比率分析中的优势

1. 全面性

综合统计能够涵盖企业各个方面的财务数据，包括资产负债表、利润表、现金流量表等。这种全面的数据覆盖使得财务比率分析能够更全面地了解企业的财务状况和经营绩效。

2. 系统性

综合统计通过系统的数据处理和分析方法，能够系统地计算和比较各项财务比率。这种系统性的分析有助于我们更加深入地了解企业的财务状况和经营绩效。

3. 预测性

通过综合统计的推断性分析和预测模型构建，我们可以预测企业未来的财务比率走势。这种预测性有助于我们提前发现问题、制定应对策略，从而保持竞争优势。

4. 决策支持

综合统计为企业的战略规划和决策提供了坚实的数据支持。通过对财务比率的深入分析，我们可以更加明确自身的优势和劣势，从而制定出更加科学合理的战略和决策。

（五）综合统计在财务比率分析中的挑战与前景

尽管综合统计在财务比率分析中发挥着重要作用，但也面临着一些挑战。例如，数据的真实性和完整性是一个关键问题。如果数据存在失真或遗漏，那么分析结果的可靠性就会受到影响。此外，随着大数据和人工智能技术的发展，如何更好地利用这些先进技术进行财务比率分析也是一个值得探讨的问题。

展望未来，综合统计在财务比率分析中的应用前景广阔。随着数据获取和分析技术的不断进步和应用领域的拓展，我们可以期待更加精准、高效的财务比率分析方法和工具的出现。同时，随着企业对于数据驱动的决策越来越重视，综合统计在财务比率分析中的作用也将更加凸显。

综合统计作为一种强大的数据分析工具，在财务比率分析中发挥着至关重要的作用。通过综合统计方法的应用，我们可以更加全面、系统和深入地分析财务比率，从而得出更加准确和可靠的结论。在未来随着技术的不断进步和应用领域的拓展，综合统计在财务比率分析中的作用将更加重要和深远。

三、综合统计在财务趋势分析中的应用

随着市场竞争的日益激烈，企业需要不断地关注自身的财务状况，以便及时调整经营策略，提高盈利能力。财务趋势分析作为企业管理的重要手段之一，能够通过对历史财务数据的综合统计分析，揭示企业财务状况的变化趋势，为企业的决策提供有力支持。综合统计作为财务趋势分析的重要工具，其应用已经成为现代企业财务管理的必备技能。

（一）综合统计的基本概念和方法

综合统计是指将多个财务指标进行综合分析，以揭示企业财务状况的整体特征和变化趋势。综合统计的基本方法包括描述性统计、推断性统计和预测性统计等。描述性统计主要通过对财务数据进行整理、分类和描述，以揭示数据的分布特征、集中趋势和离散程度等。推断性统计则是通过抽样等方法，从样本数据中推断总体数据的特征和规律。预测性统计则是利用历史数据建立预测模型，对未来财务状况进行预测和分析。

（二）综合统计在财务趋势分析中的应用

1. 财务状况的综合评价

综合统计可以对企业的财务状况进行综合评价，通过对多个财务指标的综合分析，得出一个综合得分或排名，从而直观地反映企业的财务状况。例如，可以通过对企业的盈利能力、偿债能力、运营效率等多个方面进行分析，得出一个综合得分，进而判断企业的财务状况是否健康。

2. 财务趋势的预测和分析

综合统计可以利用历史财务数据建立预测模型，对未来财务状况进行预测和分析。通过对多个财务指标的综合分析，可以发现财务指标之间的关联性和趋势性，从而预测未来财务状况的变化趋势。例如，可以通过对企业的营业收入、净利润等指标进行分析，预测企业未来的盈利能力变化趋势。

3. 财务风险的识别和评估

综合统计可以通过对财务指标的综合分析，发现潜在的财务风险。例如，可以通过对企业的资产负债率、流动比率等指标进行分析，评估企业的偿债能力和

流动性风险。同时，综合统计还可以通过对多个财务指标的综合分析，发现不同指标之间的关联性，从而发现潜在的系统风险。

4. 财务优化策略的制定

综合统计可以为企业制定财务优化策略提供有力支持。通过对历史财务数据的综合统计分析，可以发现企业在财务管理方面存在的问题和不足，从而制定有针对性的优化策略。例如，如果通过对企业的成本结构进行分析，发现企业的成本偏高，那么企业就可以制定降低成本的策略，提高盈利能力。

（三）综合统计在财务趋势分析中的优势

1. 全面性

综合统计可以对多个财务指标进行综合分析，从而全面反映企业的财务状况。相比单一财务指标的分析，综合统计更能揭示企业财务状况的整体特征和变化趋势。

2. 准确性

综合统计利用统计学的原理和方法，可以对财务数据进行科学、准确的分析和预测。通过对历史财务数据的综合统计分析，可以发现财务数据之间的关联性和趋势性，从而提高预测的准确性和可靠性。

3. 灵活性

综合统计可以根据不同的分析目的和需求，选择不同的财务指标和分析方法。同时，综合统计还可以结合其他分析工具和方法，如财务比率分析、趋势线分析等，从而更加全面地揭示企业的财务状况和趋势。

综合统计在财务趋势分析中的应用，可以帮助企业全面了解自身的财务状况和趋势，发现潜在的风险和问题，为企业的决策提供有力支持。随着市场环境的不断变化和企业竞争的加剧，综合统计在财务管理中的重要性将越来越突出。因此，企业应该加强对综合统计的学习和应用，提高财务管理的水平和效率。

四、综合统计在财务结构分析中的应用

在现代企业管理中，财务结构分析是一个关键环节，它涉及对企业资产、负债、所有者权益等各个组成部分的深入分析，以揭示企业的财务状况、运营效率和未来发展潜力。综合统计作为一种强大的分析工具，能够在财务结构分析中发

挥巨大作用。下面将对综合统计在财务结构分析中的应用进行深入探讨。

（一）综合统计的基本概念与方法

综合统计是一种运用统计学原理和方法，对多个财务指标进行综合分析的方法。它通过对大量财务数据进行整理、分类、归纳和解释，以揭示企业财务状况的内在规律和趋势。综合统计的基本方法包括描述性统计、推断性统计和预测性统计等。

（二）财务结构分析的核心要素

财务结构分析主要关注企业的资产、负债和所有者权益等核心要素。其中，资产反映了企业的经济资源和运营规模，负债和所有者权益则体现了企业的资金来源和财务风险。对这些要素进行综合分析可以全面了解企业的财务结构和运营状况。

（三）综合统计在财务结构分析中的应用

1. 资产结构分析

资产结构分析旨在揭示企业资产的构成和分布状况。通过综合统计方法，可以对企业的流动资产、长期资产、固定资产等进行分析，了解各类资产在总资产中的占比和变化趋势。这有助于判断企业的资产质量和运营效率，为企业的资产管理和优化提供依据。

2. 负债结构分析

负债结构分析主要关注企业的负债类型和负债期限结构。通过综合统计方法，可以对企业的流动负债、长期负债等进行分析，了解各类负债在总负债中的占比和变化趋势。这有助于评估企业的偿债能力和财务风险，为企业的负债管理和风险控制提供参考。

3. 所有者权益结构分析

所有者权益结构分析旨在揭示企业所有者权益的构成和变动情况。通过综合统计方法，可以对企业的股本、资本公积、盈余公积等进行分析，了解各类所有者权益在总所有者权益中的占比和变化趋势。这有助于评估企业的盈利能力、成长潜力和治理结构，为企业的所有者权益管理和股东利益保护提供依据。

（四）综合统计在财务结构分析中的优势

1. 量化分析

综合统计能够将复杂的财务数据转化为具体的数值和指标,使分析更加客观、准确和可量化。这有助于避免主观臆断和偏见，提高分析的准确性和可靠性。

2. 全面性

综合统计可以涵盖企业的多个财务指标和维度，从多个角度全面分析企业的财务结构。这有助于发现单一指标分析难以揭示的问题和趋势，为企业的决策提供全面、综合的信息支持。

3. 预测性

综合统计可以利用历史数据进行趋势分析和预测，为企业的未来财务规划和战略制定提供参考。对财务结构的综合分析，可以预测企业未来的发展趋势和潜在风险，为企业的战略规划和风险管理提供依据。

4. 灵活性

综合统计可以根据不同的分析目的和需求,选择不同的财务指标和分析方法。同时，综合统计还可以结合其他分析工具和方法，如财务比率分析、杜邦分析等，从而更加深入地揭示企业的财务结构和运营状况。

综合统计在财务结构分析中的应用具有重要意义。通过对企业资产、负债和所有者权益等核心要素的综合分析，可以全面了解企业的财务结构和运营状况，为企业的决策提供有力支持。同时，综合统计还具有量化分析、全面性、预测性和灵活性等优势，能够提高分析的准确性和可靠性，为企业的财务管理和战略规划提供有力保障。因此，企业应该加强对综合统计的学习和应用，提高财务管理的水平和效率。

五、综合统计在财务绩效评价中的应用

财务绩效评价是衡量企业运营效果、经济效益和财务状况的重要手段。随着市场竞争的日益激烈，企业越来越注重财务绩效评价，以便及时发现问题、优化管理决策、提高经济效益。在这个过程中，综合统计作为一种有效的分析工具，发挥着不可或缺的作用。下面将对综合统计在财务绩效评价中的应用进行深入探讨。

（一）综合统计与财务绩效评价的关系

综合统计是通过收集、整理、分析和解释大量数据，以揭示事物内在规律和趋势的方法。在财务绩效评价中，综合统计通过对企业的财务报表、财务指标、经营数据等进行综合分析，评估企业的经济效益、财务状况和运营效果。综合统计与财务绩效评价紧密相关，前者为后者提供了数据支持和分析方法，后者则是前者应用的重要领域。

（二）财务绩效评价的核心指标

财务绩效评价涉及多个方面的指标，包括盈利能力、偿债能力、运营效率、成长潜力等。这些指标共同构成了财务绩效评价的核心体系。盈利能力指标反映了企业赚取利润的能力，如净利润率、毛利率等；偿债能力指标体现了企业偿还债务的能力，如流动比率、速动比率等；运营效率指标展示了企业资产运用和管理的效率，如存货周转率、应收账款周转率等；成长潜力指标则预示了企业未来的发展空间和潜力，如营业收入增长率、净利润增长率等。

（三）综合统计在财务绩效评价中的应用

1. 数据收集与整理

在财务绩效评价中，首先需要对企业的财务报表、经营数据等进行收集与整理。综合统计通过运用统计学原理和方法，对这些数据进行分类、归纳和整理，为后续的分析和评价提供基础数据支持。

2. 指标计算与分析

在数据收集与整理的基础上，综合统计进一步对各项财务绩效指标进行计算和分析。通过对盈利能力、偿债能力、运营效率、成长潜力等指标的计算和比较，可以全面了解企业的财务状况和运营效果。同时，综合统计还可以运用描述性统计、推断性统计等方法，揭示各指标之间的关联性和变化趋势，为企业的决策提供依据。

3. 问题诊断与优化建议

综合统计在财务绩效评价中的应用不局限于指标计算和分析，还可以通过对异常数据、偏离趋势的数据进行深入挖掘和分析，发现企业运营中存在的问题和潜在风险。例如，通过对比历史数据和市场数据，可以发现企业在某些方面的表现不佳或存在改进空间。基于这些分析结果，综合统计可以为企业提供有针对性的优化建议和改进措施，帮助企业提高财务绩效和经济效益。

（四）综合统计在财务绩效评价中的优势

1. 客观性：综合统计以大量实际数据为基础进行分析和评价，避免了主观臆断和偏见的影响，使评价结果更加客观、公正和可信。

2. 综合性：综合统计可以涵盖多个方面的财务指标和数据，从多个角度全面评价企业的财务状况和运营效果。这种综合性的分析方法有助于发现单一指标分析难以揭示的问题和趋势。

3. 预测性：通过运用统计学原理和方法进行趋势分析和预测，综合统计可以为企业未来的财务绩效评价提供有力支持。这有助于企业及时发现潜在风险、调整经营策略、提高经济效益。

4. 灵活性：综合统计可以根据不同的评价目的和需求选择不同的财务指标和分析方法。这种灵活性使得综合统计在财务绩效评价中具有广泛的应用前景和实用价值。

综合统计在财务绩效评价中的应用具有重要意义。通过对企业的财务报表、经营数据等进行综合分析和评价，可以全面了解企业的财务状况和运营效果，为企业的决策提供有力支持。同时，综合统计还具有客观性、综合性、预测性和灵活性等优势，使得它在财务绩效评价中发挥着不可或缺的作用。因此，企业应该加强对综合统计的学习和应用，提高财务绩效评价的准确性和可靠性，从而推动企业的持续发展和经济效益的提升。

第三节　综合统计在财务预测与决策中的支持

一、综合统计在财务预测中的作用

随着全球化的推进和市场竞争的加剧，企业对于未来的财务预测越来越重视。财务预测不仅有助于企业制定长期战略，还能帮助管理层做出更明智的决策。在这一过程中，综合统计发挥着至关重要的作用。下面将详细探讨综合统计在财务预测中的应用及其带来的价值。

（一）综合统计与财务预测的关系

综合统计是一种运用数学和统计学原理，对大量数据进行收集、整理、分析和解释的方法。它旨在揭示数据的内在规律和趋势，为决策提供科学依据。在财务预测中，综合统计通过对历史财务数据进行分析，结合市场趋势和企业战略，对未来财务状况进行合理预测。这种预测不仅有助于企业识别潜在风险，还能为管理层提供有价值的参考信息。

（二）财务预测的核心内容

财务预测主要包括收入预测、成本预测、利润预测和现金流预测等方面。收入预测主要关注企业未来可能实现的销售额；成本预测则关注生产或运营过程中可能产生的成本；利润预测是对企业未来盈利能力的预估；而现金流预测则关注企业在未来一段时间内的现金流入和流出情况。这些预测内容共同构成了财务预测的核心框架。

（三）综合统计在财务预测中的应用

1. 数据收集与预处理

在进行财务预测之前，首先需要收集大量的历史财务数据。这些数据可能来自企业的财务报表、内部数据库或外部市场研究等。综合统计在这一阶段发挥着关键作用，通过对数据的筛选、清洗和整理，确保数据的准确性和有效性。同时，综合统计还能运用统计学原理对数据进行预处理，如缺失值填充、异常值处理等，为后续的分析和预测提供高质量的数据基础。

2. 趋势分析与预测模型构建

在数据预处理的基础上，综合统计进一步运用时间序列分析、回归分析等统计方法，对历史财务数据进行趋势分析。这些分析方法可以帮助企业识别数据中的季节性因素、周期性因素等，从而揭示财务数据的内在规律和趋势。在此基础上，综合统计还能结合企业实际情况和市场趋势，构建合适的预测模型。这些模型可以基于历史数据进行训练和优化，以提高对未来财务状况的预测准确性。

3. 不确定性分析与风险管理

财务预测过程中不可避免地存在不确定性因素。综合统计可以通过概率分布、置信区间等方法对这些不确定性进行量化分析，帮助企业了解预测结果的可能范围和风险水平。同时，综合统计还能运用敏感性分析、情景分析等方法，评估不同因素对未来财务状况的影响程度，为企业的风险管理提供有力支持。

4. 预测结果解释与应用

综合统计在财务预测中的最终目的是为企业的决策提供科学依据。因此，综合统计需要对预测结果进行解释和解读，将复杂的统计数据和模型转化为易于理解的语言和图表。这样，管理层可以更加直观地了解未来财务状况的预测结果和潜在风险，从而做出更加明智的决策。同时，综合统计还需要关注预测结果的应用情况，及时调整和优化预测模型，以提高预测准确性和实用性。

（四）综合统计在财务预测中的优势

1. 提高预测准确性

通过运用数学和统计学原理对数据进行深入分析和建模，综合统计可以提高财务预测的准确性和可靠性。

2. 揭示潜在规律

通过对历史财务数据的深入挖掘和分析，综合统计可以揭示数据中的潜在规律和趋势，为企业的决策提供有力支持。

3. 量化不确定性

综合统计可以通过概率分布、置信区间等方法量化财务预测中的不确定性因素，帮助企业更好地应对风险。

4. 辅助风险管理

综合统计可以通过敏感性分析、情景分析等方法评估不同因素对未来财务状况的影响程度，为企业的风险管理提供有力支持。

二、综合统计在财务风险评估中的应用

（一）综合统计概述

综合统计是指运用多种统计方法和工具，对各类数据进行收集、整理、分析和解释的过程。在财务领域，综合统计的应用主要体现在对财务数据和非财务数据的整合分析，以揭示企业的财务状况、经营成果和现金流量等关键信息。综合统计的核心在于综合运用描述性统计、推断性统计和预测性分析等方法，为企业

的财务决策提供有力支持。

（二）财务风险评估的重要性

财务风险评估是企业财务管理的重要环节，旨在识别、分析和评估企业在经营过程中可能面临的各种财务风险。通过财务风险评估，企业可以及时发现潜在风险，采取相应措施进行防范和应对，从而降低财务风险对企业经营成果和财务状况的影响。此外，财务风险评估还有助于企业优化资源配置，提高经营效率，实现可持续发展。

（三）综合统计在财务风险评估中的应用

1. 数据收集与整理

在财务风险评估过程中，首先需要收集企业的各类财务数据和非财务数据。这些数据包括财务报表、市场数据、行业数据、政策数据等。通过综合统计的方法，对这些数据进行整理、分类和归纳，为后续的财务风险分析提供基础数据支持。

2. 描述性统计分析

描述性统计分析是综合统计的基础，通过对收集到的数据进行描述性统计，如均值、中位数、众数、方差等，可以初步了解数据的分布特征、波动情况等。在财务风险评估中，描述性统计分析可以帮助企业了解自身的财务状况、经营成果和现金流量等方面的基本情况，为后续的风险分析提供基础数据支持。

3. 推断性统计分析

推断性统计分析是综合统计的重要组成部分，通过对样本数据进行统计分析，推断总体的特征和规律。在财务风险评估中，推断性统计分析可以帮助企业识别潜在的财务风险。例如，通过对比历史数据和行业数据，运用推断性统计方法分析数据的趋势和变化，可以揭示出企业可能面临的市场风险、信用风险、流动性风险等。

4. 预测性分析

预测性分析是综合统计在财务风险评估中的重要应用之一。通过对历史数据的分析，运用预测性统计方法，如回归分析、时间序列分析等，可以预测企业未来的财务状况和经营成果。这些预测结果可以为企业的财务决策提供重要参考，帮助企业提前识别潜在风险，制定应对措施。

5. 风险评估与决策支持

综合统计的应用最终落脚在财务风险评估和决策支持上。通过对财务数据的综合分析，可以评估企业的偿债能力、营运能力、盈利能力等方面的风险水平。同时，结合非财务数据，如市场环境、行业趋势、政策变化等，可以全面评估企业的财务风险状况。这些评估结果可以为企业的财务决策提供有力支持，帮助企业制定合理的发展战略和财务规划。

三、综合统计在财务决策支持系统中的应用

随着信息技术的快速发展和市场竞争的日益激烈，财务决策支持系统已经成为现代企业财务管理的重要组成部分。而在这个系统中，综合统计发挥着不可或缺的作用。综合统计通过收集、整理、分析和解释财务数据，为企业的财务决策提供科学、准确的依据，帮助企业实现更好的经济效益并提升市场竞争力。下面将探讨综合统计在财务决策支持系统中的具体应用及其重要性。

（一）财务决策支持系统概述

财务决策支持系统是一个集成了各种财务信息和分析工具的系统，旨在为企业提供决策支持。该系统能够收集并整合企业的财务数据、市场数据、行业数据等多源信息，运用先进的数据处理和分析技术，对企业的财务状况、经营成果和未来发展进行全面、深入的分析和预测。通过这些分析结果，企业可以更加清晰地了解自身的财务状况和经营环境，从而制定出更加科学、合理的财务决策。

（二）综合统计在财务决策支持系统中的作用

1. 数据整合与标准化

在财务决策支持系统中，综合统计的首要任务是整合不同来源的财务数据，并使之标准化。这些数据可能来自企业的内部系统、外部数据库或第三方服务提供商。通过综合统计的方法，可以将这些数据整合到一个统一的平台上，确保数据的准确性和一致性。同时，标准化处理可以消除数据中的异常值和错误，提高数据的质量和可靠性。

2. 数据分析与挖掘

综合统计在财务决策支持系统中的另一个重要作用是进行数据分析和挖掘。通过对整合后的数据进行深入的分析和挖掘，可以发现数据中的规律、趋势和潜

在问题。例如，可以利用统计分析方法识别出影响企业盈利能力的关键因素，或者预测未来的市场走势和竞争态势。这些分析结果可以为企业的财务决策提供有力的支持。

3. 风险预测与评估

在财务决策支持系统中，综合统计还可以用于风险预测和评估。通过对历史数据和当前数据的分析，可以预测企业未来可能面临的风险和挑战。同时，结合企业的实际情况和市场环境，可以对这些风险进行量化和评估，为企业提供风险预警和应对策略。这有助于企业提前做好准备，降低风险对企业的影响。

4. 决策支持与优化

综合统计的最终目的是为企业的财务决策提供支持。对数据深入分析和挖掘，可以为企业提供关于投资、融资、成本控制等方面的建议。同时，通过对比不同方案的经济效益和风险水平，可以为企业优化决策提供科学依据。这有助于企业实现更好的经济效益，提升市场竞争力。

（三）综合统计在财务决策支持系统中的具体应用案例

为了更好地理解综合统计在财务决策支持系统中的应用，以下列举几个具体案例：

1. 投资决策支持

在投资决策过程中，综合统计可以帮助企业分析投资项目的可行性、盈利能力和风险水平。通过对历史数据和市场数据的分析，可以预测投资项目的未来收益和潜在风险。同时，结合企业的财务状况和风险承受能力，可以为企业提供科学的投资决策建议。

2. 融资决策支持

在融资决策过程中，综合统计可以帮助企业分析不同融资方式的成本、风险和效益。通过对企业财务状况和市场环境的分析，可以为企业选择最合适的融资方式提供建议。同时，通过对融资后的财务状况的预测和分析，可以为企业制定合理的还款计划和风险控制策略。

3. 成本控制与优化

在成本控制与优化方面，综合统计可以帮助企业分析成本构成和变化趋势。

通过对历史成本数据的分析，可以发现成本中的异常和浪费现象。同时，结合市场环境和产品需求等因素，可以为企业制定合理的成本控制策略和优化建议。这有助于企业提高经济效益和市场竞争力。

四、综合统计在优化财务策略中的实践

在现代企业的运营管理中，财务策略的优化是确保企业长期稳健发展的关键。随着市场竞争加剧和外部环境的不确定性增加，企业越来越依赖于精准的数据分析来指导财务决策。综合统计作为一种强大的数据分析工具，在优化财务策略中发挥着不可替代的作用。下面将从实践的角度，探讨综合统计如何助力企业在财务管理中实现策略优化。

（一）综合统计在财务策略优化中的应用

1. 财务状况全面分析

综合统计能够对企业的财务状况进行全面、系统的分析。通过对企业的资产负债表、利润表、现金流量表等关键财务指标的统计和比较，可以深入了解企业的资产结构、盈利能力、偿债能力以及现金流状况。这种全面的财务分析有助于企业识别自身的优势和劣势，为制定更加有针对性的财务策略提供数据支持。

2. 风险预警与应对

综合统计通过运用统计学原理和方法，可以对企业的财务风险进行预警和评估。通过对历史数据的分析，可以识别出影响企业财务状况的关键因素，如市场波动、政策变化等。同时，结合当前的市场环境和企业的经营状况，可以预测未来可能出现的风险，并制定相应的措施。这种风险预警和应对机制有助于企业提前做好准备，降低财务风险对企业的影响。

3. 预算管理与控制

预算管理是企业财务管理的重要组成部分。通过综合统计，企业可以更加科学、合理地制订预算计划。在预算编制过程中，综合统计可以帮助企业分析历史数据，预测未来的收入和支出情况，从而制定出更加符合企业实际情况的预算方案。同时，在执行预算过程中，综合统计还可以对预算执行情况进行实时监控和分析，及时发现问题并采取相应的调整措施。这种预算管理与控制有助于企业实

现更好的经济效益，提升市场竞争力。

4. 投融资决策支持

在企业的投融资决策中，综合统计发挥着重要作用。通过对市场数据、行业数据以及企业自身财务数据的综合分析，可以评估不同投融资方案的可行性、风险和收益。这为企业选择最合适的投融资方式提供了科学依据。同时，综合统计还可以对投融资后的财务状况进行预测和分析，为企业制订合理的还款计划和风险控制策略提供依据。

（二）综合统计在财务策略优化中的实践案例

为了更好地理解综合统计在财务策略优化中的实践应用，以下列举几个具体案例：

1. 成本控制优化

某制造企业通过综合统计对其生产成本进行了深入分析。通过对历史成本数据的统计和比较，发现原材料采购、生产流程以及员工薪酬等方面存在较大的成本浪费现象。针对这些问题，企业制定了一系列成本控制措施，如优化采购渠道、改进生产流程、提高员工效率等。这些措施的实施有效降低了企业的生产成本，提高了企业的经济效益。

2. 资金运作优化

一家零售企业通过综合统计对其资金运作进行了全面分析。通过对历史销售数据、库存数据以及现金流数据的统计和比较，发现企业在资金运作方面存在较大的不合理现象。例如，企业常常面临资金短缺的问题，导致采购和营销等活动受到限制。针对这些问题，企业制定了一系列资金运作优化措施，如优化库存管理、加强现金流预测和管理等。这些措施的实施有效改善了企业的资金运作状况，提高了企业的运营效率和市场竞争力。

3. 投融资策略优化

一家高新技术企业面临着投融资决策的问题。通过综合统计对市场数据、行业数据以及企业自身财务数据进行了综合分析。在评估了不同投融资方案的可行性、风险和收益后，企业选择了一种风险较小、收益较高的投融资方式。同时，在投融资后，企业还利用综合统计对财务状况进行了预测和分析，制订了合理的还款计划和风险控制策略。这些措施为企业实现更好的经济效益，提升市场竞争力提供了有力支持。

第十一章　经济信息与财务管理决策

第一节　经济信息的概念与种类

一、经济信息的概念

经济信息是指与经济活动相关的各种信息，包括价格、供需、产量、销售额、市场趋势、政策变化等。这些信息反映了经济运行的状态、规律和趋势，是经济决策的基础。经济信息的核心作用在于帮助决策者了解经济状况，预测经济走势，制定和调整经济策略。

经济信息与一般信息相比，具有更强的时效性和专业性。随着经济的不断发展和市场的快速变化，经济信息的更新速度非常快，决策者需要及时获取最新的信息以做出准确的判断。同时，经济信息还涉及众多专业领域，如金融学、会计学、市场营销等，需要专业的知识和技能才能有效地解读和利用。

二、经济信息的种类

1. 宏观经济信息

宏观经济信息是指反映整个经济运行状况的信息，包括国内生产总值（GDP）、失业率、通货膨胀率、利率等。这些信息对于了解国家经济状况、预测经济走势以及制定宏观经济政策具有重要意义。例如，GDP 的增长率可以反映国家经济的总体发展水平，而失业率的变化则可以反映劳动力市场的状况。

2. 微观经济信息

微观经济信息是指反映个别经济单位（如企业、家庭等）经济活动的信息，包括企业的财务报表、市场份额、消费者需求等。这些信息对于企业的经营管理、市场策略制定以及投资者的投资决策具有重要影响。例如，企业的财务报表可以反映企业的盈利能力和财务状况，而市场份额的变化则可以反映企业在市场中的竞争地位。

3. 市场信息

市场信息是指反映市场供求关系、价格变动、竞争态势等的信息。这些信息对于企业的市场策略制定、产品定价以及投资者的投资决策具有关键作用。例如，股票市场的价格变动可以反映投资者对未来的预期，而商品市场的供求关系则可以影响价格的波动。

4. 国际经济信息

国际经济信息是指反映国际经济动态、国际贸易状况、汇率变动等的信息。在全球化的背景下，这些信息对于国家和企业的国际经济活动和对外贸易具有重要影响。例如，汇率的变动可以影响国家的外汇储备和企业的进出口成本，而国际贸易政策的变化则可以影响企业的市场布局和竞争策略。

三、经济信息在现代经济中的重要性

1. 辅助经济决策

经济信息是经济决策的基础。通过收集和分析各种经济信息，决策者可以了解当前的经济状况和市场环境，预测未来的经济走势，从而制定出更加科学、合理的经济策略。无论是国家层面的宏观经济政策还是企业层面的市场策略，都需要依赖准确、及时的经济信息的支持。

2. 促进经济发展

经济信息的流通和利用可以促进经济的发展。及时发布和传播经济信息，可以减少信息不对称的现象，提高市场的透明度和公平性。同时，经济信息的分析和利用还可以帮助企业和投资者发现市场机会、降低风险，从而推动经济的增长和创新。

3. 指导资源配置

经济信息在资源配置中发挥着重要作用。在市场经济中，资源的配置是由供求关系决定的。而经济信息可以帮助企业和投资者了解资源的供求状况、价格变动等信息，从而指导资源的合理配置和使用。通过优化资源配置，可以提高经济效率、减少浪费，实现经济的可持续发展。

4. 增强国际竞争力

在国际经济活动中，经济信息的获取和利用对于提升国家的国际竞争力至关重要。通过对国际经济信息的分析和研究，国家可以了解全球经济的动态和趋势，制定出更加符合国际市场需求的经济政策。同时，企业也可以通过获取和利用国际经济信息来拓展国际市场、提高产品的竞争力。

经济信息在现代经济中具有重要的地位和作用。随着信息技术的不断发展和应用，经济信息的获取、分析和利用将变得更加便捷和高效。未来，我们应进一步加强经济信息的建设和利用，为经济发展和社会进步提供有力的支持。

第二节　经济信息在财务管理决策中的应用

一、经济信息在财务决策中的重要性

在现代商业环境中，财务决策是企业成功的核心要素之一。这些决策不仅影响企业的短期运营，还对其长期发展产生深远影响。而在这当中，经济信息的角色尤为关键。下面将探讨经济信息在财务决策中的重要性，并详细分析不同类型的经济信息如何影响财务策略的制定。

（一）经济信息的核心作用

财务决策是企业为满足其财务目标而制定的策略和行动。这些决策包括但不限于投资决策、筹资决策、利润分配决策以及运营管理决策等。在这些决策过程中，经济信息起到了至关重要的作用。

首先，经济信息为财务决策提供数据支持。财务决策不是凭空制定的，而是基于大量的数据和事实。这些数据和事实来源于各种经济信息，如市场趋势、竞争对手的财务状况、行业增长率等。通过对这些信息的分析，企业可以更加准确地了解自身的财务状况和市场地位，从而制定出更加合理的财务策略。

其次，经济信息有助于预测未来趋势。财务决策往往需要对未来进行预测，以制定长期战略。而经济信息可以提供历史数据和当前的市场动态，通过这些信息，企业可以利用统计分析和经济模型来预测未来的经济走势和市场需求，为财

务决策提供科学的依据。

最后，经济信息还可以帮助评估风险和收益。财务决策往往伴随着风险和收益。通过对经济信息的分析，企业可以评估不同决策方案的风险和收益，从而选择出最优的方案。同时，经济信息还可以帮助企业及时发现潜在的风险和问题，以便及时调整策略，避免或减少损失。

（二）不同类型的经济信息与财务决策

1. 宏观经济信息

宏观经济信息如 GDP 增长率、通货膨胀率、利率等，对企业的财务决策产生深远影响。例如，当 GDP 增长率较高时，企业可能会考虑扩大生产规模，增加投资；而当通货膨胀率上升时，企业可能需要考虑调整价格策略，以应对成本上升的压力。

2. 行业信息

行业信息包括行业增长率、行业趋势、竞争对手状况等。这些信息有助于企业了解自身在市场中的地位和竞争优势，从而制定出更加合理的市场策略。例如，如果某个行业的增长率较高，企业可能会考虑增加对该行业的投资；而如果竞争对手的财务状况不佳，企业可能会考虑加大市场份额的扩张。

3. 企业内部财务信息

企业内部财务信息如财务报表、成本控制情况等，是财务决策的基础。通过对这些信息的分析，企业可以了解自身的财务状况和运营效率，从而制定出更加合理的财务策略。例如，如果企业的成本控制效果较好，企业可能会考虑增加投资或扩大生产规模；而如果企业的资产负债率较高，企业可能需要考虑调整筹资策略或优化资产结构。

（三）经济信息的获取与分析

要充分利用经济信息在财务决策中的作用，企业需要建立完善的信息获取和分析机制。这包括：

1. 建立信息获取渠道

企业应通过多种渠道获取经济信息，包括政府部门、行业协会、市场研究机构等。同时，企业还应加强与供应商、客户等合作伙伴的信息交流，以便及时获取市场动态和客户需求。

2. 建立信息分析团队

企业应建立专业的信息分析团队，负责对获取的经济信息进行整理、分析和解读。这些团队应具备丰富的财务知识和数据分析能力，能够准确判断经济信息的真实性和价值。

3. 利用现代信息技术

企业应积极利用现代信息技术手段，如大数据分析、人工智能等，提高经济信息的处理效率和分析准确性。通过这些技术手段，企业可以更加快速地获取和分析信息，为财务决策提供有力的支持。

经济信息在财务决策中具有举足轻重的地位。通过对经济信息的收集、分析和利用，企业可以更加准确地了解自身和市场状况，制定出更加合理的财务策略。同时，企业还应不断完善自身的信息获取和分析机制，提高经济信息的利用效率和准确性，为企业的长期发展提供有力的保障。

二、经济信息在财务预测中的应用

财务预测是企业财务管理中至关重要的环节，它涉及对未来财务状况、经营成果和现金流量的科学预测。准确的财务预测有助于企业做出合理的决策，规避风险，实现可持续发展。在这个过程中，经济信息的运用显得尤为重要。下文将详细探讨经济信息在财务预测中的应用及其重要性。

（一）经济信息的定义与分类

首先，我们需要明确什么是经济信息。经济信息是关于经济现象、经济活动和经济关系的各种消息、情报、数据、知识等的总称。它反映了经济活动的动态和趋势，为企业的财务预测提供了重要的参考依据。

经济信息可以按照不同的标准进行分类，例如：

1. 宏观经济信息与微观经济信息

宏观经济信息涉及国家整体经济状况，如 GDP、通货膨胀率、利率等；微观经济信息则关注具体行业、企业或市场的动态。

2. 历史经济信息与预测经济信息

历史经济信息是基于过去的经济数据和信息，用于分析经济规律；预测经济信息则基于历史数据对未来经济走势进行预测。

3. 定性经济信息与定量经济信息

定性经济信息主要描述经济现象的性质、特点等，如政策调整、市场趋势等；定量经济信息则以数据形式展现，如销售额、利润率等。

（二）经济信息在财务预测中的作用

经济信息在财务预测中发挥着至关重要的作用，主要体现在以下几个方面：

1. 提供数据支持

财务信息预测需要基于大量的数据进行分析和预测。经济信息为企业提供了丰富的数据来源，如市场需求、行业增长率、竞争对手状况等，这些数据为财务预测提供了有力的支持。

2. 揭示经济规律

通过对经济信息的分析，企业可以发现经济活动的规律和趋势，从而更加准确地预测未来的财务状况。例如，通过对历史销售数据的分析，企业可以预测未来的销售趋势和市场需求。

3. 评估风险与机会

经济信息不仅反映了当前的经济状况，还揭示了潜在的风险和机会。通过对经济信息的分析，企业可以评估不同财务预测方案的风险和收益，从而做出更加明智的决策。

4. 指导财务策略制定

准确的财务预测有助于企业制定合适的财务策略，包括投资策略、筹资策略、利润分配策略等。经济信息为这些策略的制定提供了重要的参考依据。

（三）经济信息的具体应用方法

在财务预测中，经济信息的具体应用方法包括：

1. 时间序列分析

利用历史经济数据，通过时间序列分析方法，如移动平均、指数平滑等，对未来经济走势进行预测。这种方法可以帮助企业预测未来的销售额、利润等财务指标。

2. 回归分析

通过回归分析，企业可以研究经济变量之间的关系，并建立数学模型进行预测。例如，企业可以利用回归分析预测销售额与广告投入之间的关系，从而优化广告投入策略。

3. 经济指标分析

关注重要的经济指标，如 GDP 增长率、通货膨胀率、利率等，分析它们对企业财务状况的影响。这些指标往往能够反映整体经济形势的变化，为企业的财务预测提供宏观背景。

4. 行业分析与竞争对手分析

通过对行业趋势和竞争对手状况的分析，企业可以了解自身在市场中的地位和竞争优势，从而更加准确地预测未来的财务状况。这些信息有助于企业制定更加合理的市场策略和产品策略。

（四）经济信息应用的挑战

尽管经济信息在财务预测中发挥着重要作用，但其应用过程中也面临一些挑战：

1. 信息质量问题

部分经济信息可能存在失真、滞后等问题，影响预测的准确性。因此，企业在选择和使用经济信息时需要进行筛选和核实，确保信息的真实性和可靠性。

2. 数据处理难度

大量的经济数据需要进行处理和分析，这对企业的数据处理能力提出了更高的要求。企业需要加强信息化建设，提高数据处理效率和分析能力。

3. 经济环境变化

经济环境的不确定性和变化性可能导致预测结果与实际情况存在偏差。因此，企业需要密切关注经济环境的变化，及时调整预测模型和策略。

（五）经济信息应用的对策

针对以上挑战，企业可以采取以下对策：

1. 加强信息筛选与核实

建立完善的信息筛选和核实机制，确保所使用的经济信息的真实性和可靠性。

2. 提升数据处理能力

加强信息化建设，提高数据处理效率和分析能力，以更好地应对大量的经济数据。

3. 关注经济环境变化

建立灵活的预测模型和策略调整机制，以便及时应对经济环境的变化。

经济信息在财务预测中发挥着至关重要的作用。通过合理利用经济信息，企业可以更加准确地预测未来的财务状况和经营成果，从而制定出更加合理的财务策略。同时，企业也需要关注经济信息应用过程中的挑战，并采取相应对策以提高预测准确性和应对经济环境变化的能力。

三、经济信息在预算编制与成本控制中的应用

在经济活动日益频繁的现代社会，企业在预算管理及成本控制方面面临着前所未有的挑战。为了有效应对这些挑战，企业越来越依赖于经济信息的支持。经济信息不仅为预算编制提供了基础数据，还为成本控制提供了关键指导。下面将详细探讨经济信息在预算编制与成本控制中的应用及其重要性。

（一）经济信息与预算编制

预算编制是企业财务管理的重要组成部分，它涉及对企业未来一定时期内的收入、支出、利润等进行预测和规划。在这个过程中，经济信息的运用至关重要。

首先，经济信息为预算编制提供了基础数据。企业可以通过收集和分析市场数据、行业趋势、竞争对手情况等信息，了解市场需求和竞争状况，从而预测未来的销售收入和成本支出。这些数据是预算编制的重要依据，能够帮助企业制定更加合理和科学的预算方案。

其次，经济信息有助于企业制定预算目标和策略。通过对经济信息的分析，企业可以了解自身的优势和劣势，以及市场机会和威胁。这有助于企业制定符合自身实际情况的预算目标和策略，确保预算的合理性和可行性。

最后，经济信息还可以用于预算执行的监控和调整。在执行预算的过程中，企业可以通过对比实际数据与预算数据，分析差异产生的原因，并及时进行调整。经济信息能够提供必要的参考和支持，帮助企业更好地进行预算执行的监控和调整。

（二）经济信息与成本控制

成本控制是企业财务管理的另一项重要任务，它涉及对企业生产经营过程中发生的各项费用进行管理和控制。在这个过程中，经济信息的运用同样具有重要意义。

首先，经济信息有助于企业制定成本控制目标和标准。通过对经济信息的分析，企业可以了解自身在行业中的成本水平和竞争力状况，从而制定符合自身实际情况的成本控制目标和标准。这有助于企业明确成本控制的方向和重点，提高成本控制的针对性和有效性。

其次，经济信息可以用于成本分析和预测。通过对历史成本数据的分析，企业可以了解成本构成和变化趋势，预测未来的成本走势。这有助于企业及时发现和解决成本管理中存在的问题，避免不必要的浪费和损失。

最后，经济信息还可以为成本控制提供决策支持。在面对成本控制问题时，企业可以利用经济信息进行决策分析，比较不同方案的成本和效益，选择最优的成本控制方案。这有助于企业实现成本的最优化管理，提高经济效益和市场竞争力。

（三）经济信息的具体应用方法

在预算编制与成本控制中，经济信息的具体应用方法包括：

1. 市场分析与调研

通过收集和分析市场数据、竞争对手情况等信息，了解市场需求和竞争状况，为预算编制和成本控制提供基础数据支持。

2. 成本分析与核算

通过对历史成本数据的分析和核算，了解成本构成和变化趋势，预测未来的成本走势，为成本控制提供决策支持。

3. 经济指标监测

关注重要的经济指标，如原材料价格、劳动力成本、利率等，分析它们对预算编制和成本控制的影响，及时调整预算和成本控制策略。

4. 预算与成本差异分析

在执行预算和成本控制的过程中，通过对比实际数据与预算数据或标准数据，分析差异产生的原因，并及时进行调整和优化。

（四）面临的挑战

尽管经济信息在预算编制与成本控制中发挥着重要作用，但其应用过程中也面临一些挑战：

1. 信息质量问题

部分经济信息可能存在失真、滞后等问题，影响预算编制和成本控制的准确性。因此，企业需要加强对信息来源的审核和筛选，确保信息的真实性和可靠性。

2. 数据处理难度

大量的经济数据需要进行处理和分析，这对企业的数据处理能力提出了更高的要求。企业需要加强信息化建设，提高数据处理效率和分析能力。

3. 经济环境变化

经济环境的不确定性和变化性可能导致预算编制和成本控制的结果与实际情况存在偏差。因此，企业需要建立灵活的预算和成本控制机制，及时应对经济环境的变化。

（五）采取的对策

针对以上挑战，企业可以采取以下对策：

1. 加强信息筛选与核实

建立完善的信息筛选和核实机制，确保所使用的经济信息的真实性和可靠性。

2. 提升数据处理能力

加强信息化建设，提高数据处理效率和分析能力，以更好地应对大量的经济数据。

3. 建立灵活的预算与成本控制机制

根据经济环境和实际情况的变化，及时调整预算和成本控制的目标和策略。

经济信息在预算编制与成本控制中发挥着至关重要的作用。通过合理利用经济信息，企业可以更加准确地预测未来的收入、支出和成本，制定更加合理和科学的预算和成本控制方案。同时，企业也需要关注经济信息应用过程中的挑战，并采取相应对策以提高预算编制和成本控制的准确性和有效性。在经济环境日益复杂和多变的背景下，企业应不断提升自身的信息管理能力和财务决策水平，以应对各种挑战并实现可持续发展。

四、经济信息在投资决策中的应用

在经济活动中，投资决策是企业或个人面临的重要问题之一。而经济信息作为决策的基础和依据，对于投资决策的成功与否起着至关重要的作用。下面将详细探讨经济信息在投资决策中的应用，包括其重要性、应用方法、实际应用案例以及面临的挑战与对策。

（一）经济信息与投资决策的重要性

投资决策涉及对企业或个人的资金进行配置，以期获得未来的收益。而在这个过程中，经济信息的准确性和完整性直接关系到决策的质量和效果。经济信息能够帮助决策者了解市场状况、行业趋势、竞争态势以及潜在的风险和机会，从而为决策者提供有力的支持。

首先，经济信息有助于决策者分析市场需求和竞争状况。通过收集和分析市场数据、消费者行为等信息，决策者可以了解产品或服务的市场需求和潜在竞争优势，从而制定更加精准的市场策略。

其次，经济信息能够帮助决策者评估投资项目的可行性和风险。通过对行业趋势、政策环境、技术进步等方面的信息进行分析，决策者可以评估投资项目的未来发展前景和潜在风险，从而做出更加明智的投资决策。

最后，经济信息还能够为决策者提供决策支持和依据。在投资决策过程中，决策者需要综合考虑各种因素，如市场环境、企业实力、财务状况等。而经济信息可以为决策者提供这些数据和信息，帮助他们做出更加科学和合理的决策。

（二）经济信息的应用方法

在投资决策中，经济信息的应用方法主要包括以下几个方面：

1. 信息收集与整理

首先，决策者需要收集相关的经济信息，包括市场数据、行业报告、政策文件等。然后，对这些信息进行整理和分析，提取出有用的信息和数据。

2. 数据分析与预测

在收集到信息后，决策者需要对这些数据进行分析和预测。这包括对市场趋势的预测、对竞争对手的分析、对潜在风险的评估等。通过数据分析和预测，决策者可以更加准确地了解市场状况和投资项目的未来发展前景。

3. 决策支持与依据

最后，经济信息需要为决策提供支持和依据。决策者需要综合考虑各种因素，如市场环境、企业实力、财务状况等，并结合经济信息进行决策。经济信息可以帮助决策者更加全面地了解投资项目和市场状况，从而做出更加科学和合理的决策。

（三）实际应用案例

为了更好地理解经济信息在投资决策中的应用，我们可以参考一些实际的应用案例。

例如，在房地产投资决策中，经济信息的应用显得尤为重要。投资者需要收集和分析房地产市场的供求状况、房价走势、政策环境等信息。通过对这些信息的分析，投资者可以评估房地产市场的未来发展前景和潜在风险，从而决定是否进行投资。此外，投资者还可以利用经济信息来选择合适的投资区域和楼盘，以及制定合理的投资策略。

另外，在股票投资决策中，经济信息也发挥着重要的作用。投资者需要关注股市的动态、行业趋势、公司业绩等信息。通过对这些信息的分析，投资者可以了解股票市场的走势和潜在机会，从而做出更加明智的投资决策。同时，投资者还可以利用经济信息来评估股票的价值和风险，制定合理的投资策略。

（四）面临的挑战与对策

虽然经济信息在投资决策中发挥着重要的作用，但其应用过程中也面临一些挑战。

首先，经济信息的真实性和准确性是一个重要的问题。部分信息可能存在失真、滞后等问题，这可能导致决策者的判断出现偏差。因此，决策者需要加强对信息来源的审核和筛选，确保所使用的经济信息的真实性和可靠性。

其次，经济信息的处理和分析也是一个挑战。大量的经济数据需要进行处理和分析，这对决策者的数据处理能力提出了更高的要求。决策者需要加强自身的信息处理能力，或者寻求专业的信息咨询服务，以更好地应对这一挑战。

最后，经济环境的变化也可能对投资决策产生影响。市场状况、政策环境等因素的变化可能导致经济信息的准确性和有效性受到影响。因此，决策者需要保持对市场动态的敏感性，及时调整投资策略以应对经济环境的变化。

针对以上挑战，决策者可以采取以下对策：

1. 加强信息筛选与核实

建立完善的信息筛选和核实机制，确保所使用的经济信息的真实性和可靠性。

2. 提升数据处理能力

加强自身的信息处理能力或寻求专业的信息咨询服务，以更好地应对大量的经济数据。

3. 关注经济环境变化

保持对市场动态的敏感性，及时调整投资策略以应对经济环境的变化。

经济信息在投资决策中发挥着至关重要的作用。通过合理利用经济信息，决策者可以更加准确地了解市场状况和投资项目的未来发展前景，从而做出更加科学和合理的投资决策。同时，决策者也需要关注经济信息应用过程中的挑战，并采取相应对策以提高投资决策的准确性和有效性。在经济环境日益复杂和多变的背景下，加强经济信息的应用能力和决策水平对于企业和个人来说都显得尤为重要。

五、经济信息在风险管理中的应用

在当今充满不确定性的商业环境中，风险管理成为企业稳健运营和持续发展的关键要素。而经济信息，作为反映市场状况、行业趋势和宏观经济政策的重要工具，对于风险管理的决策和实践具有不可替代的作用。下面将详细探讨经济信息在风险管理中的应用，包括其重要性、应用方法、实际应用案例以及面临的挑战与对策。

（一）经济信息与风险管理的重要性

风险管理涉及对企业运营过程中可能出现的各种风险进行识别、评估、控制和监控。而经济信息作为企业决策的重要基础，为风险管理提供了有力的支持。

首先，经济信息有助于企业识别风险。通过对市场数据、行业报告、宏观经济指标等经济信息的分析，企业可以及时发现潜在的市场风险和竞争压力，为风险管理提供及时和准确的信息支持。

其次，经济信息可以帮助企业评估风险的大小和影响程度。通过对历史数据和趋势的分析，企业可以了解风险的发生概率和可能造成的损失，从而为制定风险应对策略提供依据。

最后，经济信息还可以为企业监控风险提供指导。通过实时监测市场动态和经济指标的变化，企业可以及时发现风险的变化趋势，并采取相应的措施进行调整和控制。

（二）经济信息的应用方法

在风险管理中，经济信息的应用方法主要包括以下几个方面：

1. 数据收集与整理

首先，企业需要收集相关的经济数据，包括市场数据、行业数据、宏观经济数据等。然后，对这些数据进行整理和分析，提取出与风险管理相关的信息和数据。

2. 风险识别与评估

通过对收集到的经济信息进行分析和比较，企业可以识别出潜在的风险因素，并评估其可能对企业运营造成的影响。这包括对市场风险、信用风险、流动性风险等各类风险的评估。

3. 风险应对策略制定

在识别和评估风险后，企业需要制定相应的风险应对策略。这包括风险规避、风险降低、风险转移和风险承受等策略的选择和实施。经济信息可以为企业提供决策支持和依据，帮助企业制定更加科学和合理的风险应对策略。

4. 风险监控与报告

最后，企业需要建立风险监控和报告机制，对经济信息和市场变化进行实时监测和分析。这可以帮助企业及时发现和处理潜在风险，保障企业运营的稳健性和持续性。

（三）实际应用案例

为了更好地理解经济信息在风险管理中的应用，我们可以参考一些实际的应用案例。

例如，在金融行业中，银行和其他金融机构需要面临各种信用风险和市场风险。通过收集和分析相关的经济数据，如借款人的信用记录、行业发展趋势、市场利率等，银行可以更好地评估借款人的信用风险，并制定相应的风险控制策略。此外，通过对市场数据的实时监测和分析，银行还可以及时调整投资策略，降低市场风险对企业的影响。

另一个例子是在供应链管理中，企业需要面对供应商风险、运输风险、库存风险等多种风险。通过收集和分析相关的经济数据，如供应商的经营状况、物流运输的成本和效率、市场需求的变化等，企业可以及时发现和处理潜在风险，保障供应链的稳定性和可靠性。

（四）面临的挑战与对策

虽然经济信息在风险管理中发挥着重要的作用，但其应用过程中也面临一些挑战。

首先，经济信息的真实性和准确性是一个重要的问题。部分信息可能存在失真、滞后等问题，这可能导致风险管理的决策出现偏差。因此，企业需要加强对信息来源的审核和筛选，确保所使用的经济信息的真实性和可靠性。

其次，经济信息的处理和分析也是一个挑战。大量的经济数据需要进行处理和分析，这对企业的数据处理能力提出了更高的要求。企业需要加强自身的信息处理能力或寻求专业的信息咨询服务以应对这一挑战。

最后，经济环境的变化也可能对风险管理产生影响。市场状况、政策环境等因素的变化可能导致经济信息的准确性和有效性受到影响。因此，企业需要保持对市场动态的敏感性，及时调整风险管理策略以应对经济环境的变化。

针对以上挑战，企业可以采取以下对策：

1. 加强信息筛选与核实

建立完善的信息筛选和核实机制，确保所使用的经济信息的真实性和可靠性。

2. 提升数据处理能力

加强自身的信息处理能力或寻求专业的信息咨询服务，以更好地应对大量的经济数据。

3. 建立灵活的风险管理机制

保持对市场动态的敏感性，及时调整风险管理策略以应对经济环境的变化。

经济信息在风险管理中发挥着至关重要的作用。通过合理利用经济信息，企业可以更加准确地识别、评估和控制风险，保障企业运营的稳健性和持续性。同时，企业也需要关注经济信息应用过程中的挑战，并采取相应对策以提高风险管理的水平和效果。在经济环境日益复杂和多变的背景下，加强经济信息的应用能力和风险管理水平对于企业的长远发展具有重要的意义。

第三节　经济信息的收集、处理与分析

一、经济信息收集的方法与途径

在当今快速发展的商业环境中，经济信息的及时性和准确性对于企业的决策至关重要。经济信息的收集成为企业获取竞争优势、制定战略规划的基础。为了有效地收集经济信息，企业需要掌握多种方法和途径。下面将详细探讨经济信息收集的方法与途径，包括传统渠道、现代技术手段以及专业机构服务，并分析各种方法的优缺点，最后提出建议以帮助企业更有效地收集和利用经济信息。

（一）传统渠道

1. 政府统计与报告

政府是经济信息的重要来源之一。各国政府会定期发布关于国内生产总值、就业、通货膨胀率等关键经济指标的数据和报告。企业可以通过订阅政府官方出版物或访问政府网站来获取这些数据。

2. 行业协会与报告

行业协会经常发布关于特定行业的市场报告、趋势分析和统计数据。这些报告通常基于会员企业的数据和经验，对于了解行业内部动态非常有价值。

3. 市场调研与调查

企业可以通过市场调研和调查来直接收集关于消费者需求、市场规模和竞争格局的信息。这可以通过问卷调查、访谈、焦点小组等方式进行。

（二）现代技术手段

1. 互联网搜索引擎

互联网是现代信息收集的重要工具。通过搜索引擎，企业可以轻松地找到大量关于经济、市场和行业的信息。此外，还有专门的经济新闻网站和数据库，如彭博、路透等，提供全面的经济数据和新闻。

2. 社交媒体与在线论坛

社交媒体和在线论坛是获取实时市场反馈和消费者意见的重要渠道。通过监测和分析社交媒体上的讨论和趋势，企业可以了解消费者的需求和偏好变化。

3. 大数据分析

大数据技术可以帮助企业处理和分析海量数据，从中提取有用的信息。通过数据挖掘和机器学习算法，企业可以发现市场趋势、预测未来走向，并做出更准确的决策。

（三）专业机构服务

1. 经济研究机构

经济研究机构是专业的信息收集和分析机构，它们拥有专业的团队和数据库，提供定制化的经济研究报告和咨询服务。企业可以通过购买这些机构的报告来获取专业的经济分析和预测。

2. 市场研究机构

市场研究机构专门从事市场调研和分析，它们可以帮助企业了解市场状况、竞争对手和消费者行为。企业可以通过与这些机构合作，获取定制化的市场调研报告和数据。

3. 订阅服务与数据库

许多机构提供订阅服务和数据库，企业可以通过订阅这些服务来获取定期更新的经济数据和报告。这些数据库通常包含丰富的历史数据和分析工具，方便企业进行数据查询和分析。

（四）方法优缺点分析

1. 传统渠道的优缺点

政府统计与报告具有权威性和可靠性，但可能更新速度较慢；行业协会与报告通常具有行业针对性，但可能受到会员企业的影响；市场调研与调查结果准确，但成本较高且耗时较长。

2. 现代技术手段的优缺点

互联网搜索引擎和社交媒体具有实时性和互动性，但信息质量参差不齐；大数据分析能够提供深入洞察，但技术要求较高且数据处理成本可能较高。

3. 专业机构服务的优缺点

经济研究机构和市场研究机构提供的报告和分析通常具有较高的专业性和准确性，但成本可能较高；订阅服务与数据库具有方便性和高效性，但可能受限于数据库的范围和更新频率。

（五）建议

为了更有效地收集和利用经济信息，企业可以采取以下建议：

1. 综合运用多种方法

企业应根据实际需求和数据特点，综合运用传统渠道、现代技术手段和专业机构服务来收集经济信息。这样可以确保信息的全面性和准确性。

2. 关注数据质量和来源

在选择信息来源时，企业应关注数据的质量和可靠性。优先选择权威机构和专业平台发布的数据和报告。

3. 加强数据处理和分析能力

企业应加强对收集到的经济数据的处理和分析能力，利用现代技术手段如大数据分析来提取有用的信息。

4. 建立信息共享机制

企业可以建立内部信息共享机制，将收集到的经济信息与内部其他部门进行共享和协同分析。这样可以提高信息的利用率和决策效果。

经济信息的收集需要综合运用多种方法和途径。企业应根据实际需求和数据特点选择合适的方法，并加强数据处理和分析能力以提高信息的利用率。同时，建立信息共享机制也有助于提高决策效果和企业的竞争力。

二、经济信息的处理

（一）经济信息处理的重要性

经济信息处理是企业管理决策的基础。通过对经济信息的收集、整理、分析和解释，企业可以获取关于市场、竞争对手、客户需求、行业趋势等方面的有价值知识。这些信息不仅有助于企业制定长期战略，还能够指导日常运营和短期决策。此外，经济信息处理还有助于企业提高市场敏感度和反应速度，及时捕捉商业机会，降低风险，从而增强竞争力和盈利能力。

（二）经济信息处理流程

1. 数据收集

这是经济信息处理的第一步，涉及从各种来源收集相关数据和信息。数据收集应该具有明确的目的性和针对性，确保收集到的数据能够满足分析需求。

2. 数据清洗与整理

在收集到原始数据后，需要进行清洗和整理，以消除错误、异常值和不一致数据，使数据更加规范和易于分析。

3. 数据分析

通过运用统计方法、数据挖掘技术、机器学习算法等手段，对清洗后的数据进行深入分析，提取有价值的信息和规律。

4. 结果解释与报告

将分析结果转化为易于理解的形式，如图表、报告等，以便企业内部各部门和决策者能够理解和利用这些信息。

（三）常用经济信息处理方法

1. 描述性统计分析

通过计算数据的均值、中位数、众数、方差等指标，描述数据的分布特征和变化趋势。

2. 预测分析

利用时间序列分析、回归分析、机器学习等方法，预测未来经济走势、市场需求等。

3. 决策树与随机森林

通过构建决策树或随机森林模型，对市场细分、客户分类等问题进行预测和决策。

4. 文本挖掘与情感分析

对大量的文本信息进行挖掘和分析，提取有用的信息，如市场趋势、消费者意见等。

（四）面临的挑战与建议

1. 数据质量问题

原始数据可能存在错误、缺失或不一致等问题，影响分析结果的准确性。因此，企业需要加强对数据质量的控制，确保收集到的数据是准确、完整和可靠的。

2. 信息过载问题

随着信息量的不断增加，企业可能面临信息过载的问题。为了解决这个问题，企业需要对信息进行筛选和过滤，只关注与自身业务相关的重要信息。

3. 技术与人才短缺

经济信息处理需要运用先进的统计方法和数据分析工具，但部分企业可能面临技术和人才的短缺问题。为了解决这个问题，企业可以加强对员工的培训和教育，提高他们的数据分析和处理能力；同时，积极引进外部专业人才和机构，共同推进经济信息处理工作。

4. 信息安全与隐私保护

经济信息处理涉及大量的敏感数据，如客户信息、财务数据等。因此，企业需要加强信息安全管理和隐私保护工作，确保数据不被泄露或滥用。

经济信息处理对于企业的决策和竞争具有重要意义。通过有效的经济信息处理，企业可以更好地理解市场、把握机会、降低风险，从而提高竞争力和盈利能力。为了应对挑战并充分发挥经济信息处理的价值，企业需要关注数据质量、信息筛选、技术与人才培养以及信息安全与隐私保护等方面的问题，并采取相应的措施加以解决。同时，随着技术的不断发展和市场的不断变化，企业还需要不断创新和完善经济信息处理的方法和流程，以适应新的商业环境和市场需求。

三、经济信息的分析

（一）经济信息分析的过程

1. 明确分析目的

首先，需要明确分析的目是了解市场趋势、评估投资风险、制定营销策略，还是为了优化生产流程。明确目的有助于后续的数据收集和分析工作。

2. 数据收集

根据分析目的，收集相关的经济数据。这些数据可能来自公司内部系统、市场研究报告、政府统计数据、行业分析报告等。

3. 数据处理

收集到的原始数据通常需要进行清洗、整理和转换，以消除错误、异常值和不一致数据，确保数据的准确性和一致性。

4. 数据分析

运用统计方法、数学模型、数据挖掘技术等手段，对处理后的数据进行深入分析。这可能包括描述性统计、因果分析、时间序列分析、预测模型等。

5. 结果解释

将分析结果转化为易于理解的形式，并结合实际情况进行解释。这可能需要使用图表、报告、可视化工具等手段，帮助决策者更好地理解分析结果。

6. 决策应用

将分析结果应用于实际决策中。这可能涉及产品定价、市场策略调整、投资决策、风险管理等方面。

（二）经济信息分析的方法与工具

1. 描述性统计分析

使用均值、中位数、众数、方差等指标描述数据的分布特征和变化趋势，有助于初步了解数据的整体情况。

2. 因果分析

通过回归分析、方差分析等方法，探究经济变量之间的因果关系，有助于理解经济现象背后的逻辑和机制。

3. 时间序列分析

使用时间序列模型、指数平滑等方法，分析经济数据的时间趋势和周期性变化，有助于预测未来的经济走势和市场趋势。

4. 数据挖掘与机器学习

运用数据挖掘技术和机器学习算法，从大量数据中提取有用的信息和规律，有助于发现隐藏的市场机会和风险点。

在实际应用中，常用的工具包括 Excel、SPSS、SAS、R 语言、Python 等。这些工具提供了丰富的数据处理和分析功能，可以帮助用户更好地完成经济信息的分析工作。

（三）面临的挑战与策略

1. 数据质量问题

数据可能存在缺失、错误或不一致等问题，影响分析结果的准确性。为了解决这一问题，需要对数据进行清洗和整理，确保数据的准确性和一致性。此外，还可以通过多源数据校验、专家审核等方式提高数据质量。

2. 分析模型的选择与应用

不同的分析模型适用于不同的场景和目的。在选择模型时，需要根据分析目的、数据类型和实际情况进行综合考虑。同时，还需要注意模型的适用范围和局限性，避免盲目套用模型导致分析结果失真。

3. 实时性与动态性

经济环境和市场趋势在不断变化，要求经济信息分析具有实时性和动态性。为了应对这一挑战，需要建立定期更新的数据分析体系，及时调整分析模型和方法，以适应新的市场环境和数据特征。

4. 专业性与团队协作

经济信息分析涉及多个学科领域的知识和技能，需要具备专业的分析团队和协作机制。为了提高分析质量和效率，需要加强团队成员的专业培训和知识更新，同时建立良好的沟通机制和协作流程。

经济信息的分析是一个复杂而重要的过程，需要综合运用多种方法、工具和策略。通过明确分析目的、收集和处理数据、选择合适的分析方法和工具、应对挑战和制定策略等步骤，可以有效地将经济数据转化为有价值的信息和决策支持。随着技术的不断发展和市场的不断变化，我们还需要不断创新和完善经济信息的分析方法和体系，以适应新的需求和挑战。

四、经济信息的质量评估与可靠性分析

（一）经济信息质量与可靠性的定义

1. 质量定义

经济信息的质量是指其准确性、完整性、及时性、相关性和可解释性等方面所达到的水平。高质量的经济信息应能够真实反映经济现象的本质和规律，提供全面、准确、及时的数据和信息支持。

2. 可靠性定义

经济信息的可靠性是指其来源的权威性、数据的真实性和分析的合理性等方面的保障程度。可靠的经济信息应来自权威机构或可靠的数据源，数据应经过严格的验证和审核，分析方法应科学合理。

（二）经济信息质量与可靠性的评估方法

1. 准确性评估

通过对比不同来源的数据、使用历史数据进行验证以及利用统计方法进行误差分析等方式，评估经济信息的准确性。

2. 完整性评估

检查信息是否全面、无遗漏，是否涵盖了关键的经济指标和数据，以及是否有足够的细节和背景信息。

3. 及时性评估

分析信息发布的时间间隔、数据更新的频率以及是否能够满足决策者的实时需求。

4. 相关性评估

判断信息是否与决策目标紧密相关，是否能够提供有价值的洞察和预测。

5. 可解释性评估

考察信息的清晰度、易懂性和逻辑性，以及是否配备了足够的解释和说明。

（三）影响经济信息质量与可靠性的因素

1. 数据来源

信息的来源不同，其质量和可靠性也会有所差异。权威机构发布的数据通常更加可靠，而个人或非专业机构提供的信息可能存在较大的误差和偏差。

2. 数据采集方法

数据采集的方法和数据处理的流程也会影响信息的质量和可靠性。如果数据采集方法不合理、数据处理流程不规范，那么所得出的信息就可能存在误差和遗漏。

3. 经济环境

经济环境的变化也会对信息的质量和可靠性产生影响。例如，经济周期的变化、政策调整等因素都可能导致数据出现异常波动，从而影响信息的准确性。

4. 利益冲突

在某些情况下，信息提供者可能因利益冲突而故意隐瞒或篡改信息，导致信息的可靠性下降。

（四）提升经济信息质量与可靠性的策略

1. 加强信息审核

设立专门的审核机构或团队，对信息进行严格的审核和验证，确保信息的真实性和准确性。

2. 提高数据采集和处理水平

采用先进的数据采集技术和数据处理方法，提高数据的采集效率和处理精度，减少误差和遗漏。

3. 加强信息公开和透明度

推动信息公开和透明度，增加信息来源的多样性和竞争性，降低信息垄断和失真的风险。

4. 建立信息质量评估体系

建立科学的信息质量评估体系，定期对信息进行评估和排名，提高信息提供者的责任感和竞争意识。

5. 加强监管和执法力度

加强对信息提供者的监管和执法力度，对故意隐瞒或篡改信息的行为进行严厉打击和处罚。

第十二章　综合统计与经济信息工作的关系

第一节　综合统计对经济信息工作的影响

一、综合统计的定义与重要性

在当今社会，数据已经成为驱动决策、洞察市场趋势和预测未来走向的关键因素。而综合统计作为数据分析和决策支持的重要工具，在各个领域的应用越来越广泛。下面将对综合统计的定义进行阐述，并深入探讨其重要性。

（一）综合统计的定义

综合统计是一种运用数学和统计学原理，对多个数据源进行收集、整理、分析和解释的方法。它不仅关注数据的数量，还关注数据之间的关系、数据的变化趋势以及数据背后的含义。综合统计的目的是从大量的、复杂的数据中提取有用的信息，为决策提供科学依据。

综合统计的过程通常包括以下几个步骤：

1. 数据收集

从各个渠道收集相关的数据，确保数据的全面性和准确性。

2. 数据整理

对收集到的数据进行分类、排序和筛选，使其更加有序和易于分析。

3. 数据分析

运用统计学原理和方法，对数据进行处理和分析，揭示数据之间的关系和规律。

4. 数据解释

将分析结果转化为易于理解的形式，如图表、报告等，为决策者提供直观的信息。

（二）综合统计的重要性

1. 决策支持

综合统计能够提供全面、客观的数据支持，帮助决策者更好地了解市场、社会和经济的实际情况，从而做出更加科学和合理的决策。

2. 趋势预测

通过对历史数据的分析和挖掘，综合统计能够揭示数据的变化趋势和规律，为未来的发展趋势提供预测和参考。这对于企业和政府等组织来说，具有重要的战略意义。

3. 政策评估

综合统计可以用于评估政策实施的效果和影响，为政策的调整和优化提供依据。同时，它还可以帮助政策制定者更好地了解社会和经济的需求和问题，从而制定更加符合实际情况的政策。

4. 市场研究

在市场竞争日益激烈的今天，综合统计对于市场研究的重要性不言而喻。通过对市场数据的收集和分析，企业可以了解市场需求、竞争对手的情况以及消费者行为等信息，为市场定位和产品开发提供重要参考。

5. 风险管理

综合统计可以帮助企业和组织识别潜在的风险和问题，从而采取相应的措施进行防范和管理。这对于保障企业和组织的稳定运营和持续发展具有重要意义。

6. 资源分配

通过对各种数据的综合分析，综合统计能够为资源的分配提供科学依据。这不仅可以提高资源的利用效率，还可以避免资源的浪费和过度集中。

7. 科研探索

在科研领域，综合统计也是不可或缺的工具。通过对大量实验数据的统计和分析，科研人员可以揭示自然界的规律和现象，推动科学的进步和发展。

8. 公众福祉

政府和社会组织通过综合统计了解社会问题的分布和趋势，从而制定更加有效的社会福利政策，提高公众的生活质量。

综合统计作为一种重要的数据分析工具，其重要性不容忽视。它不仅为决策提供科学依据，还能够帮助我们更好地了解市场、社会和经济的实际情况，预测未来的发展趋势，评估政策效果，进行市场研究，管理风险，分配资源以及推动科研进步等。因此，我们应该加强对综合统计的研究和应用，提高其在各个领域的作用和价值。同时，随着技术的发展和数据的不断增加，我们也需要不断完善和更新综合统计的方法和工具，以更好地应对日益复杂的数据挑战和需求。

二、综合统计与经济信息工作的联系

综合统计和经济信息工作在现代经济管理中扮演着至关重要的角色。两者虽然在某些方面有所区别，但更多的是相互补充、相互促进的关系。下面将深入探讨综合统计与经济信息工作的联系，并分析它们在经济发展和社会进步中的共同作用。

（一）综合统计与经济信息工作的基本概念

综合统计是一种对社会经济现象进行数量描述和分析的方法，它通过对各种数据进行收集、整理、分析，揭示出经济活动的规律和趋势。综合统计的目的是为决策提供科学依据，促进经济的健康发展。

经济信息工作则是指对经济信息进行收集、整理、分析和传递的过程。经济信息的准确性和及时性对于企业和政府的决策至关重要。经济信息工作旨在提供准确、全面的经济数据和信息，以支持经济决策和宏观调控。

（二）综合统计与经济信息工作的联系

1. 数据来源的共通性

综合统计和经济信息工作都需要从各种渠道收集数据。这些数据可能来自政府部门、企业、研究机构等。这些数据为两者的分析提供了基础。

2. 分析方法的相似性

综合统计和经济信息工作都涉及数据的整理、分析和解释。两者都运用统计学原理和方法，对数据进行处理，以揭示经济活动的规律和趋势。

3. 服务对象的重叠性

综合统计和经济信息工作的最终目的是为决策提供支持。无论是企业还是政府，都需要依据这些数据和信息来制定经济发展战略和政策。因此，两者的服务对象在很大程度上是重叠的。

4. 相互促进的关系

综合统计和经济信息工作在实际操作中相互促进。一方面，综合统计提供的全面、客观的数据支持为经济信息工作提供了更加准确、全面的信息来源；另一方面，经济信息工作提供的及时、有用的信息也为综合统计提供了更多的分析视角和思路。

（三）综合统计与经济信息工作在经济发展中的作用

1. 促进决策的科学性

综合统计和经济信息工作为决策者提供了大量的数据和信息支持，使决策者能够更加全面、客观地了解经济活动的实际情况和趋势，从而制定出更加科学和合理的决策。

2. 推动经济结构调整

通过对经济数据的分析和解读，综合统计和经济信息工作能够揭示出不同产业、不同地区的经济发展特点和趋势，为经济结构调整提供重要参考。

3. 监测经济运行状况

综合统计和经济信息工作可以实时监测经济的运行状况，及时发现经济运行中的问题和风险，为政府和企业提供预警和应对措施。

4. 促进信息共享和合作

综合统计和经济信息工作不仅为政府和企业提供数据和信息支持，还可以促进不同部门、不同地区之间的信息共享和合作，推动经济的协同发展。

综合统计与经济信息工作虽然在某些方面有所区别，但更多的是相互补充、相互促进的关系。两者在数据来源、分析方法、服务对象等方面都存在着紧密的联系。在实际操作中，综合统计和经济信息工作相互促进、相互支持，共同为经济发展和社会进步提供重要支撑。

因此，我们应该进一步加强综合统计与经济信息工作的协调和配合，提高数据和信息的质量和使用效率，为经济发展和社会进步提供更加全面、准确、及时的数据和信息支持。同时，我们还需要不断创新和完善综合统计与经济信息工作的方法和手段，以适应经济发展的新要求和新挑战。

三、综合统计如何影响经济信息的收集

在经济管理和社会决策中，综合统计和经济信息都扮演着不可或缺的角色。它们之间的关系不仅仅是一种互补，更在某种程度上形成了一种动态的相互影响机制。下面将重点探讨综合统计如何影响经济信息的收集，并详细分析这种影响的多个层面。

（一）综合统计对经济信息收集的导向作用

综合统计通过对宏观经济数据的收集、整理和分析，能够揭示出经济发展的总体趋势和主要矛盾。这种分析结果为经济信息的收集提供了明确的导向。例如，当综合统计显示某一行业或地区的经济增长速度放缓时，经济信息的收集工作可能会更加关注这些区域或行业的具体情况，以便深入了解背后的原因和可能的影响。

（二）综合统计对经济信息收集范围的界定

综合统计的覆盖范围往往决定了经济信息收集的广度。综合统计的全面性要求经济信息的收集必须涵盖各个经济领域和各个环节，以确保数据的完整性和准确性。因此，综合统计的边界在很大程度上界定了经济信息收集的范围，为信息收集提供了明确的目标和框架。

（三）综合统计对经济信息收集方法的优化

综合统计的方法论和经济理论的应用，为经济信息的收集提供了科学的方法指导。例如，通过运用抽样调查、数据分析等统计方法，综合统计可以提高经济信息收集的效率和准确性。这些方法的应用不仅优化了经济信息的收集过程，还提高了信息的可靠性和实用性。

（四）综合统计对经济信息收集质量的提升

综合统计对数据质量的高要求推动了经济信息收集质量的提升。在综合统计中，数据的准确性、完整性和及时性至关重要。为了满足这些要求，经济信息收集工作必须更加严谨、细致，以确保数据的质量符合综合统计的标准。这种要求不仅促进了信息收集技术的创新和改进，还提高了信息收集人员的专业素养和责任心。

（五）综合统计对经济信息收集周期的影响

综合统计的周期性和时效性对经济信息收集的周期有直接的影响。综合统计通常需要按照一定的时间节点进行，如季度、半年度或年度统计。这种周期性要求经济信息收集工作必须按照相应的时间表进行，确保数据的及时性和有效性。同时，综合统计的时效性也要求经济信息收集工作能够快速响应经济变化，及时调整收集策略和内容。

（六）综合统计对经济信息收集成本的影响

综合统计对经济信息收集的成本也有着不可忽视的影响。为了获得准确、全面的经济数据，经济信息收集工作往往需要投入大量的人力、物力和财力。而综合统计的结果可以为信息收集工作提供优化建议和方向，帮助减少不必要的资源浪费，降低信息收集成本。

（七）综合统计与经济信息收集的互动发展

随着经济社会的发展和信息技术的进步，综合统计和经济信息收集都在不断地发展和完善。两者之间的互动关系也将越来越紧密。一方面，综合统计的改进和创新将推动经济信息收集工作的进步；另一方面，经济信息收集工作的优化也将为综合统计提供更加准确、全面的数据支持。

四、综合统计如何影响经济信息的处理与分析

在经济决策和研究中，信息的处理与分析扮演着至关重要的角色。而综合统计作为经济信息的汇总和整合工具，对经济信息的处理与分析产生了深远的影响。下面将详细探讨综合统计如何影响经济信息的处理与分析，从数据处理、分析方法、决策制定等多个方面展开论述。

（一）综合统计在数据处理中的作用

综合统计的核心是对各类经济数据进行整合和汇总，这一过程直接影响了后续的信息处理与分析。首先，综合统计为数据处理提供了统一的标准和规范，确保了数据的可比性和一致性。在数据收集阶段，综合统计明确了数据的来源、口径和范围，为数据处理提供了清晰的方向。其次，综合统计通过数据清洗、整理、分类等步骤，提高了数据的质量和可用性。在数据处理过程中，综合统计能够识别并纠正数据中的错误、异常值或遗漏，确保数据的准确性和完整性。最后，综

合统计还通过数据变换、归一化等方法，将数据转化为适合分析的形式，提高了数据的可理解性和可操作性。

（二）综合统计对分析方法的影响

综合统计不仅提供了丰富的数据资源，还为经济信息的分析提供了多种方法和工具。首先，综合统计推动了定量分析方法的广泛应用。通过对大量数据的统计分析和建模，综合统计为经济信息的定量分析提供了坚实的数据基础。这使得研究人员能够更准确地揭示经济现象的本质和规律，提高分析的准确性和可信度。其次，综合统计还促进了定性分析方法的发展。通过对数据的深入挖掘和解读，综合统计为定性分析提供了丰富的素材和案例。这使得研究人员能够更深入地理解经济现象背后的原因和机制，提高分析的深度和广度。

（三）综合统计在决策制定中的作用

经济信息的处理与分析最终服务于决策制定。综合统计作为经济信息的综合反映，为决策制定提供了重要的参考依据。首先，综合统计通过提供全面的经济数据和分析结果，帮助决策者了解经济运行的总体情况和趋势。这使得决策者能够更准确地把握经济形势和发展方向，为制定科学合理的决策提供数据支持。其次，综合统计还能够揭示经济发展中的矛盾和问题。通过对数据的深入分析和比较，综合统计能够发现经济发展中的不平衡、不协调等问题，为决策者提供有针对性的解决方案。最后，综合统计还能够评估政策效果和影响。通过对政策实施前后的数据进行对比和分析，综合统计能够客观评估政策的实际效果和影响程度，为决策者提供政策调整和改进的依据。

（四）综合统计对经济信息解读的影响

经济信息的解读是处理与分析的重要一环，它涉及对经济数据的深入理解和解释。首先，综合统计通过提供全面、系统的经济数据，为经济信息的解读提供了丰富的素材和背景。这使得解读者能够更全面地了解经济现象的来龙去脉，更准确地把握经济数据的内涵和意义。其次，综合统计还通过提供多维度的数据分析结果，帮助解读者更深入地挖掘经济数据背后的信息和趋势。这有助于解读者更准确地预测未来经济的发展方向和趋势，为决策提供更加可靠的依据。

（五）综合统计与经济信息处理分析的互动发展

随着经济社会的发展和信息技术的进步，综合统计和经济信息处理分析都在不断地发展和完善。两者之间的互动关系也将越来越紧密。一方面，综合统计的不断改进和创新将推动经济信息处理分析方法的进步；另一方面，经济信息处理分析方法的优化也将为综合统计提供更加准确、全面的数据支持。这种互动发展将使综合统计和经济信息处理分析更加紧密地结合在一起，共同推动经济决策和研究的发展。

综合统计对经济信息的处理与分析产生了深远的影响。它不仅为数据处理提供了统一的标准和规范，还推动了分析方法的发展和创新；同时，综合统计还为决策制定提供了重要的参考依据，帮助决策者更准确地把握经济形势和发展方向。未来，随着综合统计和经济信息处理分析的不断发展和完善，这种影响将更加显著和深远。因此，我们应该充分认识和利用这种影响关系，推动综合统计和经济信息处理分析工作的共同进步和发展。

五、综合统计在经济信息决策支持中的作用

在经济决策过程中，信息的获取、处理和分析是至关重要的。而在这一过程中，综合统计发挥着不可替代的作用。综合统计不仅提供了全面、系统的经济数据，还为决策者提供了深入的数据分析和解读，帮助决策者更好地把握经济形势、预测未来趋势，从而做出科学、合理的决策。下面将详细探讨综合统计在经济信息决策支持中的作用。

（一）提供全面系统的经济数据

综合统计的核心任务是对各类经济数据进行整合和汇总，从而提供全面、系统的经济数据。这些数据不仅包括了宏观经济指标，如 GDP、通胀率、就业率等，还涵盖了产业、地区、企业等各个层面的经济数据。这些数据的全面性和系统性为决策者提供了丰富的信息来源，帮助决策者全面了解经济运行的状况和问题。

（二）深入的数据分析和解读

综合统计不仅提供数据，更重要的是对数据进行深入的分析和解读。通过对数据的挖掘、比较和关联分析，综合统计能够揭示数据背后的经济规律和发展趋势。这种深入的分析和解读为决策者提供了更加准确、全面的信息支持，帮助决

策者更好地把握经济形势和未来发展方向。

（三）辅助预测和决策

综合统计的另一重要作用是辅助预测和决策。通过对历史数据的分析和对未来趋势的预测，综合统计能够为决策者提供科学的预测结果和决策建议。这些预测结果和建议可以帮助决策者预判经济走势、把握发展机遇、规避潜在风险，从而做出更加明智的决策。

（四）优化资源配置

在经济决策中，资源的配置是一个关键问题。综合统计通过提供全面的经济数据和深入的数据分析，可以帮助决策者更好地了解资源的分布和利用情况，从而优化资源配置。这不仅可以提高资源的利用效率，还可以促进经济的可持续发展。

（五）监测政策效果

政策的制定和实施是经济决策的重要组成部分。综合统计可以通过对经济数据的持续监测和分析，评估政策的实施效果和影响。这不仅可以为决策者提供政策调整和改进的依据，还可以帮助决策者更好地了解政策的实际效果和社会反响。

（六）支持风险管理

经济决策中不可避免地存在各种风险。综合统计通过提供全面的经济数据和深入的数据分析，可以帮助决策者更好地识别、评估和管理风险。这不仅可以提高决策的风险防范能力，还可以为决策者提供更加全面、准确的风险预警和应对措施。

（七）促进信息透明和公开

综合统计通过定期发布经济数据和分析报告，促进了经济信息的透明和公开。这不仅有助于增强公众对经济的了解和认识，还可以提高政府的透明度和公信力。同时，透明和公开的经济信息也有助于促进市场的公平竞争和健康发展。

（八）推动决策的科学化和民主化

综合统计通过提供全面、系统的经济数据和深入的数据分析，为决策提供了更加科学、客观的依据。这有助于推动决策的科学化和民主化，减少决策的随意性和主观性。同时，综合统计还可以为公众提供参与决策的机会和途径，促进决策的民主参与和监督。

第二节　经济信息工作在综合统计中的应用与价值

一、经济信息在综合统计中的基础作用

在综合统计的广阔领域中，经济信息扮演着至关重要的角色。它不仅构成了综合统计的核心内容，还是推动统计方法和技术革新的重要驱动力。经济信息的全面、准确和及时性是确保综合统计质量的基础，进而影响到经济决策的效果和经济发展的方向。下面将深入探讨经济信息在综合统计中的基础作用。

（一）经济信息是综合统计的核心内容

综合统计是对各类数据进行整合、分析和解读的过程，而经济信息无疑是这一过程中的核心内容。从宏观经济指标到产业、地区、企业等各个层面的数据，都反映了经济的运行状态和趋势。这些信息为综合统计提供了丰富的素材，使得统计结果更加全面、系统和深入。

（二）经济信息的准确性保障综合统计的质量

在综合统计中，经济信息的准确性至关重要。准确的数据能够真实反映经济的实际情况，为决策者提供可靠的信息支持。相反，不准确的数据可能导致决策的失误和资源的浪费。因此，确保经济信息的准确性是综合统计工作的基础。

（三）经济信息的及时性影响综合统计的时效性

经济信息是动态变化的，其及时性对于综合统计的时效性至关重要。及时获取和更新经济信息，能够确保综合统计结果反映最新的经济动态，为决策者提供最新的决策依据。在快速变化的经济环境中，信息的及时性尤为重要。

（四）经济信息推动综合统计方法的创新

随着经济的发展和技术的进步，经济信息的获取和分析方法也在不断创新。这些创新不仅推动了综合统计方法的进步，还提高了统计结果的准确性和时效性。例如，大数据技术的应用使得综合统计能够处理更加庞大、复杂的数据集，提高了统计的效率和准确性。

（五）经济信息助力综合统计在政策评估中的应用

综合统计不仅仅是对数据的简单汇总，更重要的是对数据进行深入的分析和解读，从而为政策评估提供有力支持。经济信息在这一过程中发挥着关键作用。通过对经济数据的分析，可以评估政策的实施效果、预测未来的经济走势，为政策的调整和改进提供科学依据。

（六）经济信息促进综合统计在风险管理中的应用

在经济活动中，风险是无法避免的。而综合统计通过对经济信息的深入分析，可以帮助识别、评估和管理各种风险。经济信息提供的全面、准确的数据支持，使得风险管理更加科学、有效。这不仅有助于保障经济的安全稳定，还可以为决策者提供更加全面、准确的风险预警和应对措施。

（七）经济信息在综合统计中推动信息透明和公开

经济信息的透明和公开是综合统计的重要目标之一。通过定期发布经济数据和分析报告，综合统计为公众提供了了解经济运行的窗口，增强了经济的透明度和公信力。这不仅有助于公众对经济的了解和认识，还可以促进市场的公平竞争和健康发展。

（八）经济信息在综合统计中促进决策的科学化和民主化

经济信息的准确性和及时性为决策者提供了更加科学、客观的依据，有助于推动决策的科学化和民主化。在充分了解和掌握经济信息的基础上，决策者可以更加准确地把握经济形势和发展趋势，制定出更加科学、合理的政策和措施。同时，经济信息的透明和公开也为公众提供了参与决策的机会和途径，促进了决策的民主参与和监督。

经济信息在综合统计中发挥着基础而关键的作用。它不仅构成了综合统计的核心内容，还是推动统计方法和技术革新的重要驱动力。经济信息的全面、准确和及时性是确保综合统计质量的基础，进而影响到经济决策的效果和经济发展的方向。因此，我们应该充分认识和利用经济信息在综合统计中的基础作用，加强经济信息的收集、整理和分析工作，提高综合统计的质量和效率，为经济决策提供更加全面、准确、科学的信息支持。

二、经济信息如何增强综合统计的准确性和有效性

在经济分析和政策制定的过程中，综合统计扮演着至关重要的角色。而经济信息的获取、处理和应用，对于提升综合统计的准确性和有效性起着决定性的作用。下面将详细探讨经济信息如何通过各种机制增强综合统计的准确性和有效性。

（一）经济信息与综合统计的关系

综合统计是一个涉及数据收集、整理、分析和解读的综合性过程。在这一过程中，经济信息是核心要素。它不仅为综合统计提供了基础数据，还是分析经济现象、预测经济趋势的重要依据。经济信息的准确性和及时性直接影响到综合统计的质量和效果。

（二）经济信息如何增强综合统计的准确性

1. 提供翔实的基础数据：准确的经济信息是综合统计的基石。只有基于真实、可靠的数据，综合统计才能得出准确的结论。例如，企业财务报表、行业统计数据、宏观经济指标等都是综合统计的重要数据来源。

2. 辅助数据校验和质量控制：在经济信息的基础上，综合统计可以进行数据校验和质量控制。对比不同来源的数据可以发现数据异常和错误，从而进行修正和调整。这种校验机制有助于提高综合统计的准确性。

3. 引导深入的数据分析：经济信息不仅提供数据，还提供背景信息和上下文。这使得综合统计能够进行深入的数据分析，挖掘数据背后的经济规律和趋势。例如，分析历史经济数据可以发现经济周期的变化规律；通过分析行业数据，可以了解产业的发展趋势和竞争格局。

（三）经济信息如何增强综合统计的有效性

1. 提高决策的效率和效果

准确的经济信息可以帮助决策者快速了解经济现状和问题，从而做出更加科学、合理的决策。这种基于经济信息的决策不仅提高了决策的效率，还增强了决策的有效性。

2. 促进资源的优化配置

通过综合统计对经济信息的分析和解读，可以发现资源的配置效率和潜力。

这有助于决策者调整资源配置策略，实现资源的优化配置和高效利用。

3. 支持经济预测和风险管理

经济信息不仅反映了经济的现状，还蕴含着未来的趋势和风险。综合统计对经济信息的深入挖掘和分析可以预测未来的经济走势和潜在风险，从而为经济预测和风险管理提供有力支持。

4. 增强政策的针对性和灵活性

经济政策需要根据经济形势的变化进行及时调整。经济信息为综合统计提供了实时的经济数据和分析结果，使得政策制定者能够及时了解经济形势的变化，制定出更加有针对性和灵活性的政策。这种基于经济信息的政策调整不仅提高了政策的针对性，还增强了政策的灵活性和适应性。

（四）挑战与对策

尽管经济信息对增强综合统计的准确性和有效性具有重要作用，但在实际应用中仍面临一些挑战。例如，经济信息的获取可能存在难度和成本；经济数据的处理和分析可能受到技术和方法的限制；经济信息的解读和应用可能受到主观因素和利益冲突的影响等。

为了应对这些挑战，我们需要采取以下对策：

1. 加强经济信息的收集和整理工作

建立健全的经济信息收集和整理机制，确保经济信息的全面、准确和及时。同时，加强与相关部门的沟通和合作，共同推进经济信息的共享和利用。

2. 提高经济数据的处理和分析能力

引进先进的技术和方法，提高经济数据的处理和分析能力。同时，加强统计人员的培训和教育，提高他们的专业素质和技能水平。

3. 加强经济信息的解读和应用能力

建立科学的解读和应用机制，确保经济信息的客观、公正和有效。同时，加强对经济信息的监督和评估，及时发现和纠正可能存在的偏差和错误。

经济信息在增强综合统计的准确性和有效性方面发挥着重要作用。提供翔实的基础数据、辅助数据校验和质量控制、引导深入的数据分析等方式，经济信息有助于提高综合统计的准确性；提高决策的效率和效果、促进资源的优化配置、支持经济预测和风险管理、增强政策的针对性和灵活性等方式，经济信息有助于提高综合统计的有效性。然而，在实际应用中仍需要面对一些挑战和困难。因此，我们需要采取相应的对策和措施，加强经济信息的收集、处理、解读和应用工作，进一步提高综合统计的准确性和有效性。

三、经济信息在综合统计数据分析中的应用

在现代经济管理中，综合统计数据分析是一项至关重要的任务。这一过程不仅要求我们对海量的数据进行有效的整理与归类，更需要我们深入挖掘数据背后的经济含义和规律。而在这个过程中，经济信息发挥着不可或缺的作用。下面探讨经济信息在综合统计数据分析中的应用，包括其重要性、应用方式以及所带来的影响。

（一）经济信息的重要性

在综合统计数据分析中，经济信息的重要性主要体现在以下几个方面：

1. 提供数据背景

经济数据往往是在特定的经济背景下产生的。了解这些背景信息，可以帮助我们更好地理解数据的含义和背后的经济现象。

2. 辅助数据解读

不同的经济数据可能代表着不同的经济含义。通过经济信息的引导，我们可以更加准确地解读数据，避免误解和误判。

3. 引导数据分析方向

经济信息可以为我们提供分析的方向和目标。例如，当面临经济下行压力时，我们可能更加关注与经济增长相关的数据；而当面临通货膨胀压力时，我们可能更加关注与物价相关的数据。

（二）经济信息的应用方式

在综合统计数据分析中，经济信息的应用方式多种多样，主要包括以下几个方面：

1. 数据筛选与整理

根据经济信息的指导，我们可以有针对性地对数据进行筛选和整理。例如，在研究某个行业的发展趋势时，我们可以选择与该行业相关的数据进行深入分析。

2. 数据解读与分析

对比和分析不同来源的经济信息，我们可以更加准确地解读数据的含义和背后的经济现象。例如，对比历史数据和当前数据，我们可以发现经济指标的变化趋势和规律。

3. 数据预测与决策

基于经济信息的综合分析，我们可以对未来的经济形势进行预测，并据此做出相应的决策。例如，在面临经济波动时，我们可以根据经济信息的分析结果调整投资策略或政策方向。

（三）经济信息的具体应用案例

为了更好地理解经济信息在综合统计数据分析中的应用，以下将举几个具体的案例：

1.GDP 数据分析

GDP 是衡量一个国家或地区经济发展的重要指标。在对其进行分析时，我们可以结合各种经济信息，如产业结构、就业情况、消费和投资等，来全面解读 GDP 数据的含义和背后的经济现象。例如，当 GDP 增速下降时，我们可以结合就业和消费数据来分析其原因，从而制定相应的政策措施。

2. 物价数据分析

物价水平直接影响到人们的日常生活和经济活动的成本。在对其进行分析时，我们可以结合货币政策、供需关系等经济信息来解读物价数据的变化趋势和原因。例如，当物价上涨过快时，我们可以结合货币政策和供需关系来分析其原因，从而调整货币政策或加强市场监管。

3. 行业数据分析

行业数据反映了不同行业的发展状况和趋势。在对其进行分析时，我们可以结合行业背景、竞争格局等经济信息来解读数据的含义和背后的经济现象。例如，在研究某个新兴行业的发展趋势时，我们可以结合该行业的政策环境、市场需求等信息来进行分析和预测。

（四）挑战与对策

尽管经济信息在综合统计数据分析中发挥着重要作用，但在实际应用中仍面临一些挑战和困难。例如，经济信息的获取可能存在难度和成本；经济数据的处理和分析可能受到技术和方法的限制；经济信息的解读和应用可能受到主观因素和利益冲突的影响等。

为了应对这些挑战和困难，我们需要采取以下对策和措施：

1. 加强经济信息的收集和整理工作

建立完善的经济信息收集和整理机制，确保经济信息的全面、准确和及时。同时加强与相关部门的沟通和合作，共同推进经济信息的共享和利用。

2. 提高经济数据的处理和分析能力

引进先进的技术和方法，提高经济数据的处理和分析能力。同时加强统计人员的培训和教育，提高他们的专业素质和技能水平。

3. 加强经济信息的解读和应用能力

建立科学的解读和应用机制，确保经济信息的客观、公正和有效。同时加强对经济信息的监督和评估，及时发现和纠正可能存在的偏差和错误。

经济信息在综合统计数据分析中发挥着至关重要的作用。它不仅为我们提供了数据背景和解读依据，还引导着我们的分析方向和目标。加强经济信息的收集和整理工作、提高数据处理和分析能力、加强经济信息的解读和应用能力等措施，我们可以更好地利用经济信息进行综合统计数据分析，为经济决策和政策制定提供更加科学、准确的依据。

四、经济信息在综合统计报告和决策建议中的价值

在现代经济社会中，综合统计报告与决策建议的制定，离不开经济信息的深度挖掘和有效利用。经济信息不仅为综合统计报告提供了丰富的数据支撑，还为决策建议的制定提供了科学的依据。下面将探讨经济信息在综合统计报告和决策建议中的价值，并深入分析其如何在实际应用中发挥作用。

（一）经济信息的核心作用

在综合统计报告和决策建议的形成过程中，经济信息扮演着至关重要的角色。其核心价值主要体现在以下几个方面：

1. 数据支撑

经济信息是综合统计报告的基础。收集、整理和分析各类经济数据，可以全

面反映经济发展的现状、趋势和问题，为报告提供翔实、准确的数据支撑。

2. 问题分析

经济信息有助于深入剖析经济发展中存在的问题。对数据的对比、分析和预测，可以发现经济发展的短板、瓶颈和风险点，为决策建议的制定提供重要参考。

3. 趋势预测

基于经济信息的综合分析，可以对未来的经济发展趋势进行预测。这种预测不仅有助于提前布局和应对，还可以为决策者提供科学的决策依据。

4. 政策评估

经济信息也是评估政策效果的重要依据。对政策实施前后的数据进行对比和分析，可以评估政策的实际效果，为政策的调整和完善提供数据支持。

（二）经济信息的实际应用

在实际应用中，经济信息在综合统计报告和决策建议中发挥着不可或缺的作用。以下是一些具体的应用场景和案例：

1. 宏观经济监测与预警

收集和分析宏观经济数据，可以及时发现经济运行的异常情况和风险点，为政府和企业提供预警和建议。例如，当 GDP 增速出现下滑时，可以通过分析产业结构、投资和消费等数据，找出问题所在，并提出相应的政策措施。

2. 产业政策调整与优化

对产业数据进行分析，可以了解不同产业的发展状况和趋势，为政府制定和调整产业政策提供科学依据。例如，当某个行业出现产能过剩时，政府可以通过调整投资政策、优化产业结构等方式来化解风险。

3. 区域经济发展规划

经济信息在区域经济发展规划中同样发挥着重要作用。对区域经济数据进行分析，可以了解不同地区的经济发展水平和潜力，为制定区域经济发展规划提供数据支持。例如，在推进新型城镇化过程中，政府可以根据人口流动、产业发展等数据来合理规划城市布局和产业发展方向。

4. 国际经济合作与交流

在国际经济合作与交流中，经济信息也是不可或缺的重要资源。对国际经济数据进行分析和比较，可以了解不同国家的经济发展水平和优势，为开展国际贸易、投资和技术合作等提供决策依据。例如，在推进“一带一路”建设过程中，中国可以通过分析沿线国家的经济数据来选择合适的合作伙伴和投资领域。

（三）面临的挑战与对策

尽管经济信息在综合统计报告和决策建议中发挥着重要作用，但在实际应用中也面临着一些挑战和问题。例如，经济数据的获取可能存在难度；数据的准确性和可靠性可能受到各种因素的影响；经济信息的分析和利用可能受到技术和方法的限制等。

为了充分发挥经济信息的价值和作用，需要采取以下对策和措施：

1. 加强经济数据的收集和管理

建立完善的数据收集和管理机制，确保数据的准确性和可靠性。加强与相关部门的沟通和合作，共同推进数据资源的共享和利用。

2. 提高经济信息的分析和利用能力

引进先进的技术和方法，提高经济信息的分析和利用能力。加强统计人员的培训和教育，提高他们的专业素质和技能水平。

3. 强化经济信息的决策支持作用

将经济信息与决策过程紧密结合起来，确保决策的科学性和有效性。加强对经济信息的宣传和推广，提高其在决策中的地位和作用。

第三节　综合统计与经济信息工作的协同发展策略

一、建立综合统计与经济信息工作的协同机制

在当今复杂多变的经济环境中，综合统计与经济信息工作的重要性日益凸显。二者各自承担着不同的职责，但又在很大程度上相互依赖、相互促进。为了实现更有效的政策制定和经济决策，有必要建立起一种协同机制，以优化信息资源的配置、确保数据的准确性和相关性、增强政策制定的科学性和前瞻性。下面将探讨如何建立这种协同机制，并分析其可能带来的益处和挑战。

（一）综合统计与经济信息工作的关系

综合统计和经济信息工作都是经济决策的重要基础，但它们在方法、重点和应用上存在一定的差异。综合统计注重数据的收集、整理和分析，旨在提供全面、准确、及时的统计数据，为政策制定者提供决策依据。而经济信息工作则更侧重于对宏观经济形势、行业动态、市场趋势的监测和分析，以及为政策制定提供咨询和建议。

尽管两者在工作内容上有所区别，但它们之间的联系却十分紧密。首先，综合统计提供的数据是经济信息分析的基础。没有准确的数据支持，经济信息的分析和预测就难以进行。其次，经济信息的分析结果又可以反过来指导综合统计的工作方向，使其聚焦于政策制定者关心的重点问题。因此，建立综合统计与经济信息工作的协同机制，可以实现两者之间的优势互补，提高决策的科学性和准确性。

（二）协同机制的构建

要建立综合统计与经济信息工作的协同机制，需要从以下几个方面入手：

1. 明确协同目标和任务

首先，要明确协同机制的目标和任务，即提高数据质量和信息分析的准确性，为政策制定提供更加科学、全面的支持。这需要双方共同制定协同工作的规划和计划，明确各自的责任和分工。

2. 加强信息共享和交流

建立有效的信息共享平台，实现综合统计与经济信息数据的互通有无。通过定期的数据交换、信息通报和会议交流等方式，加强双方之间的沟通和合作，确保数据和信息的及时性和准确性。

3. 优化数据收集和分析方法

综合统计和经济信息工作都需要不断优化数据收集和分析方法，以提高数据的准确性和相关性。双方可以共同研究制定更加科学、合理的数据收集和分析标准，提高数据的质量和可用性。

4. 加强人才队伍建设

协同机制的实施需要有一支高素质的人才队伍来支撑。因此，双方应该加强人才培养和引进，提高统计和信息分析人员的专业素养和综合能力，为协同机制的顺利运行提供有力保障。

（三）协同机制的益处与挑战

建立综合统计与经济信息工作的协同机制，将带来以下益处：

1. 提高数据质量和准确性

加强信息共享和交流，可以减少数据重复采集和错误输入的可能性，提高数据的准确性和可靠性。

2. 增强政策制定的科学性和前瞻性

协同机制可以提供更加全面、准确的经济信息支持，使政策制定者能够更加科学、全面地了解经济形势和发展趋势，提高政策制定的前瞻性和针对性。

3. 优化资源配置和提高工作效率

协同机制可以实现双方之间的优势互补和资源共享，避免资源的浪费和重复投入，提高工作效率和效益。

（四）协同机制的挑战

然而，建立协同机制也面临一些挑战：

1. 制度和机制建设

需要建立完善的制度和机制来保障协同机制的顺利运行，包括数据共享和交流的规范、协同工作的流程和责任分工等。

2. 数据安全和隐私保护

在信息共享和交流的过程中，需要重视数据安全和隐私保护问题，采取有效的措施保障数据的安全和隐私不被泄露和滥用。

3. 人才队伍建设

需要有一支高素质的人才队伍来支撑协同机制的实施，需要加强人才培养和引进工作，提高统计和信息分析人员的专业素养和综合能力。

二、加强综合统计与经济信息工作的人才培养

在当今快速发展的全球经济环境中，综合统计与经济信息工作的重要性日益凸显。它们不仅是政府和企业制定经济政策和商业策略的基础，也是推动经济社会发展的重要力量。然而，这些领域的工作对于人才的专业素养和综合能力要求

极高，因此，加强相关的人才培养显得尤为重要。下面将从人才培养的必要性、当前面临的挑战以及具体的培养策略三个方面进行探讨。

（一）人才培养的必要性

1. 适应经济发展的需要

随着全球化和信息化的发展，经济环境和市场格局不断变化，对综合统计和经济信息工作的要求也在不断提高。需要具备深厚专业知识和敏锐洞察力的专业人才来应对这些挑战。

2. 提升数据质量和信息分析能力

综合统计和经济信息工作涉及大量的数据处理和分析，要求人才具备扎实的统计学、经济学理论基础和数据分析技能，能够从海量数据中提取有价值的信息，为决策提供有力支持。

3. 推动创新发展

在新的经济形势下，需要不断创新统计和信息分析方法，以更好地适应经济发展的新特点和新需求。这需要有一支具备创新思维和实践能力的人才队伍来推动相关领域的创新发展。

（二）当前面临的挑战

1. 人才缺口大

目前，综合统计与经济信息领域的人才缺口较大，尤其是在高端人才方面更为突出。这制约了相关工作的深入开展和创新发展。

2. 知识体系更新快

随着科技和经济的快速发展，综合统计与经济信息领域的知识体系不断更新，要求人才具备持续学习的能力和适应变化的能力。

3. 实践经验不足

很多刚从学校毕业的学生虽然拥有扎实的理论基础，但缺乏实际工作经验，难以迅速适应工作要求。

（三）具体的培养策略

1. 完善教育体系

高校和职业教育机构应根据综合统计与经济信息工作的实际需求，调整和完善相关课程体系，注重理论与实践的结合，培养学生的实际操作能力。同时，还应加强与行业企业的合作，为学生提供实习和实践的机会，帮助他们积累实际工作经验。

2. 加强专业技能培训

针对在职人员，应定期开展专业技能培训，包括统计学、经济学、数据分析等方面的知识和技能培训。通过培训帮助从业人员不断更新知识体系，提高专业技能水平。同时，还可以引入国际先进的培训资源和方法，提升培训效果。

3. 注重创新思维培养

在人才培养过程中，应注重创新思维的培养。可以通过开设创新课程、组织创新竞赛、鼓励参与科研项目等方式，激发学生的创新精神和实践能力。同时，还应鼓励从业人员积极关注经济发展趋势和市场变化，主动探索新的统计和信息分析方法。

4. 建立人才激励机制

为了吸引和留住优秀人才，应建立健全的人才激励机制，包括提供具有竞争力的薪酬待遇、提供良好的工作环境和发展空间、给予优秀人才更多的晋升机会和荣誉等。通过激励机制的建立和完善，激发人才的积极性和创造力。

5. 加强国际合作与交流

综合统计与经济信息工作是全球性的领域，需要加强国际合作与交流。可以通过参与国际学术会议、开展国际合作项目、引进国际先进经验等方式，提升我国在该领域的国际影响力和竞争力。同时，还可以吸引更多优秀的国际人才为我国的相关工作做出贡献。

三、提升综合统计与经济信息工作的技术应用水平

在当今日新月异的科技环境中，技术的应用与创新已经成为推动综合统计与经济信息工作发展的关键动力。随着大数据、人工智能、云计算等先进技术的广泛应用，这些领域正面临着前所未有的机遇与挑战。因此，提升综合统计与经济信息工作的技术应用水平，不仅是为了适应时代发展的需要，更是为了推动经济社会的持续健康发展。下面将从当前技术应用的现状、面临的挑战以及提升策略三个方面进行探讨。

（一）当前技术应用的现状

1. 数据处理能力的增强

随着计算机技术的快速发展，综合统计与经济信息工作所需处理的数据量呈指数级增长。大数据技术的引入使得数据的收集、存储、处理和分析变得更加高效和准确。

2. 分析方法的创新

传统的统计和信息分析方法已经难以满足现代经济社会的需求。机器学习、深度学习等人工智能技术的应用，为数据的深度挖掘和精准分析提供了新的可能。

3. 信息传播与应用效率的提升

云计算技术的发展，使得数据信息的共享和传播变得更加迅速和便捷，大大提高了信息的利用率和应用效果。

（二）面临的挑战

1. 技术更新迅速

信息技术的发展日新月异，要求相关从业人员必须不断学习和掌握新技术，以适应快速变化的工作环境。

2. 数据安全问题

随着数据量的增加和信息技术应用的深入，数据泄露、隐私保护等问题日益凸显，对数据安全和信息保密工作提出了更高的要求。

3. 技术应用与实际需求的结合问题

尽管技术进步迅速，但在实际应用中往往会出现技术与实际需求脱节的情况，导致技术应用的效果不佳。

（三）提升策略

1. 加强技术研发与创新

鼓励和支持相关科研机构和企业加强技术研发和创新，推动综合统计与经济信息工作技术的不断进步。同时，加强与国内外先进技术的交流与合作，引进和消化先进技术成果。

2. 提升从业人员技术水平

加强对从业人员的技术培训和教育，提高他们的技术素养和应用能力。通过定期举办技术培训班、研讨会等活动，为从业人员提供学习和交流的平台。同时，鼓励从业人员自主学习和持续学习，不断提升自己的技术水平。

3. 优化技术应用环境

加大对信息技术基础设施建设的投入，提升数据处理和分析的能力。同时，加强数据安全和隐私保护工作，确保数据的安全性和可靠性。通过优化技术应用环境，为综合统计与经济信息工作提供有力的技术支撑。

4. 推动技术与实际需求的结合

加强技术研发与实际需求的对接，确保技术的应用能够切实解决实际问题。通过与政府部门、企业等机构的紧密合作，了解他们的实际需求和痛点，为他们提供更加精准和高效的技术解决方案。

5. 构建良好的技术创新生态

鼓励和支持各类创新主体积极参与综合统计与经济信息工作领域的技术创新活动，形成协同创新的良好氛围。通过政策引导、资金支持等方式，为技术创新提供有力的保障和支持。同时，加强知识产权保护和成果转化工作，激发创新主体的积极性和创造力。

四、优化综合统计与经济信息工作的流程和标准

在经济社会发展的新时代，综合统计与经济信息工作的重要性日益凸显。为了更好地服务于政府决策、企业经营和学术研究，必须不断优化综合统计与经济信息工作的流程和标准。下面将从流程优化、标准制定、技术应用、人才培养和国际合作五个方面详细探讨如何优化综合统计与经济信息工作的流程和标准。

（一）流程优化

1. 数据采集

建立统一的数据采集平台，确保数据来源的准确性和一致性。通过定期的数据清洗和校验，消除数据中的异常值和错误数据，提高数据质量。

2. 数据处理

采用先进的数据处理技术和方法，如数据挖掘、机器学习等，对采集到的数据进行深度分析和挖掘。同时，建立数据仓库，实现数据的存储和管理，为后续的数据分析和应用提供基础支持。

3. 数据发布

建立数据发布机制，定期发布综合统计和经济信息报告。通过政府网站、新闻媒体等渠道，及时将数据和信息传递给社会各界，提高数据的利用率和传播效果。

4. 反馈与调整

建立反馈机制，及时收集用户对数据和信息的反馈意见，并根据反馈意见对流程和标准进行调整和优化，以更好地满足用户需求。

（二）标准制定

1. 数据标准

制定统一的数据标准和规范，包括数据格式、数据质量、数据采集和处理方法等。通过数据标准的制定和实施，确保数据的可比性和可用性。

2. 信息发布标准

制定信息发布的标准和流程，包括发布内容、发布周期、发布方式等。通过信息发布标准的制定和实施，提高信息发布的规范性和及时性。

3. 服务质量标准

制定服务质量标准，明确服务内容、服务方式、服务时效等。通过服务质量标准的制定和实施，提升综合统计与经济信息工作的服务质量和用户满意度。

（三）技术应用

1. 大数据技术

运用大数据技术，实现对海量数据的快速处理和深度挖掘。通过大数据技术的应用，提高数据处理的效率和准确性，为综合统计与经济信息工作提供有力支持。

2. 人工智能技术

利用人工智能技术，对数据进行智能分析和预测。通过人工智能技术的应用，发现数据中的潜在规律和趋势，为政府决策和企业经营提供有力依据。

3. 云计算技术

采用云计算技术，实现数据的云端存储和共享。通过云计算技术的应用，提高数据的安全性和可靠性，同时降低数据存储和管理的成本。

（四）人才培养

1. 提升专业技能

加强对综合统计与经济信息工作人员的技能培训，提高他们的专业技能和综合素质。通过定期举办培训班、研讨会等活动，为工作人员提供学习和交流的平台。

2. 培养创新思维

鼓励工作人员积极参与创新活动，培养他们的创新思维和解决问题的能力。通过创新思维的培养，推动综合统计与经济信息工作的创新和发展。

3. 建立激励机制

建立激励机制，对在工作中表现突出的工作人员给予奖励和表彰。通过激励机制的建立，激发工作人员的工作积极性和创造力，推动综合统计与经济信息工作的不断进步。

（五）国际合作

1. 加强国际交流

积极参与国际交流与合作，学习借鉴国际先进经验和做法。通过国际交流与合作，拓宽视野，更新观念，为优化综合统计与经济信息工作的流程和标准提供新的思路和方法。

2. 参与国际标准制定

积极参与国际标准的制定和修订工作，争取在国际舞台上发挥更大作用。通过参与国际标准制定，提升我国综合统计与经济信息工作的国际影响力和话语权。

3. 推动国际合作项目

加强与国际组织、国外研究机构等的合作，共同开展综合统计与经济信息领域的合作项目。通过国际合作项目的推动，促进国际数据共享和信息交流，为全球经济社会发展贡献力量。

五、促进综合统计与经济信息工作的国际交流与合作

（一）国际交流与合作的重要性

1. 促进数据共享

通过国际交流与合作，各国可以共享彼此的统计数据和信息，弥补数据空白，

提高数据的全面性和准确性。

2. 推动经济发展

国际统计与经济信息交流合作可以为各国提供经济发展所需的参考和借鉴，促进各国经济的协同发展和互利共赢。

3. 加强政策协调

通过数据的交流和对比，各国可以更好地了解彼此的政策走向，加强政策协调，共同应对全球经济挑战。

4. 提升国际影响力

积极参与国际交流与合作，有助于提升一国在全球统计与经济信息领域的地位和影响力，增强其在国际事务中的话语权。

（二）当前国际合作的现状

目前，各国在综合统计与经济信息领域的国际交流与合作已经取得了一定的成果。例如，多个国际组织如联合国、世界银行、国际货币基金组织等都设有专门的统计部门，负责收集、整理和发布全球范围内的统计数据。此外，一些区域性的经济合作组织如欧盟、亚太经合组织等也在推动成员之间的统计与经济信息交流合作。

然而，当前的国际合作仍面临诸多挑战。一方面，各国在统计制度、方法、标准等方面存在差异，导致数据难以直接比较和使用；另一方面，一些发展中国家在统计能力和资源方面相对薄弱，难以充分参与国际合作。

（三）面临的挑战

1. 制度与方法差异

不同国家可能采用不同的统计制度和方法，导致数据之间存在不可比性。这要求各国加强沟通和协调，逐步统一统计标准和方法。

2. 数据质量问题

一些国家可能存在数据造假、虚报等问题，严重影响数据的可信度和国际交流的效果。因此，各国需要加强数据质量管理，确保数据的真实性和准确性。

3. 资源与能力限制

发展中国家在统计能力和资源方面可能相对薄弱，难以充分参与国际合作。

国际社会应提供更多支持和帮助，促进这些国家统计能力的提升。

4. 数据保护与安全

在国际交流与合作中，如何确保数据的安全性和隐私性成为一个重要问题。各国需要加强数据保护和安全措施，防止数据泄露和滥用。

（四）如何进一步促进国际交流与合作

1. 加强国际组织与多边合作

充分利用国际组织如联合国、世界银行等平台，加强多边合作，推动各国在统计与经济信息领域的交流与合作。

2. 统一统计标准与方法

推动各国在统计制度、方法、标准等方面的统一，提高数据的可比性和可用性。可以通过国际组织或区域合作机制来推动这一进程。

3. 加强技术合作与培训

技术合作和培训项目，有助于帮助发展中国家提升统计能力和技术水平，使它们能够更好地参与国际合作。

4. 建立数据共享与交换机制

建立国际数据共享与交换机制，促进各国之间的数据流动和共享。可以通过签订双边或多边协议、建立数据平台等方式实现。

5. 加强数据保护与安全合作

在国际合作中，各国应加强数据保护和安全合作，共同制定数据保护和安全标准，确保数据的安全性和隐私性。

6. 鼓励私营部门参与

私营部门在数据收集和分析方面具有独特的优势，应鼓励其积极参与国际交流与合作，为综合统计与经济信息工作提供更多的支持和帮助。

第十三章　财务管理与内部控制的新发展

第一节　信息技术在财务管理与内部控制中的应用

一、信息技术在财务管理中的应用

随着信息技术的迅猛发展，财务管理领域也正经历着前所未有的变革。信息技术以其高效、精确和实时的特点，为财务管理带来了巨大的便利。下面将深入探讨信息技术在财务管理中的应用，以及其带来的影响和变革。

（一）信息技术在财务管理中的重要性

财务管理是企业运营的核心环节，涉及大量的数据处理和信息分析。传统的手工记账和纸质档案管理方式，不仅效率低下，而且容易出错。信息技术的发展，使得财务管理人员能够从繁重的手工劳动中解放出来，提高工作效率。

（二）信息技术在财务管理中的应用

1. 电子化记账

通过电子记账软件，财务管理人员可以快速、准确地录入、查询和整理财务数据。这大大减少了手工记账的错误率，提高了工作效率。

2. 数据分析与决策支持

利用数据分析工具，财务管理人员可以对海量的财务数据进行深度分析，为企业决策提供有力支持。这有助于企业更好地把握市场动态，制定科学的发展战略。

3. 自动化流程

通过财务软件和自动化工具，可以实现发票的自动审核、凭证的自动生成以及报表的自动汇总等。这大大简化了财务流程，减少了人为干预的风险。

4. 云端存储与共享

云技术的应用使得财务数据能够实现集中存储和实时共享，方便各部门之间的数据传递与协同工作。这提高了财务管理的透明度和协同效率。

5. 风险管理

建立财务风险预警系统，可以实时监测企业的财务状况，及时发现潜在的风险因素。这有助于企业提前采取措施，降低财务风险。

6. 内部控制

信息技术为内部控制提供了强大的支持。建立完善的内部控制系统，可以实现对财务数据的实时监控、审计和报警，有效降低财务风险。

7. 税务管理

信息技术可以帮助企业实现税务申报、税款缴纳等流程的自动化管理。这既提高了税务工作的效率，又降低了因人为操作失误而产生的税务风险。

8. 预算管理

通过预算管理系统，企业可以对各部门、各项目的预算进行实时监控和调整。这有助于企业合理分配资源，提高资金使用效益。

9. 投资决策支持

基于大数据和人工智能技术的投资决策支持系统，能够帮助企业分析市场趋势、评估投资风险、制定投资策略。这为企业投资决策提供了科学依据。

10. 人力资源管理

信息技术在人力资源管理中的应用，如薪资核算、员工绩效管理等，大大简化了人力资源部门的工作流程，提高了管理效率。

（三）信息技术在财务管理中的优势与挑战

1. 优势

信息技术在财务管理中具有高效、精确、实时的特点，能显著提高工作效率，降低财务风险，提升企业的竞争力。

2. 挑战

随着信息技术的发展，企业需要不断更新财务管理系统，以适应新的业务需求和技术环境；同时，网络安全问题也给财务管理带来了新的挑战和机遇。

信息技术在财务管理中的应用已经越来越广泛，它不仅改变了传统的工作方式，提高了工作效率，还为企业带来了更多的发展机遇。未来，随着信息技术的进一步发展，财务管理将更加智能化、自动化和个性化。企业应积极拥抱信息技术，不断创新财务管理模式，以适应快速变化的市场环境。只有这样，才能在激烈的市场竞争中立于不败之地。

二、信息技术在内部控制中的应用

随着信息技术的快速发展，越来越多的企业开始意识到信息技术在内部控制中的重要作用。内部控制是企业为了确保财务报告的准确性、合规性和可靠性而实施的一系列政策和程序。信息技术以其高效、精确和实时的特点，为内部控制带来了巨大的便利。

（一）信息技术在内部控制中的重要性

传统的内部控制手段通常依赖于手工操作和纸质文档，这种方式不仅效率低下，而且容易出错。信息技术的发展使得企业能够建立更加全面、高效的内部控制体系，提高企业的运营效率和风险管理水平。

（二）信息技术在内部控制中的应用

1. 信息系统审计

通过审计软件，企业可以对信息系统进行全面审查，确保系统的安全性、可靠性和合规性。这有助于及时发现潜在的系统漏洞和风险，降低因信息系统问题而导致的财务风险。

2. 数据监控与分析

利用数据挖掘和数据分析技术，企业可以对财务数据进行实时监控和分析。这有助于及时发现异常数据和潜在的财务风险，提高企业的风险防范能力。

3. 自动化流程控制

建立自动化流程控制体系，可以实现对企业业务流程的自动化管理。例如，自动化审批流程可以减少人为干预，提高审批效率和准确性。

4. 电子文档管理

电子文档管理软件可以实现对企业内部控制文档的集中管理。这有助于确保文档的完整性和准确性，提高文档查阅和更新的效率。

5. 风险预警系统

建立风险预警系统，可以实时监测企业的各项财务指标和业务流程，及时发现潜在的风险因素。这有助于企业提前采取措施，降低财务风险。

6. 内部审计支持

信息技术可以帮助内部审计人员更加高效地完成审计工作。例如，通过审计软件，审计人员可以快速检索和整理审计证据，提高审计效率。

7. 人力资源管理

信息技术可以帮助企业实现对人力资源信息的集中管理。例如，人力资源管理系统可以实现对员工绩效、薪酬和培训等信息的全面管理。这有助于确保人力资源信息的准确性和完整性。

8. 合同管理

信息技术可以帮助企业实现对合同信息的全面管理。例如，合同管理系统，可以实现对合同审批、执行和归档等流程的自动化管理。这有助于确保合同信息的完整性和准确性，降低因合同管理不善而导致的财务风险。

9. 报告生成与分析

建立报告生成与分析系统，可以自动生成各类财务报表和分析报告。这不仅提高了报告的准确性和完整性，而且降低了报告编制的工作量。

10. 网络安全管理

信息技术可以帮助企业建立完善的网络安全管理体系。例如，通过部署防火墙、入侵监测系统和数据加密技术等，确保企业信息资产的安全性和完整性。

（三）信息技术在内部控制中的优势与挑战

1. 优势

信息技术在内部控制中具有高效、精确和实时的特点，能显著提高内部控制的效率和效果；同时，信息技术还可以帮助企业实现业务流程的自动化管理和监控，降低人为干预和操作失误的风险。

2. 挑战

随着信息技术的不断发展，企业需要不断更新和完善内部控制系统以适应新的业务需求和技术环境；同时，网络安全和隐私保护问题也是企业在应用信息技术时需要重点关注的问题。

信息技术在内部控制中的应用已经越来越广泛，它不仅提高了内部控制的效率和效果，还为企业带来了更多的发展机遇。未来，随着信息技术的进一步发展，企业应积极拥抱信息技术，不断创新和完善内部控制体系，以适应快速变化的市场环境。同时，企业还需要关注网络安全和隐私保护问题，确保信息资产的安全性和完整性。

三、信息技术对财务管理与内部控制的影响及面临的挑战

随着信息技术的迅猛发展，其应用已深入到企业的各个角落。财务管理和内部控制作为企业运营的核心环节，不可避免地受到了信息技术的影响。信息技术在财务管理和内部控制中的广泛应用，为企业带来了诸多便利，但同时也带来了一系列挑战。下面将深入探讨信息技术对财务管理与内部控制的影响及面临的挑战。

（一）信息技术对财务管理的影响

1. 数据处理的自动化和智能化

信息技术的发展使得财务管理中的数据处理更加自动化和智能化。通过财务软件和 ERP 系统，企业可以实现自动化记账、报表生成以及数据分析等操作，大大提高了财务处理的效率和准确性。

2. 实时监控与决策支持

信息技术使得企业能够实时获取财务数据，从而实现对财务状况的实时监控。这为企业决策者提供了更加及时、准确的财务信息，有助于做出更加明智的决策。

3. 降低成本

信息技术的应用可以减少财务管理中的人工干预，从而降低人力成本。同时，自动化和智能化的数据处理可以减少错误和不必要的开支，进一步降低企业运营成本。

4. 风险管理

信息技术可以帮助企业识别、评估和控制财务风险。通过数据挖掘和分析，企业可以及时发现潜在的财务风险，并采取相应的措施加以应对。

（二）信息技术对内部控制的影响

1. 流程自动化与标准化

信息技术可以帮助企业实现内部控制流程的自动化和标准化。通过建立完善的内部控制系统，企业可以确保各项操作符合规定，减少人为干预和操作失误的风险。

2. 实时监控与审计跟踪

信息技术可以使企业实现对业务流程的实时监控和审计跟踪。这有助于及时发现不合规行为，确保内部控制的有效性。

3. 信息安全管理

信息技术可以帮助企业建立完善的信息安全管理体系。通过部署防火墙、加密技术等措施，企业可以确保信息的完整性和机密性，防止信息泄露和非法入侵。

4. 风险预警与防范

信息技术可以帮助企业建立风险预警系统，实现对业务流程的实时监控和风险预警。这有助于企业提前发现潜在风险，采取措施防范风险的发生。

（三）信息技术在财务管理与内部控制中面临的挑战

1. 数据安全与隐私保护

随着信息技术的应用，企业的财务数据和敏感信息可能面临被非法获取、篡改或泄露的风险。企业需要采取有效的数据保护措施，确保数据的安全性和隐私性。

2. 系统集成与互操作性

企业在应用信息技术时，可能面临来自不同供应商的多种软件系统。这些系统之间的集成和互操作性可能成为一个挑战，企业需要确保各个系统之间的无缝对接和数据共享。

3. 技术更新与培训

随着信息技术的不断发展，企业需要不断更新其财务管理和内部控制系统。同时，员工也需要不断接受培训，以适应新的技术和业务流程。这可能给企业带来一定的成本压力和技术更新风险。

4. 合规性与法律责任

企业在应用信息技术进行财务管理和内部控制时，需要确保其操作符合相关法律法规的要求。一旦发生违规行为，企业可能需要承担相应的法律责任和经济损失。

5. 依赖性与技术风险

随着企业对信息技术的依赖程度增加，技术故障或中断可能对企业的财务管理和内部控制产生重大影响。企业需要建立完善的技术支持体系，确保系统的稳定性和可靠性。

信息技术对财务管理与内部控制带来了诸多变革和便利，但同时也带来了诸多挑战。企业在应用信息技术时，需要充分考虑其带来的影响和潜在风险，并采取有效的应对措施。通过合理应用信息技术，企业可以进一步提高财务管理和内部控制的效率和效果，降低风险并实现可持续发展。

第二节　国际财务管理与内部控制的经验与借鉴

一、国际财务管理与内部控制的先进经验

随着全球经济一体化的深入发展，财务管理与内部控制的国际交流与合作日益频繁。许多国际领先企业和组织在财务管理与内部控制方面积累了丰富的经验，这些经验对于提高企业财务管理水平、加强内部控制、降低风险等方面具有重要的借鉴意义。下面将介绍一些国际财务管理与内部控制的先进经验，以期为企业提供参考。

（一）全面风险管理

全面风险管理是国际上先进的风险管理理念，要求企业从战略高度出发，对所有可能出现的风险进行识别、评估和监控，确保企业的风险控制在可承受范围内。这种风险管理方式有助于企业及时发现潜在风险，采取有效的应对措施，降低风险对企业的影响。

（二）财务数字化与智能化

数字化和智能化已成为国际财务管理的趋势。通过大数据、云计算、人工智能等技术，企业可以实现对财务数据的实时采集、处理和分析，提高财务管理的效率和准确性。同时，数字化和智能化也有助于企业加强内部控制，实现财务流程的自动化和标准化。

（三）财务共享服务中心

财务共享服务中心是一种集中的财务管理模式，通过将分散在各业务单元的财务处理集中到一个中心进行处理，可以提高财务处理的效率和质量，降低成本。这种模式有助于企业实现财务管理标准化、流程化，提高企业的财务管理水平。

（四）内部控制体系化

国际先进企业在内部控制方面通常建立了完善的体系，将内部控制融入企业的日常运营中。这种体系化的内部控制方式有助于企业及时发现和纠正不合规行为，降低风险，确保企业的稳定运营。

（五）内部审计独立化与专业化

内部审计是内部控制的重要组成部分，国际先进企业通常设立独立的内部审计部门，确保内部审计的独立性和权威性。同时，内部审计部门的专业化程度较高，审计人员具备丰富的专业知识和实践经验，能够为企业提供高质量的内部审计服务。

（六）强化财务风险意识与文化建设

国际先进企业通常注重培养员工的财务风险意识，通过培训和教育等方式，提高员工对财务风险的认识和理解。同时，这些企业也注重建设良好的财务风险文化，通过制度建设和宣传推广等方式，将风险管理理念融入企业的文化中，使员工在日常工作中自觉遵守风险管理要求。

（七）外部监管与合作

国际先进企业通常与监管机构保持良好的沟通和合作关系，及时了解监管要求，遵守相关法律法规。同时，这些企业也积极参与国际监管合作，共同应对跨国财务风险和挑战。通过与监管机构的合作和沟通，企业可以更好地把握市场和政策变化，提前做好风险防范和管理准备。

（八）持续改进与创新

国际先进企业在财务管理和内部控制方面通常具有持续改进和创新的精神。他们不断探索新的管理理念和方法，引入先进的科技手段，提高管理效率和准确性。同时，这些企业也关注行业发展趋势和市场变化，不断调整和完善财务管理和内部控制体系，以适应不断变化的市场环境和企业需求。

（九）国际化战略与跨国合作

随着全球经济一体化的深入发展，国际先进企业通常制定国际化战略，积极开拓国际市场。在跨国经营中，这些企业注重加强跨国合作与协调，提高财务管理和内部控制的国际化水平。通过与国际同行的交流与合作，企业可以学习借鉴先进的管理经验和技术手段，提高自身的管理水平和竞争力。

二、中国财务管理与内部控制的国际借鉴与发展

随着中国经济的快速发展和全球化进程的加速，财务管理与内部控制在中国企业中的地位日益重要。然而，与国际先进水平相比，中国企业在财务管理与内部控制方面仍存在一定的差距。因此，从国际经验中学习和借鉴对于中国企业的发展具有重要的意义。下面将探讨中国财务管理与内部控制的国际借鉴与发展，以期为中国企业的财务管理与内部控制体系建设提供参考。

（一）国际先进财务管理与内部控制体系的借鉴

1. 建立健全的财务制度与规范

国际知名企业通常具备健全的财务制度和规范，这些制度和规范为企业的发展提供了重要的保障。中国企业应借鉴这些先进经验，建立符合自身实际的财务制度和规范，确保财务管理的规范化和标准化。

2. 强化风险管理意识

风险管理是企业内部控制的重要组成部分。国际知名企业通常具备完善的风险管理体系，能够及时识别、评估和控制风险。中国企业应加强风险管理意识，建立风险管理体系，提高风险应对能力。

3. 数字化和智能化技术的应用

数字化和智能化技术是现代企业财务管理与内部控制的重要趋势。国际知名企业通常积极应用大数据、云计算、人工智能等技术手段，提高财务管理与内部

控制的效率和准确性。中国企业应加大技术投入，推动数字化和智能化技术的应用，提升财务管理与内部控制的水平。

4. 注重合规性和透明度

合规性和透明度是国际知名企业在财务管理与内部控制方面的重要特征。中国企业应加强合规意识，遵守相关法律法规和监管要求，同时提高财务信息的透明度，加强与利益相关方的沟通与合作。

（二）中国财务管理与内部控制的发展方向

1. 创新财务管理理念和方法

中国企业应积极创新财务管理理念和方法，引入现代财务管理理念和工具，提高财务管理的科学性和有效性。例如，实施全面预算管理、推进业财融合、加强现金流管理等措施，提升企业的财务管理水平。

2. 加强内部控制体系建设

中国企业应建立健全的内部控制体系，确保企业内部各部门的协调和制约，防止风险的发生。同时，应加强内部审计工作，对内部控制的有效性进行监督和评估，及时发现和纠正内部控制缺陷。

3. 推动财务管理与内部控制的数字化转型

随着数字化时代的到来，中国企业应积极推动财务管理与内部控制的数字化转型。通过引入先进的信息技术手段，实现财务数据的高效处理和分析，提高财务管理与内部控制的效率和准确性。同时，数字化转型也有助于企业加强内部沟通与协作，提升整体运营效率。

4. 培养高素质的财务管理人才

人才是企业发展的核心资源，中国企业应注重培养高素质的财务管理人才。通过加强培训和教育，提高财务人员的专业素质和职业道德水平，为企业的财务管理与内部控制体系建设提供有力的人才保障。

5. 提升企业的国际竞争力

随着中国经济的全球化进程加速，中国企业应不断提升自身的国际竞争力。通过借鉴国际先进经验，加强财务管理与内部控制体系建设，提高企业的管理水平和风险应对能力，为中国企业在国际市场上的发展奠定坚实的基础。

中国企业在财务管理与内部控制方面仍存在一定的差距，需要从国际先进经验中学习和借鉴。同时，中国企业也应结合自身实际情况，不断创新和发展财务管理与内部控制体系，提升企业的核心竞争力。通过加强制度建设、人才培养、数字化转型等方面的努力，中国企业将逐步完善自身的财务管理与内部控制体系，为企业的可持续发展提供有力保障。

第三节 财务管理与内部控制的前沿问题与发展趋势

一、财务管理与内部控制的新理念与新模式

随着全球经济一体化的深入发展，企业面临着日益复杂的经营环境和激烈的市场竞争。在这样的背景下，财务管理与内部控制作为企业管理的核心环节，其重要性越发凸显。为了适应时代的变化和满足企业发展的需求，财务管理与内部控制的新理念和新模式应运而生。下面将探讨这些新理念与新模式，以期为企业财务管理与内部控制的创新提供参考。

（一）价值链管理理念

价值链管理理念强调以客户为中心，将企业的财务管理与内部控制贯穿于整个价值链中。这种理念将企业的内部资源和外部资源进行整合，实现价值链的整体优化。通过价值链管理，企业可以更好地理解客户需求，提升客户满意度，同时优化内部流程，降低成本，提高企业的整体竞争力。

（二）全面风险管理理念

全面风险管理理念要求企业从战略高度对风险进行全面识别、评估和控制。这种理念强调风险管理的系统性和全面性，要求企业各部门共同参与风险管理，形成风险管理的合力。通过实施全面风险管理，企业可以提高风险应对能力，降低风险对企业经营的影响，保障企业的可持续发展。

（三）大数据与智能化技术的应用

随着大数据和智能化技术的迅猛发展，财务管理与内部控制也迎来了新的模式。大数据技术可以帮助企业实现海量数据的快速处理和分析，为企业决策提供

有力支持。智能化技术则可以自动化处理一些常规的财务管理和内部控制任务，提高工作效率和准确性。通过应用这些技术，企业可以更好地应对复杂的市场环境，提升财务管理与内部控制的效能。

（四）财务共享服务中心模式

财务共享服务中心模式是一种新型的财务管理模式，它将分散在各业务单元的财务职能集中到一个独立的中心进行统一处理。这种模式有助于提高财务工作的效率和质量，降低成本，同时促进财务管理和内部控制的标准化和规范化。通过财务共享服务中心，企业可以实现财务信息的快速传递和共享，加强内部控制，提高企业的整体运营效率。

（五）可持续发展理念

在全球环境问题日益严峻的背景下，可持续发展理念在财务管理与内部控制中占据了越来越重要的地位。企业需要关注环境保护、社会责任和公司治理等多方面因素，将可持续发展理念融入财务管理与内部控制的全过程。通过实现经济、社会和环境的和谐发展，企业可以提升自身形象和品牌价值，同时满足社会和政府的期望和要求。

（六）适应性强的财务管理与内部控制体系

面对不断变化的市场环境和政策环境，企业需要构建适应性强的财务管理与内部控制体系。这种体系能够根据外部环境的变化及时调整自身的策略和管理方式，使企业能够更好地应对市场的挑战和机遇。通过提高财务管理与内部控制的适应性和灵活性，企业可以更好地把握市场变化，提升自身的竞争力和生存能力。

（七）业财融合模式

业财融合模式是一种新型的财务管理模式，它将财务管理与业务管理紧密结合，形成一种双向互动的关系。通过业财融合，财务管理人员可以更深入地了解业务需求和市场变化，为业务提供更有针对性的支持和保障。同时，业务人员也可以更好地理解财务管理的原则和要求，更好地配合财务管理工作的开展。通过业财融合，企业可以实现资源的优化配置，提高整体运营效率和市场竞争力。

财务管理与内部控制的新理念和新模式多种多样，各有其特点和优势。企业应结合自身实际情况和发展需求，选择适合的管理理念和模式。通过不断创新和完善财务管理与内部控制体系，企业可以更好地应对市场的挑战和机遇，实现可持续发展。

二、财务管理与内部控制的新技术与方法

随着科技的快速发展，财务管理与内部控制也迎来了诸多新技术和方法。这些新技术和方法不仅提高了财务管理与内部控制的效率和准确性，还为企业带来了更多的机遇和挑战。下面将探讨这些新技术和方法，以期为企业财务管理与内部控制的创新提供参考。

（一）大数据分析技术

大数据分析技术是当前最为热门的技术之一，它在财务管理与内部控制中有着广泛的应用前景。通过大数据分析，企业可以对海量数据进行快速处理、挖掘和分析，从而更好地洞察市场趋势、识别风险和机遇。在财务管理方面，大数据分析可以帮助企业预测现金流、优化资本结构；在内部控制方面，大数据分析有助于企业发现潜在的风险点，提高风险应对能力。

（二）云计算服务平台

云计算服务平台为企业提供了灵活、高效的财务管理与内部控制解决方案。通过云计算，企业可以实现数据的集中存储和处理，提高工作效率和数据安全性。同时，云计算服务平台还可以帮助企业实现资源的动态管理和按需分配，降低成本和资源浪费。在内部控制方面，云计算服务平台可以提高信息的透明度和可追溯性，加强内部监督和管理。

（三）人工智能技术

人工智能技术在财务管理与内部控制领域的应用逐渐深入。例如，人工智能可以自动化处理一些常规的财务流程和内部控制任务，提高工作效率和准确性；同时，人工智能还可以通过机器学习等技术不断优化自身的处理能力和判断力，为企业提供更加精准的风险预警和决策支持。

（四）区块链技术

区块链技术作为一种去中心化的记录技术，具有数据难以篡改、透明度高和可追溯等特点。这些特点使得区块链技术在财务管理与内部控制中具有广泛的应

用前景。例如，区块链可以用于实现企业财务数据的共享和验证，提高信息的透明度和可信度；同时，区块链还可以用于加强内部审计和风险管理，提高内部控制的效率和效果。

（五）自动化审计技术

自动化审计技术是近年来快速发展的新技术之一，它通过自动化的手段对企业的财务报表进行审计，提高了审计的效率和准确性。自动化审计技术可以快速识别财务报表中的异常情况和错误，减少人为干预和错误判断的可能性。通过自动化审计技术的应用，企业可以更好地保障财务报告的合规性和准确性，加强内部控制和风险管理。

（六）标准化管理方法

在财务管理与内部控制中，标准化管理方法是一种重要的手段。通过制定标准化的流程和规范，企业可以确保各项工作的规范性和一致性，提高工作效率和质量。例如，制定标准化的财务报告格式和内部控制流程，可以使企业更加清晰地了解自身的财务状况和风险状况，为决策提供更加准确和全面的信息支持。

（七）风险管理方法

风险管理是财务管理与内部控制的重要组成部分，而风险管理方法也在不断地发展和完善。现代风险管理方法强调对企业面临的各种风险进行全面识别、评估和控制，从而提高企业的风险应对能力。例如，风险矩阵法、风险清单法等都是常用的风险管理方法。通过应用这些方法，企业可以更好地了解自身的风险状况，制定有针对性的风险应对策略和控制措施。

财务管理与内部控制的新技术与方法多种多样，各有其特点和优势。企业应结合自身实际情况和发展需求，选择适合的技术和方法。通过不断创新和完善财务管理与内部控制体系，企业可以更好地应对市场的挑战和机遇，实现可持续发展。

三、财务管理与内部控制的发展趋势与展望

随着全球化和信息化的深入发展，财务管理与内部控制面临着前所未有的挑战和机遇。为了适应这一变化，财务管理与内部控制需要不断创新和完善，以更好地服务于企业的战略目标。下面将探讨财务管理与内部控制的发展趋势和展望，

以期为企业财务管理与内部控制的创新提供参考。

（一）数字化转型

数字化转型是当前企业发展的必然趋势，财务管理与内部控制也不例外。数字化转型可以为企业提供更加高效、准确和实时的财务管理与内部控制解决方案，提高企业的决策效率和风险应对能力。数字化转型还可以帮助企业实现数据的集中管理和共享，加强内部沟通和协作。未来，数字化转型将继续成为财务管理与内部控制的重要发展方向。

（二）人工智能的广泛应用

人工智能技术在财务管理与内部控制领域的应用将越来越广泛。人工智能可以通过自动化和智能化的手段，提高财务管理与内部控制的效率和准确性。例如，人工智能可以自动化处理财务数据、识别异常情况和风险点，减少人为干预和错误判断的可能性。未来，随着人工智能技术的不断发展和完善，其在财务管理与内部控制中的应用将更加深入和广泛。

（三）大数据分析的深度应用

大数据分析技术可以帮助企业从海量数据中提取有价值的信息，为决策提供更加全面和准确的数据支持。在财务管理与内部控制中，大数据分析可以帮助企业预测市场趋势、优化资本结构、识别风险点等。未来，大数据分析将继续成为财务管理与内部控制的重要工具和方法。

（四）云计算的普及化

云计算服务平台为企业提供了灵活、高效的财务管理与内部控制解决方案。云计算可以实现数据的集中存储和处理，提高工作效率和数据安全性。未来，随着云计算技术的不断发展和完善，云计算将在财务管理与内部控制中得到更加广泛的应用。企业可以利用云计算服务平台实现资源的动态管理和按需分配，降低成本和资源浪费。同时，云计算还可以帮助企业实现信息的共享和协同工作，提高工作效率和协作效果。

（五）内部控制的全面覆盖

随着企业规模的不断扩大和业务的不断复杂化，内部控制的重要性越来越突出。未来，企业需要进一步加强内部控制建设，实现内部控制的全面覆盖。内部控制需要贯穿企业的各个业务流程和管理环节，确保企业的各项活动合法合规、准确可靠。同时，内部控制还需要关注企业的风险管理，建立健全风险评估和应对机制，提高企业的风险应对能力。

（六）财务管理的战略价值提升

财务管理是企业战略管理的重要组成部分，未来，财务管理需要更加注重战略价值的提升。企业需要将财务管理与战略管理相结合，通过财务管理的手段实现企业的战略目标。例如，企业可以利用财务管理进行资本运作、并购重组等战略活动，提高企业的竞争力和市场地位。同时，企业还需要注重财务管理的创新和发展，不断探索新的财务管理模式和方法，以适应市场的变化和发展。

（七）合规监管的加强

随着全球化和信息化的发展，企业的合规监管要求也越来越严格。未来，企业需要更加注重合规监管的要求和规定，加强合规意识和管理体系建设。企业需要建立健全合规管理制度和流程，确保企业的各项活动符合法律法规和监管要求。同时，企业还需要加强合规文化的建设，增强员工的合规意识和责任感。

财务管理与内部控制的发展趋势和展望涉及数字化转型、人工智能的广泛应用、大数据分析的深度应用、云计算的普及化、内部控制的全面覆盖、财务管理的战略价值提升以及合规监管的加强等多个方面。企业需要不断创新和完善财务管理与内部控制体系，以适应市场的变化和发展。

参考文献

[1] 陈晖晖 . 新时代强化企业会计财务管理内部控制的方法 [J]. 商场现代化 ,2024(3):168-170.
[2] 武英子 . 会计智能化背景下公司内部控制对财务管理有何影响 [J]. 中国商界 ,2024(1):80-81.
[3] 刘倩 . 加强财务管理完善文化企业内部财务控制 [J]. 中国商界 ,2024(1):210-211.
[4] 刘琴 . 水利工程财务管理离不开内部会计控制 [J]. 中国商界 ,2024(1):188-189.
[5] 孙守飞 . 行政事业单位财务会计内部控制优化探究 [J]. 中国产经 ,2023(24):68-70.
[6] 欧昌惠 . 完善企业会计核算和财务管理内部控制的有效路径探讨 [J]. 投资与创业 ,2023,34(24):31-33.
[7] 裴媛 . 医院财务会计内部控制管理常见问题及对策 [J]. 财讯 ,2023(24):98-100.
[8] 陆明月 . 企业会计财务管理及内部控制分析 [J]. 今日财富 ,2023(24):137-139.
[9] 张梅莺 . 财务会计内部控制管理探析 [J]. 财经界 ,2023(36):135-137.
[10] 王素 . 国有文化企业财务会计内部控制策略研究 [J]. 中国农业会计 ,2023,33(24):42-44.
[11] 王平 . 行政事业单位内部会计控制存在的问题及对策研究 [J]. 财经界 ,2023(35):123-125.
[12] 张慧玲 . 供电企业会计内部控制存在的问题及强化策略 [J]. 营销界 ,2023(22):77-79.
[13] 刘璐 . 基于财务管理视角的事业单位会计内部控制策略分析 [J]. 环渤海经济瞭望 ,2023(11):101-104.
[14] 黄贞媛 . 事业单位加强会计内部控制的策略探究 [J]. 投资与创业 ,2023,34

(22):127-129.
[15] 刘哲 . 事业单位财务管理中管理会计应用探析 [J]. 财经界 ,2023(33):96-98.
[16] 梁云彬 . 新时期如何强化企业会计财务管理中的内部控制工作 [J]. 营销界 , 2023(21):41-43.